मीडिया में कैरियर

मीडिया में कैरियर

पुष्पेंद्र कुमार आर्य

ग्रंथ अकादमी, नई दिल्ली

प्रकाशक : ग्रंथ अकादमी
भवन संख्या–19, पहली मंजिल, 2, अंसारी रोड, दरियागंज, नई दिल्ली–110002
 / संस्करण : 2025 / मूल्य : चार सौ रुपए
मुद्रक : आर–टेक ऑफसेट प्रिंटर्स, दिल्ली ISBN 978-93-86870-10-0

MEDIA MEIN CAREER by Pushpendra Kumar Arya ₹ 400.00
Published by **GRANTH AKADEMI**
Building No. 19, First Floor, 2, Ansari Road, Daryaganj, New Delhi-2

श्री अतुल कुमार माहेश्वरी

को, जिनके शाब्दिक आँगन

में खेलकर पहले-पहल मेरी मीडिया रूपी

किलकारियाँ परवान चढ़ीं

मीडिया का क्षेत्र आज के युवाओं के सपनों का क्षेत्र है। संचार क्रांति के मौजूदा दौर में इस क्षेत्र में रोजगार की बाढ़-सी आ गई है। एक समय था जब इस क्षेत्र के लिए प्रशिक्षण केंद्रों या शैक्षिक संस्थानों का सर्वथा अभाव था, लेकिन आज तसवीर बदल चुकी है। आज देश के प्रमुख विश्वविद्यालयों व शैक्षिक केंद्रों में मीडिया और जनसंचार संबंधी शिक्षा एवं प्रशिक्षण की विधिवत् व्यवस्था है। आज के युवा इस सुविधा का लाभ उठा सकते हैं तथा मीडिया के क्षेत्र में निहित कैरियर की अपार संभावनाओं को आत्मसात् कर सकते हैं।

दिशा-बोध

नए युग का नया कैरियर

आमतौर पर अकसर देखा जाता है कि पिता जिस व्यवसाय में होता है, अपने पुत्र को उसी व्यवसाय में लगाना चाहता है, जैसे पिता डॉक्टर है तो बेटे को डॉक्टर बनाना चाहेंगे, पिता इंजीनियर है तो बेटे को भी इंजीनियर बनाना चाहेंगे। अगर किसी परिवार में कोई अपना निजी व्यवसाय कर रहा है तो पीढ़ी-दर-पीढ़ी वही व्यवसाय आगे बढ़ता रहता है; लेकिन अब नई सदी में बहुत से परिवर्तन हुए हैं। इसमें कोई शक नहीं कि पिता का व्यवसाय/सर्विस करनेवालों के बच्चे आज भी लगभग 40 प्रतिशत से ज्यादा हैं; लेकिन समय के साथ-साथ हालात भी बदल गए हैं और उसका श्रेय जाता है मीडिया को। मीडिया से मतलब विशेष तौर पर टेलीविजन से है; नए-नए चैनल्स का आना बदलाव का एक प्रमुख कारण है।

हमारी कार्य संस्कृति ही बदल चुकी है, लेकिन आज भी जब पहली बारिश की बूँद हमारी धरती पर पड़ती है और जो उसमें से जो सोंधी-सोंधी खुशबू आती है, उसका कोई सानी नहीं है। मेरे कहने का मतलब है कि अपने ही देश में व्यवसाय करें, ताकि बाहर विदेशों तक उसकी टेक्नोलॉजी जाए। पर विदेशी चैनल्स तथा विदेशी कंपनियों का यहाँ आना यह संकेत देता है कि भारतीय कंपनियाँ इतना पारिश्रमिक नहीं देतीं जितना कि बाहर की कंपनियाँ देती हैं! पर वे कंपनियाँ उनसे दिन-रात काम लेती हैं। यह तो एक आम धारणा है, जो कि मैंने बताई।

अब सवाल यह पैदा होता है कि अपने ही मतलब का व्यवसाय तभी हो सकता है, अगर उसमें हमारी रुचि हो। बिना रुचि के आप किसी भी व्यवसाय/सर्विस में स्थान नहीं बना सकते। ग्लैमर की दुनिया में बहुत लोग जाना चाहते हैं। इस दुनिया से तात्पर्य फिल्म तथा टेलीविजन से है। फिल्मों में

एक्टिंग, सीरियलों में एक्टिंग या फिर परदे के पीछे निर्देशन, कैमरा संचालन, मेकअप, लाइटिंग इत्यादि। वर्तमान में युवा पीढ़ी का झुकाव इस ओर ज्यादा है।

मैं एक पुराने स्कूल का छात्र रहा हूँ। आज दूरदर्शन केंद्र का सहायक केंद्र निदेशक हूँ। मेरा असली काम है फिल्मों, सीरियल्स का निर्देशन तथा बड़े-बड़े ईवेंट्स का सीधा प्रसारण इत्यादि। शुरू से ही मैंने मन बना लिया था कि अगर मैं नौकरी करूँगा तो दूरदर्शन की। बस एक ही धुन सवार थी। आवेदन किया दूरदर्शन के एनाउंसर के पद का। दुबला-पतला आदमी क्या एनाउंसर बनेगा, मुझे यह आज एहसास हो रहा है, जबकि मैं खुद उन लोगों का चयन करता हूँ। कुछ दिनों बाद पता चला कि और भी बहुत सी नौकरियाँ हैं, जैसे-फिल्म मैनेजर, प्रोडक्शन असिस्टेंट, फिल्म निर्माता वगैरह-वगैरह। जैसे-जैसे इसका ज्ञान होता गया वैसे-वैसे हम एक्ट करते गए। स्कूल में जब मैंने पहली बार एक कविता पढ़ी तो साँस फूल गई, पैर काँपने लगे, कविता खत्म हुई तो चैन की साँस ली। फिर एक बार फैंसी ड्रेस में भाग लेने का मौका मिला।

मैं जज बनना चाहता था। उस वक्त मेरी माँ मेरे लिए काला स्वेटर बुन रही थीं। हमने रात को ऊन का एक काला गोला गायब किया और उसे उधेड़ते रहे। उसकी जो रुई-सी बनी, वही हमने फैंसी ड्रेस शो में अपने मुँह पर चिपकाई, ताकि दाढ़ी का आभास दे सके। मैं दूसरे नंबर पर आया, मेहनत रंग लाई, पारितोषिक के रूप में मिलीं कुछ किताबें, जो कि मैं आज तक नहीं पढ़ीं। खैर, यह तो मैं स्कूल की ऐतिहासिक पृष्ठभूमि में चला गया था, यह बताना जरूरी था, क्योंकि रुचि का जो प्रश्न था। रुचि थी तो यह सब हुआ। हाँ, दूरदर्शन की नौकरी पाने के लिए मैंने बहुत मेहनत की।

अभिनय मेरा पहला शौक था। उसके साथ-साथ परदे के पीछे का इंतजाम भी करना होता है, ताकि प्रोडक्शन मैनेजर की ज्यादा-से-ज्यादा जानकारी हो। जिससे मैं फ्लोर मैनेजर के पद के लिए आवेदन कर सकूँ या प्रोडक्शन असिस्टेंट के पद के लिए आवेदन करूँ। दोनों पदों के लिए आवेदन किया, साथ-साथ रंगमंच भी करता रहा। जिनके साथ मैंने अभिनय किया उनमें प्रमुख हैं—सुधा चोपड़ा, सुषमा सेठ, कुलभूषण खरबंदा, साँई परांजपे, नसीरुद्दीन शाह, राज बब्बर, रवि वासवानी, अरुणा बाली इत्यादि। बस फिर क्या था, फ्लोर मैनेजर पद के लिए बुलावा आ गया। पर जिस दिन मेरा साक्षात्कार था उस दिन कलकत्ता में मेरा एक शो था। नाटक था मोहन राकेश का 'पैर तले की जमीन'। मोहन राकेशजी का यह नाटक अधूरा रह गया था, जो कि

कमलेश्वरजी ने पूरा किया उनकी पहली बरसी पर। हमने दिल्ली के फाइन आर्ट्स थिएटर में कार्यक्रम किया था, अब उसको कलकत्ता में करना था। एक तरफ नौकरी, दूसरी तरफ रंगमंच, बड़ी दुविधाजनक स्थिति थी। खैर, नाटक के निर्देशक पर फैसला छोड़ दिया गया, मेरी जगह वहाँ राज बब्बर ने रोल किया।

इधर मैं प्रथम वरीयता में चुन लिया गया और फ्लोर मैनेजर/प्रोडक्शन असिस्टेंट मैंने जो आवेदन किया था उसमें मेरा नाम प्रतीक्षित कैंडीडेट्स में था। पर फ्लोर मैनेजर का पद अमृतसर दूरदर्शन में नहीं था। आखिर कटक में एक स्थान रिक्त था। वहाँ मैंने 20 फरवरी, 1995 को फ्लोर मैनेजर का पद ग्रहण कर लिया। वहाँ रहते हुए भी मैंने रंगमंच नहीं छोड़ा। फिर अचानक प्रोडक्शन असिस्टेंट के लिए भी बुलावा आ गया। मैंने तुरंत यह पद ग्रहण कर लिया।

दिल्ली आने के बाद शादी हो गई। घर-गृहस्थी और नौकरी में व्यस्त हो गए। मैंने दूरदर्शन के लिए तकरीबन 40-50 धारावाहिक किए, 200 से ज्यादा नाटक किए। सीमा कपूर, उपासना सिंह, हंसराज हंस, गुरदास मान, साक्षी तँवर, दीप ढिल्लों, हेंगल ढिल्लों आदि से परिचय हुआ। जब मैं जालंधर दूरदर्शन में था, वहीं प्रोड्यूसर बना, फिर इसी तरह यह सिलसिला चलता रहा। एक बहुत ही खूबसूरत फ्लैश बैक की बात करनी बहुत जरूरी है।

जब मैं स्कूल में था तो दो महीने की गरमियों की छुट्टियों में रियायती यात्रा टिकट लेकर पंजाब के एक गाँव में जाता था, जो कि हमारे पुरखों का ही है। 'राही' नाम है गाँव का। विख्यात निर्माता-निर्देशक बी.आर. चोपड़ा, उद्योगपति के.जी. खोसला भी उसी गाँव के हैं। हम वहाँ पहुँचे, फिर अपने मामा के यहाँ एक दूसरे गाँव में गए। दूसरे दिन सुबह हमारे मामा पैदल-पैदल एक दरिया पार करके हमें किसी तीसरी जगह (मौसी के यहाँ) ले जा रहे थे। रास्ते में रेत, खजूर के पेड़, दरिया, छोटी-छोटी मछलियाँ—ये सभी दृश्य मन को बहुत भाए। मन किया कि हम कभी आकर यहाँ शूटिंग करेंगे।

आप यकीन कीजिए, मेरा वह सपना 1980 में पूरा हुआ, जब हमें नहीं पता था कि हम टी.वी. में काम करेंगे। 1980 में बच्चों के लिए 'फरिश्ते' नाम का धारावाहिक बनाया, जो कि मार्क ट्वेन के उपन्यास 'दि एडवेंचर ऑफ टॉम सेवयर' पर आधारित था। क्यों, था न मजेदार!

—सुरेंद्र शर्मा

(सहायक केंद्र निदेशक, दूरदर्शन केंद्र, नई दिल्ली)

प्रसंगवश

मीडिया भी बना युद्ध का हथियार

यह घटना सन् 1815 की है। अमेरिका में न्यू ओरलींस की लड़ाई के मैदान में करीब दो हजार अमेरिकी और ब्रिटिश सैनिकों ने एक-दूसरे को मार डाला। आश्चर्य की बात यह है कि दो सप्ताह पहले ब्रूसेल्स में इन दोनों देशों के प्रतिनिधियों ने युद्ध-विराम की संधि पर हस्ताक्षर किए थे। इस दौरान ब्रिटिश व अमेरिकी फौजों के बीच मार-काट इसलिए चलती रही, क्योंकि उन दिनों खबरें कछुए की गति से चलती थीं। आज की स्थिति बिलकुल अलग है। सद्दाम हुसैन की विराट् प्रतिमा को टैंकों के जरिए गिरा दिया गया और इस दृश्य को दिखाकर सारी दुनिया में बगदाद के पतन का ऐलान कर दिया गया। लेकिन सच्चाई यह थी कि कम-से-कम अड़तालीस घंटों तक बगदाद की सड़कों और गलियों में अमेरिकी सेनाओं को इराकी लड़ाकों का मुकाबला करना पड़ा था।

भारत के एक सुप्रसिद्ध पत्रकार सईद नकवी दूरदर्शन की खबरों का कवरेज करने के लिए बगदाद गए हुए थे। नकवी के अनुसार, उस समय मौके पर ज्यादा-से-ज्यादा सौ लोग रहे होंगे। इनमें आधे से ज्यादा तो दुनिया भर के टेलीविजन कैमरामैन ही थे और कुछ दर्जन स्थानीय शिया नौजवान थे, जिन्हें नाचते हुए दुनिया भर को दिखाया गया था। जाहिर है कि इस सांकेतिक टेलीविजन दृश्य की योजना बहुत पहले ही पेंटागन में बन चुकी थी। इस नाटकीय दृश्य का उद्देश्य साफ था। एक तरफ सारी दुनिया को बगदाद के पतन का समाचार देने की योजना थी और दूसरी तरफ इराक के मनोबल को एकमुश्त ढहा देने की भी योजना थी; जबकि उस वक्त न केवल बगदाद में बल्कि इराक के कई शहरों में घमासान युद्ध चल रहा था। इराक युद्ध के लिए तैयार होने में अमेरिकी फौजों को कई महीने लगे।

युद्ध की पूरी योजना बनी। खाड़ी क्षेत्र में बेड़े लाए गए। जवानों की तैनाती हुई। टैंकों को लाया गया, लेकिन मीडिया को इतना समय नहीं लगता। विशेष रूप से इलेक्ट्रॉनिक मीडिया की व्यवस्था चौबीस घंटे तैयार रहती है। वह साल के तीन सौ पैंसठ दिन युद्ध स्तर पर तैयार रहता है। अकसर इधर सरकार के फैसले होते हैं और उधर तत्काल खबरें आ जाती हैं। इलेक्ट्रॉनिक मीडिया में सबसे पहले खबर देने की अंध-होड़ में युद्ध स्तर की चुस्ती-फुरती पैदा हो गई है। खाड़ी क्षेत्र के पिछले युद्ध के बाद पेंटागन और अमेरिकी मीडिया के बीच खासी तनातनी पैदा हुई थी। मीडिया को यह शिकायत थी कि अमेरिकी सरकार समाचारों के प्रबंधन में ऐसा दबाव बनाती रही, जिसके चलते मीडिया की स्वतंत्रता में भारी हस्तक्षेप हुआ। इस पृष्ठभूमि में इस बार अमेरिकी सरकार ने सेना के अंदर अंतःस्थापित मीडिया की ऐसी व्यवस्था की, जिससे युद्ध की खबरों का पूरी तरह नियंत्रण रखा जा सके। मीडिया की आज की शक्ति और विकसित टेक्नोलॉजी को देखते हुए यह कहा जाता था कि भविष्य के युद्ध में कुछ भी छिपाया नहीं जा सकेगा। अमेरिका ने नए रूप में गठित अपनी सेना के अंदर अंतःस्थापित मीडिया की पद्धति का श्रीगणेश कर समाचारों पर करीब-करीब पूरा नियंत्रण स्थापित करने में सफलता प्राप्त कर ली। इस प्रकार मीडिया को युद्ध का सबसे प्रबल हथियार बना दिया गया।

गौरतलब है कि वियतनाम युद्ध, पहला खाड़ी युद्ध और यहाँ तक कि अफगानिस्तान युद्ध के दौरान अमेरिकी सरकार को मुक्त मीडिया से खासी परेशानी झेलनी पड़ी थी। देश में और देश के बाहर अमेरिका के खिलाफ जनमत बिगड़ने की आशंका अमेरिकी सरकार की एक बड़ी चिंता थी। इस विषय पर विस्तार से विचार-विमर्श हुआ। युद्ध के तौर-तरीके बदलने और इसके लिए नई सामरिक टेक्नोलॉजी विकसित की गई। इसके साथ-साथ स्वयं मीडिया को युद्ध के सबसे बड़े हथियार के रूप में इस्तेमाल करने की योजना बनाई गई। खाड़ी युद्ध में सी.एन.एन. ने पहली बारी युद्ध के जो नजारे दिखाए, उसने दुनिया को चमत्कृत कर दिया था। मीडिया की यह बढ़ी हुई शक्ति युद्धरत शक्तियों के लिए चिंता का विषय बनी। पिछले अफगान युद्ध के समाचारों को नियंत्रित करने में अमेरिकी सरकार को अल-जजीरा चैनल से अच्छी-खासी चुनौती मिली थी।

अमेरिका के विदेश मंत्री कॉलिन पावेल स्वयं कतर गए थे। फिर भी अल-जजीरा को नियंत्रित नहीं किया जा सका। इससे अमेरिका इतना क्रुद्ध हुआ

कि काबुल स्थित अल-जजीरा के दफ्तर पर बम बरसाए गए। अमेरिका नहीं चाहता था कि बमबारी से मारे गए निरीह नागरिकों के दर्दनाक दृश्य संसार को दिखाए जाएँ। इस बार इराक के युद्ध में ऐसा कुछ न हो और दुनिया सिर्फ वही देखे जिन दृश्यों को अमेरिका दिखलाना चाहे, ऐसा प्रबंध किया गया। इसलिए सेना की निगरानी में अंत:स्थापित मीडिया की योजना बनाई गई। युद्ध में संवाददाता और कैमरामैन की भूमिका निभानेवाले पत्रकारों से आवेदन लिये। एक 50 सूत्री समझौते पर हस्ताक्षर कराए गए। इस समझौते में यह भी प्रावधान था कि किस तरह के समाचार दिए जाएँ। इस व्यवस्था के तहत पत्रकार और कैमरामैन पर सैनिक अनुशासन लागू था। समाचारों के बारे में अनेक कड़े निषेध लागू थे। स्पष्ट है कि अंत:स्थापित मीडिया की व्यवस्था में स्वतंत्र पत्रकारिता की कोई गुंजाइश नहीं थी।

युद्ध के मैदान से ये पत्रकार अपना समाचार और फुटेज कुवैत व दोहा स्थित अमेरिकी फौज के पत्र-सूचना केंद्र में भेजते थे, जहाँ से ये वाशिंगटन के ह्वाइट हाउस एवं लंदन के 10 डाउनिंग स्ट्रीट भेज दिए जाते थे और वहाँ से सेंसर करने के बाद समाचारों और दृश्यों का विश्वव्यापी प्रसारण किया जाता रहा। कहने की जरूरत नहीं कि यह सब एकतरफा प्रचार था। अमेरिका और ब्रिटेन के इस युद्ध में अनुकूल पड़नेवाले दृश्य संसार भर में दिखाए जाते रहे। अंत:स्थापित पत्रकारों के अलावा भी बहुत से पत्रकार युद्ध के समाचार दे रहे थे, लेकिन युद्ध के मैदान से नहीं। न तो उन्हें अंत:स्थापित पत्रकारोंवाला सुरक्षा कवच हासिल था और न ही अन्य सुविधाएँ। हकीकत तो यह है कि युद्ध को इतने पास से देखने और उसे हमारे पास तक पहुँचाने का यह पहला अवसर था, लेकिन इस क्रम में हमें यह नहीं भूलना चाहिए कि ऐसे पत्रकारों का मौके पर मौजूद होना मात्र ही युद्ध की वास्तविकताओं पर परदा डालने और अभिप्रेत यथार्थ को प्रोपेगंडा में बदलने के लिए पर्याप्त साबित हुआ।

अमेरिकी ब्रॉडकास्टिंग कंपनी के अंत:स्थापित संवाददाता टेड कोपल ने स्वीकार भी किया कि इस युद्ध में सिपाहियों के साथ उनकी संवेदना अधिक गहरी हुई है। कहना न होगा कि यही संवेदना युद्धक्षेत्र में 'अंत:स्थापित संवाददाता' के पूर्वग्रहों का निर्माण करती है। इस संदर्भ में दूसरा सच यह है कि अमेरिका और ब्रिटेन के हमलों से मारे गए निरीह नागरिकों की संख्या के बारे में अनभिज्ञता बनी हुई है। दुनिया कभी नहीं जान पाएगी कि कितने निर्दोष लोग मारे गए। जो आँकड़े आते रहे वे सब प्रचार की अनुकूलता बनाए रखने के लिए काम आए।

इतने बड़े विध्वंसक युद्ध और बमबारी में केवल कुछ सौ लोग मारे गए हों, इस बात पर विश्वास नहीं किया जा सकता। अलबत्ता खाड़ी के देशों के तीन चैनल–अल-जजीरा, अबूधाबी टी.वी. एवं अल-अरेबिया ने कुछ दृश्य और समाचार जरूर दिखाए, जिनमें दूसरे पक्ष का सच शामिल था। निश्चय ही यह अमेरिका और ब्रिटेन के लिए अनुकूल नहीं था। इसीलिए उन्हें भयानक अमेरिकी दबाव का सामना करना पड़ा। यहाँ तक कि इन तीनों चैनलों ने जब अपना रुख नहीं बदला तब इराक स्थित इनके दफ्तरों पर बमबारी की गई।

इराक युद्ध में कुल मिलाकर नौ सौ तीन अंत:स्थापित पत्रकार और कैमरामैन भाग ले रहे थे। इनमें से एक सौ छत्तीस ब्रिटेन की सेना के साथ थे। इनमें भी एक सौ अट्ठाईस तो ब्रिटिश मूल के ही थे। केवल आठ ऐसे पत्रकार थे, जो ब्रिटिश मूल के नहीं थे। अमेरिकी सेना के साथ 20 प्रतिशत अंत:स्थापित पत्रकार विदेशी मूल के थे। 80 प्रतिशत अमेरिकी नागरिक थे। जाहिर है, इस बात की पूरी कोशिश की गई थी कि अंत:स्थापित मीडिया में कोई भी शख्स दूसरे पक्ष की सहानुभूति रखनेवाला न हो। इसके बावजूद अनेक ऐसी घटनाएँ हुईं जो यह बताती हैं कि प्रचारतंत्र पर पूरी तरह काबिज रहने के लिए अमेरिकी सेना कहाँ तक जा सकती थी। इजराइल और पुर्तगाल के दो-दो संवाददाताओं को अमेरिकी सेना ने कई दिनों तक हवालात में बंद रखा। कुछ पत्रकारों को दंडस्वरूप चार-चार दिनों तक भूखा रखा गया। कुछ की सुविधाएँ घटा दी गईं। युद्ध के मैदान की खबरों के अलावा युद्ध संबंधी और भी खबरें बनती हैं। ऐसी खबरों के लिए अमेरिका और ब्रिटेन ने परंपरागत प्रचार शैली का इस्तेमाल भी किया। अमेरिका के राष्ट्रपति जॉर्ज बुश और ब्रिटेन के प्रधानमंत्री टोनी ब्लेयर इस लड़ाई को इराक-मुक्ति का युद्ध बताते रहे। सद्दाम के दानवीकरण की प्रक्रिया को अमेरिका और ब्रिटेन मीडिया के माध्यम से वर्षों से संचालित करते रहे हैं। सद्दाम की क्रूरताओं को बढ़ा-चढ़ाकर दोहराया गया। यहाँ तक कि उनकी पत्नियों और प्रेमिकाओं का भी उल्लेख बार-बार किया गया। इस प्रकार इराक युद्ध ने स्वयं मीडिया को युद्ध का सबसे संहारक हथियार बना दिया।

—दीनानाथ मिश्र

लेखकीय

मीडिया के क्षेत्र में बीसवीं शताब्दी के अंतिम दशक में एक विषय और एक व्यवसाय दोनों ही दृष्टियों से अभूतपूर्व विस्तार हुआ है। अब यह प्रिंट मीडिया, इलेक्ट्रॉनिक मीडिया, प्रसारण, जनसंपर्क, विज्ञापन तथा परंपरागत मीडिया जैसे प्रचलित रूपों में ही सीमित नहीं रहा है। उद्योग में दिन-दूनी रात-चौगुनी प्रगति के साथ ही कॉरपोरेट संचार तथा इंटरनेट पत्रकारिता के साथ-साथ कुछ नए मीडिया क्षेत्र भी अस्तित्व में आए हैं। परिणामस्वरूप कई ऐसे नए व्यवसायों का अभ्युदय हुआ है जो पूर्व में नहीं थे।

यह परंपरागत अवधारणाओं में आमूल परिवर्तन का दौर है। जनसंचार की भूमिका सूचना, शिक्षा और संचार के स्थान पर अब सूचना, संचार और मनोरंजन का रूप लेती जा रही है।

मैंने वर्ष 1988 में हिंदी पत्रकारिता के क्षेत्र में (अमर उजाला) समाचार-पत्र से अपना कैरियर बतौर संवाददाता प्रारंभ किया था। अपने शैक्षिक व व्यावहारिक जीवन दोनों में मैंने अत्यंत गहराई से इस बात को महसूस किया कि मीडिया अथवा जनसंचार के क्षेत्र में इसके शैक्षिक पाठ्यक्रमों व इतिहास आदि विषयों पर तो कई पुस्तकें उपलब्ध हैं, जबकि इस क्षेत्र में प्रवेश के इच्छुक नवागंतुकों हेतु पुस्तकों का नितांत अभाव है। यही विचार इस पुस्तक के उदय का कारण बना।

मौजूदा दौर में भारतीय परिप्रेक्ष्य में मीडिया को लेकर आमूलचूल परिवर्तन हुए हैं। दूसरे शब्दों में कहें तो यह दौर मीडिया के क्षेत्र में क्रांति का दौर है। पत्रकारिता (इलेक्ट्रॉनिक व प्रिंट दोनों) में अपने स्वर्णिम भविष्य की राह तलाश रहे युवक-युवतियों की जरूरतों को ध्यान में रखकर इस पुस्तक की रचना की गई है। इस पुस्तक में विविध अध्यायों को तीन खंडों में समेटा गया है, जिनके

अंतर्गत विषय की तह तक पहुँचने का प्रयास किया गया है।

इस पुस्तक को तैयार करने में मुझे बहुत से लोगों का अतिशय सहयोग मिला, मैं सभी का आभारी हूँ। विशेष रूप से रघुनाथ गर्ल्स स्नातकोत्तर महाविद्यालय, मेरठ में समाजशास्त्र की प्रवक्ता डॉ. अंजुला राजवंशी के प्रति साधुवाद संप्रेषित है। यही नहीं, श्री दीनानाथ मिश्र के 'प्रसंगवश' तथा दूरदर्शन केंद्र, नई दिल्ली के सहायक केंद्र निदेशक श्री सुरेंद्र शर्मा के 'दिशा-बोध' तथा शांता ग्रोवर, मनीष कुमार, संतोष, राजीव रंजन प्रकाश, टी. सरिता, राधिका आदि के शोध संदर्भों के अभाव में पुस्तक अपूर्ण ही रहती।

पुस्तक को उपयोगी व नयनाभिराम स्वरूप प्रदान करने के लिए चित्रों का उपयोग किया गया है, जिसके लिए मैं श्री सुरेंद्र शर्मा तथा यूनिवर्सिटी ऑफ मीडिया आर्ट्स, नोएडा के कुलपति प्रो. संदीप मारवाह के प्रति विशेष धन्यवाद व्यक्त करता हूँ।

पुस्तक के बारे में आपकी अमूल्य प्रतिक्रिया की प्रतीक्षा रहेगी।

—पुष्पेंद्र कुमार आर्य

ए-31, मुसकान कॉम्प्लेक्स,
बुढ़ाना गेट, मेरठ (उ.प्र.)
पिन-250002 (भारत)
फोन-0121-2531788
ई-मेल : profpkarya@yahoo.com

अनुक्रम

प्रथम खंड
प्रिंट मीडिया

द्वितीय खंड
इलेक्ट्रॉनिक मीडिया

तृतीय खंड
मीडिया से संबंधित अन्य क्षेत्र

प्रथम खंड

प्रिंट मीडिया

1

समाचार–पत्र एवं पत्रिकाएँ

भारत में प्रिंट मीडिया अपने आप में एक जीवंत उद्योग है। प्रिंट मीडिया का नाम आते ही निगाहों के सामने समाचार-पत्र, पत्रिकाएँ और पुस्तकें घूम जाती हैं। हाल ही में तेजी से बढ़ती तकनीकी प्रगति के चलते इसके स्वरूप में अभूतपूर्व विस्तार हुआ है। इस तकनीकी विकास से क्षेत्रीय समाचार-पत्र एवं पत्रिकाएँ भी अछूते नहीं रहे हैं। आज मीडिया निर्भीक होकर सत्य खबरों को आम जनता के सामने रखने में सक्षम है। अगर ध्यान से देखा जाए तो जनता और प्रशासन के बीच एक मजबूत कड़ी के रूप में प्रिंट मीडिया उपस्थित है। इस क्षेत्र में कैरियर की अनंत संभावनाएँ प्रतिभाशाली युवाओं के स्वागत को तैयार हैं। अपने काम के प्रति लगन, आत्मविश्वास व उत्साह के बल पर कोई भी व्यक्ति तकनीकी जानकारी प्राप्त कर प्रिंट मीडिया के क्षेत्र में अपना कैरियर बना सकता है।

प्राचीन काल से ही मनुष्य में अपनी संस्कृति और अपनी बातों को आनेवाली पीढ़ी तक पहुँचाने की इच्छा बलवती रही है। भोजपत्रों, शिलालेखों, पत्थरों, सिक्कों व मुद्राओं आदि पर लेखन की परंपरा इसी शृंखला की प्राथमिक कड़ियाँ रहीं। मुद्रण कार्य को भी आजकल कला का ही एक भाग

माना जाता है। सामान्य रूप से यह माना जाता है कि कपड़े या कागज अथवा पत्रों पर जो डिजाइन बनाया जाएगा या शब्द अंकित किया जाएगा, वह मुद्रण की श्रेणी में आएगा। प्रसिद्ध अंग्रेजी वैज्ञानिक चार्ल्स डिक्सन ने मुद्रण के विषय में कहा भी है कि ''स्वतंत्र व्यक्ति के व्यक्तित्व को बनाए रखने में मुद्रण (प्रिंटिंग) महत्त्वपूर्ण भूमिका निभाती है। मुद्रण की प्रणाली उतनी ही प्राचीन है जितनी कि मानव सभ्यता।''

भारत एक ऐसा देश है जिसके द्वारा संपूर्ण विश्व को ज्ञान-विज्ञान आदि के विषय में प्रारंभिक व सबसे पहले जानकारी मिली है। भारत में प्रिंटिंग का कार्य लगभग एक सौ पचास वर्ष पूर्व ही शुरू हुआ था। प्रिंटिंग के क्षेत्र में सबसे पहला कदम चीन व जापान ने रखा था। ईस्वी सन् 105 में चीन में श्री टस-त्साई लून ने सर्वप्रथम कपास और मलमल को उचित अनुपात में मिलाकर कागज की रचना की थी। ईस्वी सन् 712 में चीन में ब्लॉक प्रिंटिंग की शुरुआत हुई। ब्लॉक प्रिंटिंग के अंतर्गत लकड़ी का ब्लॉक बनाया जाता था और फिर उसपर स्याही लगाकर कागज पर प्रिंट उतार लिया जाता था। यह मान्यता है कि सन् 1041 में चीन के पी शांग नामक व्यक्ति ने चीनी मिट्टी के अक्षर तैयार किए थे। उन्हीं अक्षरों का विकसित रूप आज हमारे समक्ष मौजूद है।

हालाँकि भारत में मुद्रण कला को आए लगभग एक सौ पचास वर्ष ही हुए हैं, लेकिन आज भी वह अपने विकसित रूप में है तथा आगे भी नए-नए आविष्कारों को करने व अपनाने के लिए प्रयासरत है। हालाँकि ब्लॉक प्रिंटिंग कोई सस्ता कार्य नहीं था और न ही इससे सुंदर छपाई हो पाती थी, लेकिन इसके प्रयोग को लोगों ने हस्तलिखित ग्रंथों से ज्यादा फायदेमंद समझा। इन्हीं सब असुविधाओं के चलते जर्मन के लॉरेंस जेसजोन ने छोटे-छोटे टाइपों का आविष्कार किया तथा इन्हीं टाइपों की सहायता से मेजनगर के गटेनबर्ग में सर्वप्रथम 'बाइबल' के कुछ प्रारंभिक अंश मुद्रित किए गए। चूँकि ये टाइप सुविधाजनक थे, अतः यूरोप में इन्हें शीघ्रता से स्वीकार कर लिया गया।

भारत में सन् 1805 में चार्ल्स विकिल्स ने बंगाल में देवनागरी अक्षरों के टाइपों को तैयार किया। अतः भारतीय भाषाओं में प्रिंटिंग कार्य का पूरा श्रेय चार्ल्स विकिल्स को ही जाता है। सन् 1790 में 'बॉम्बे गजट' नामक पत्र का प्रकाशन हुआ तथा सर्वप्रथम 1793 में पहली पुस्तक प्रकाशित हुई। लेकिन मुद्रण कार्य में तीव्रता आई सन् 1805 में; क्योंकि तब तक देवनागरी लिपि के टाइप तैयार हो गए थे।

धीरे-धीरे विकास की ओर अग्रसर प्रिंटिंग उद्योग में वर्तमान में बहुत ज्यादा परिवर्तन आया है। वह समय अब बीत गया जब गिने-चुने अखबार व पत्रिकाएँ बाजार में थीं। आज स्थिति यह है कि शादी के कार्ड से लेकर सामानों पर अंकित किए जानेवाले नाम व नंबर तक मशीनों से कम समय तथा ज्यादा मात्रा में तैयार हो जाते हैं। साथ ही सफाई व सुंदरता की दृष्टि से भी मुद्रण सामग्री ज्यादा अच्छी मानी जाती है।

ऑफसेट मशीन द्वारा समाचार-पत्र का प्रकाशन

मुद्रण के क्षेत्र में कागज, ब्लॉक टाइप, ऑफसेट मशीन, स्याही आदि के साथ-साथ आवश्यकता होती है अनुभवी व तकनीकी योग्यता प्राप्त कामगारों की। प्रिंटिंग मीडिया के क्षेत्र में अलग-अलग मशीनों को चलानेवालों के साथ-साथ डिलीवरी मैन, प्रूफ रीडर, एडीटर, मार्केटिंग मैनेजर, प्रेस प्रवक्ता, पत्रकार, कहानीकार, कार्टूनिस्ट आदि की भी आवश्यकता होती है।

प्रिंट मीडिया में प्रवेश करने के लिए यों तो किसी खास शिक्षा की आवश्यकता नहीं है, लेकिन तकनीकी व्यक्ति को ज्यादा महत्त्व व प्राथमिकता दी जाती है। जब से कंप्यूटर प्रचलन में आया है तब से एक ओर जहाँ प्रिंटिंग सस्ती हो गई है वहीं दूसरी ओर इसकी गुणवत्ता में भी काफी अंतर आया है।

आज ज्यादा मात्रा में तथा कम समय में छपने के कारण पुस्तकों, समाचार-पत्रों व पत्रिकाओं की संख्या में भी तीव्रता से वृद्धि हुई है। अगर व्यक्ति चाहे तो किसी एक को छोड़कर दूसरे प्रेस में नौकरी भी कर सकता है।

तकनीकी जानकारी देने हेतु वह अपना इंस्टीट्यूट भी खोल सकता है या अगर वह चाहे तो कॉन्ट्रेक्ट बेस पर भी कार्य कर सकता है।

राष्ट्रीय दिवस हो या कोई पर्व-त्योहार, इनका अवकाश जब अखबारों को प्रभावित करता है तब पाठकों को बेहद कष्ट होता है। आज कंप्यूटर और मोबाइल क्रांति के दौर में जब इलेक्ट्रॉनिक मीडिया की पहुँच और रफ्तार प्रिंट मीडिया के मुकाबले कई गुना प्रभावी हो चुकी है तब भी इस देश में इलेक्ट्रॉनिक मीडिया की तुलना में प्रिंट मीडिया की अहमियत में कोई भी कमी नहीं आई है। अखबारों की बंदी पर वाराणसी में एक सर्वेक्षण किया गया। सर्वेक्षण में महाविद्यालयों के प्राचार्यों (4) सहित 32 प्रवक्ता, रीडर, प्राध्यापक, विभागाध्यक्ष; माध्यमिक शिक्षा क्षेत्र से 20, प्राथमिक शिक्षा से जुड़े 34, अधिवक्ता 23, व्यवसायी 12, इंजीनियर 4, पानवाले 19, चायवाले 7, पत्र विक्रेता 6, राहगीर 32 तथा 20 छात्र-छात्राओं को शामिल किया गया था। जबकि मीडिया से जुड़े संवाददाता-संपादक-वरिष्ठ पत्रकार के रूप में 229 व्यक्ति शामिल किए गए।

अब आप छुट्टी के एक दिन पहले छपनेवाली छुट्टी की सूचना पर गौर करें। कमोबेश यही या ऐसी ही सूचना सभी अखबारों में प्रकाशित की जाती है। अब कल्पना करें कि यदि ऐसी ही विज्ञप्ति बिजली विभाग, रेल विभाग, सड़क परिवहन और दूरभाष विभाग सहित जल विभाग या अन्य विभाग भी प्रकाशित करवा दें और अवकाश पर चले जाएँ तो आम आदमी सहित प्रिंट मीडिया से जुड़े लोगों की क्या प्रतिक्रिया होगी। क्या प्रिंट मीडिया का भी दायित्व नहीं है कि वह इलेक्ट्रॉनिक मीडिया की ही भाँति समाचारों को पाठकों तक पहुँचाने की अपनी क्रम की निरंतरता बनाए रखे।

मैनुअल पत्रिका प्रकाशन का दृश्य

आज के समय में भी जब कि विविध चैनलों पर 'टी टाइम' और लगातार समाचार

चैनल चल रहे हैं, फिर भी आम आदमी के दिन की शुरुआत एक कप चाय और अखबार से ही होती है। मुंबई जैसे चौबीसों घंटे जागनेवाले शहर में सुबह-सवेरे अखबार की अपनी अहमियत है। आज आम आदमी चाय की पहली चुस्की के साथ अखबार पढ़ता है। मुंबई में नौकरी पर जाने के लिए पहली लोकल ट्रेन पकड़ने घर से निकला आदमी भी लोकल ट्रेन में चढ़ने से पहले एक अदद अखबार ही खरीदता है। मुंबई में तो दफ्तर से निकलकर हजारों की संख्या में लोग चार पन्ना टेबलाइड से लेकर बारह पन्ना टेबलाइड पेपर खरीदकर लोकल ट्रेन में चढ़ना पसंद करते हैं। इन अखबारों की प्रतीक्षा में घर की महिलाएँ भी होती हैं, जो घरेलू कामकाज ही करती हैं या घरों में ही रहती हैं। जाहिर है, मुंबई जैसे महानगर में जहाँ की झोंपड़पट्टी में भी रंगीन टी.वी., वी.सी.आर. और तो और, कंप्यूटर जैसे अत्याधुनिक उपकरण उपलब्ध हैं, वहाँ पर भी प्रिंट मीडिया का आज भी हर दिन, हर परिवार बेसब्री से इंतजार करता रहता है।

आज के कंप्यूटरीकृत युग में भी समाचार-पत्रों की उपयोगिता को नकारा नहीं जा सकता। समाचार-पत्रों के महत्त्व की वास्तविकता उस समय पता चलती है जब वे हमारे पास उपलब्ध नहीं होते। जरा सोचिए, आपको कोई सूचना चाहिए और वह आपको समाचार-पत्र से ही मिल सकती है, लेकिन समाचार-पत्र आपके पास नहीं है। उस समय की बेचैनी को महसूस करके देखिए। तब आप समाचार-पत्र की महत्ता को समझ पाएँगे। महत्ता के हिसाब से हालाँकि समाचार-पत्रों का उत्पादन नहीं है, लेकिन अगर आपूर्ति निरंतर होती रहे तो भी काम चलाया जा सकता है। परंतु उत्पादन क्षमता बढ़ाने का प्रयास भी आवश्यक है।

अखबार समाज के हर वर्ग की एक विशेष और सामान्य दैनिक आवश्यकता है। इसमें विशेष और सामान्य दो ऐसे विशेषण हैं जो परस्पर विरोधी हैं, किंतु इनका यथार्थ विरोधाभासी भी नहीं है। अन्य आवश्यक वस्तुओं की भाँति अखबार समयबद्ध दैनिक और सार्वकालिक आवश्यकता है। पूरे देश में ऐसी कोई भाषा नहीं है जिसके अखबार सर्वत्र मिलते हों। दक्षिण में तो हिंदी अखबारों की कल्पना नहीं की जा सकती। उड़ीसा में आधी जगहों पर केवल 'उड़िया' अखबार ही है।

एक विशुद्ध हिंदी-भाषी व्यक्ति अनेक प्रांतों में अखबारों के बिना स्वयं को असहाय अनुभव करता है और जब उसके स्थायी निवास पर वर्ष में चौदह दिन अखबार नहीं मिलता तो उसकी सुबह मायूस हो जाती है। एक अखबार

का वास्तविक महत्त्व स्थानीय समाचार, राष्ट्रीय समाचारों का संदर्भ विश्लेषण और विशेषता निश्चित रूप से संपादकीय से जुड़ी होती है और इसमें जो रस है या जो इस पाठक को मिलता है वह रस यदि सारे चैनलों के समाचार भी देखे-सुने जा सकें तो पाठक को नहीं मिलता है और शायद अपनी समयबद्धता के कारण ही एक अखबार आम आदमी की दैनिक दिनचर्या या जीवन-शैली का अभिन्न अंग बन गया है।

नवीनतम साधनों की उपलब्धता ने प्रिंटिंग कार्य को सुलभ बना दिया है।

एक बार अखबार विक्रेताओं की हड़ताल होने पर पाठकों ने समूहबद्ध होकर अखबार बेचना शुरू कर दिया था और बनारस में गंगा के घाटों तक पर अखबार बिकने लगे थे। बेचने वाले स्नानार्थी, पंडा और सामान्य नागरिक थे। काशी में ऐसा मंजर यहाँ के पाठकों के समाचार-पत्रों के प्रति मोह को स्पष्ट करता है। हॉकरों की हड़ताल तो कई प्रदेश और इलाकों में हुई है। ऐसे में जबलपुर, रायपुर, गोरखपुर, राँची, पटना, जोधपुर सहित देश भर में पाठकों का ही मानसिक उत्पीड़न हुआ है। ऐसे दिनों में जब अखबार का प्रकाशन स्थगित रहता है, एक समाचार-पत्र कम पृष्ठों के आकार में हो सकता है अथवा उसके मूल्य में अधिकता हो तो भी चलेगा। लेकिन अखबार मिलना चाहिए।

अवकाश के दिनों में भी चिकित्सकों के आस-पास स्थित मेडिकल स्टोर पारी-पारी से खुलते हैं, जिससे मरीजों को दवा के लिए भटकना न पड़े। इसी तर्ज पर जहाँ दो या दो से अधिक समाचार-पत्र प्रकाशित होते हैं, वे आपस में अवकाश की पारियाँ बाँटकर अपने पत्र को प्रकाशित करने का दायित्व वहन कर सकते हैं, जिससे पाठकों को शहर के समाचारों से दूर न रखा जा सके।

समाचार-पत्रों के अभाव में संवेदनशील समयावधि में अफवाहें भी जोर-शोर से फैलती हैं। अखबारों के नियमित प्रकाशन से भी अफवाहों पर नियंत्रण होगा, क्योंकि ऐसे समय में जनता को समाचार-पत्रों पर ही विश्वास

होता है। पाठक अपने पसंदीदा समाचार-पत्र पर ही भरोसा करता है।

वैसे अवकाश के दिनों में समाचार-पत्र के अभाव की भरपाई छोटे-छोटे समाचार-पत्र भी कर सकते हैं। जब देश का बँटवारा हुआ था तब देश में पंजाब और सिंध से हजारों-लाखों बे-घरबार विस्थापित व्यक्ति आए थे, जिन्होंने 'यूज ऑफ जीरो अवर थ्योरी' पर जमकर काम किया और आज व्यवसाय जगत् में सिख-सिंधी-पंजाबी त्रिवेणी उन्नति के चरम पर है। इन्होंने अपने व्यवसाय उत्कर्ष के लिए वह कठिन समय साधा जो सामान्य भारतीय नहीं साधता। इसी जमात ने 'भोजन से बड़ा ईश्वर और ईश्वर से बड़ा ग्राहक' सूत्र की तलाश की। इसी वर्ग से सीख लेकर यदि छोटे-छोटे अखबार आगे आकर इस अवकाश-शून्य को भर सकें तो कई काम सहज हो जाएँगे। वैसे इस शून्य को भरने के लिए छोटे-छोटे अखबार समूहबद्ध होकर भी अखबार निकाल सकते हैं।

जिस तरह देश में धर्म-स्वातंत्र्य, विचार-स्वातंत्र्य, अभिव्यक्ति-स्वातंत्र्य उप सूचना-स्वातंत्र्य है उसी तरह समाचार-पत्रों के पाठकों को समाचार-पत्र के चयन की भी स्वतंत्रता है। जिस तरह नागरिक तीन सौ पैंसठ दिन बिजली, पानी, दूर संचार, परिवहन आदि सुविधाएँ चाहता है, जो उसका मूल अधिकार भी है, उसी तरह समाचार-पत्र पाना भी आम पाठक का मूल संवैधानिक अधिकार बनाया जाना चाहिए। इस अधिकार का उल्लंघन न होने देना समाचार-पत्रों के प्रकाशकों का नैतिक, संवैधानिक, मानवीय, राष्ट्रीय दायित्व होना चाहिए। इस दायित्व-पूर्ति के लिए भले ही शासन स्तर पर पत्र प्रकाशकों को छूट दी जाए या दायित्व-पूर्ति की बाध्यता रखी जाए; मगर पाठकों को हर दिन समाचार-पत्र मिले, यह बहुत जरूरी है।

तेजी से बदलते सामाजिक परिवेश में किताबों, समाचार-पत्रों व पत्रिकाओं की खासी माँग है। अगर व्यक्ति चाहे तो अपनी पत्रिका या पत्र भी निकालना आरंभ कर सकता है। आजकल बहुत से उपन्यासकार, कहानीकार, गीतकार, गजल लेखक व साहित्यकार अपने सामने ही कंप्यूटर पर सेटिंग कराना पसंद करते हैं तथा बाद में प्रकाशक को भेज देते हैं।

चूँकि कंप्यूटर ने आज सारे प्रिंट मीडिया को प्रभावित कर रखा है, अतः एक-एक कंप्यूटर ऑपरेटर को हजारों की संख्या में वेतन मिलता है। अगर आप कंप्यूटर के अच्छे जानकार हैं तो प्रिंट मीडिया के क्षेत्र में अपना भाग्य आजमा सकते हैं।

किसी भी प्रकार की मुद्रण सामग्री चूँकि सालों तक अपनी पहचान कायम

रखती है, अतः प्रिंट होने से पहले मुद्रण सामग्री की प्रूफ रीडिंग की जाती है। प्रूफ रीडर के लिए दो तरीके से वेतन का प्रावधान है—एक, प्रति पेज तथा दूसरा, मासिक वेतन। चूँकि प्रूफ रीडर का कार्य अपने आप में काफी क्लिष्ट तथा महत्त्वपूर्ण है, अतः प्रूफ रीडर को प्रूफ रीडिंग में काम आनेवाले चिह्नों की पूर्ण जानकारी होनी चाहिए। साथ ही, उसे स्वयं को एकाग्रचित्त करने की कला भी आनी चाहिए। इसके अतिरिक्त प्रूफ रीडर को भाषा, वर्तनी व व्याकरण का भी पूर्ण ज्ञान होना आवश्यक है।

प्रिंट मीडिया के संबंध में जानकारी व प्रशिक्षण प्राप्त करने के लिए किसी भी पत्रकारिता संस्थान से संपर्क स्थापित किया जा सकता है।

प्रमुख प्रशिक्षण संस्थान

★ भारतीय जनसंचार संस्थान, अरुणा आसफ अली मार्ग, जवाहरलाल नेहरू विश्वविद्यालय परिसर, नई दिल्ली-110067, वेबसाइट : www.iimcnic.in

★ यूनिवर्सिटी ऑफ मीडिया आर्ट्स (एशियन एकेडमी ऑफ फिल्म एंड टेलीविजन), मारवाह स्टूडियो कॉम्प्लेक्स, एफ.सी. 14/15, फिल्म सिटी, सेक्टर-16 ए, नोएडा-201301, उ.प्र.
टेलीफोन : 0120-2515254-55-56, फैक्स : 0120-2515246
ई-मेल : marwah@del2.vsnl.net.in

★ इंदिरा गांधी राष्ट्रीय मुक्त विश्वविद्यालय (इग्नू), नई दिल्ली

★ आई.सी.डी.ई.ओ.एल., हिमाचल प्रदेश विश्वविद्यालय, समर हिल, शिमला (हि.प्र.), फोन-0177-2830741

★ जामिया मिल्लिया इसलामिया, नई दिल्ली-110025

★ चौ. चरण सिंह विश्वविद्यालय, मेरठ-250004 (उ.प्र.)

★ कुरुक्षेत्र विश्वविद्यालय, कुरुक्षेत्र (हरियाणा)

★ अलीगढ़ मुसलिम विश्वविद्यालय, अलीगढ़-202002 (उ.प्र.)

★ माखनलाल चतुर्वेदी राष्ट्रीय पत्रकारिता विश्वविद्यालय, पोस्ट बॉक्स आर. एस. 160, भोपाल (म.प्र.)

★ बनारस हिंदू विश्वविद्यालय, वाराणसी (उ.प्र.)

★ मुंबई विश्वविद्यालय, महात्मा गांधी रोड, फोर्ट, मुंबई-400032

★ मराठवाड़ा विश्वविद्यालय, औरंगाबाद (महाराष्ट्र)

- ललित नारायण मिथिला विश्वविद्यालय, कामेश्वर नगर, दरभंगा (बिहार)
- लाल बहादुर शास्त्री जनसंचार संस्थान, लखनऊ (उ.प्र.)
- आगरा विश्वविद्यालय, आगरा (उ.प्र.)
- गुवाहाटी विश्वविद्यालय, गुवाहाटी (असम)
- जबलपुर विश्वविद्यालय, जबलपुर (मध्य प्रदेश)
- पंजाब विश्वविद्यालय, चंडीगढ़
- कोलकाता विश्वविद्यालय, सीनेट हाउस, 87 कॉलेज स्ट्रीट, कोलकाता-700007
- राजस्थान विश्वविद्यालय, जयपुर (राजस्थान)
- बंगलौर विश्वविद्यालय, ज्ञान भारती, बंगलौर-560056
- केरल विश्वविद्यालय, यूनिवर्सिटी डाकघर, त्रिवेंद्रम-695034
- वाई.ए.एम.सी.ए. जयसिंह रोड, नई दिल्ली
- ऑक्सफोर्ड कॉलेज ऑफ एजुकेशन, 71/ए पटुओटोला लेन, कोलकाता-700009
- पंजाबी विश्वविद्यालय, पटियाला (पंजाब)
- रविशंकर विश्वविद्यालय, रायपुर (म.प्र.)
- पटना विश्वविद्यालय, पटना (बिहार)
- उस्मानिया विश्वविद्यालय, हैदराबाद (आंध्र प्रदेश)
- मुंबई कॉलेज ऑफ जर्नलिज्म, मुंबई
- सिद्धार्थ कॉलेज ऑफ मास कम्युनिकेशन, मुंबई
- इंस्टीट्यूट ऑफ जर्नलिज्म, थिएटर कम्युनिकेशन बिल्डिंग, नई दिल्ली
- डेट लाइन स्कूल ऑफ जर्नलिज्म, नई दिल्ली
- एमिटी स्कूल, नई दिल्ली
- राय यूनिवर्सिटी, ए-41, एम.सी.आई.ई., मथुरा रोड, नई दिल्ली-110044
  फोन-(011) 51560000, 51570000, 26959000
  ई-मेल : delhi@raiuniversity.edu

□

2

फिल्म पत्रकारिता

फिल्में तथा फिल्मी कलाकारों का निजी जीवन हमेशा आम जनता को लुभाता रहा है। फिल्मों का हमारे समाज व देश पर व्यापक प्रभाव पड़ता है। यदि यह कहा जाए कि फिल्में व्यक्ति की सोच को बनाने तथा बदलने की क्षमता रखती हैं तो अतिशयोक्ति न होगी। फिल्मों के तमाम पक्ष हम तक पहुँचते कैसे हैं ? इस सवाल का सीधा सा जवाब है–फिल्मी पत्रकारों के माध्यम से फिल्म पत्रकारिता का क्षेत्र अत्यंत रोमांचक व ग्लैमर से भरा है। प्रिंट मीडिया के बाद अब इलेक्ट्रॉनिक मीडिया के विस्तार के चलते इस क्षेत्र में रोजगार की असंख्य संभावनाएँ उत्पन्न हो गई हैं। युवक एवं युवतियों के लिए इस क्षेत्र में प्रगति व सुनहरे भविष्य के नित नए द्वार खुल रहे हैं।

कुछ समय तक मनोरंजन के लिए देखी जानेवाली फिल्में आज लोगों के जीवन का एक विशिष्ट हिस्सा बन गई हैं। आज व्यक्ति हर नई आने वाली फिल्म के विषय में जानने को उत्सुक रहता है। किसी फिल्म की क्या विशिष्टता है, कौन से हीरो-हीरोइन उस फिल्म में काम कर रहे हैं, उस फिल्म की कहानी क्या है, कौन निर्देशक है, कौन संगीत प्रस्तुत कर रहा है तथा इस फिल्म का भविष्य क्या है आदि दर्शकों के अनेक प्रश्न होते हैं, जिनके उत्तर

वे फिल्म के रिलीज होने से पहले ही जानना चाहते हैं। दर्शकों की इसी इच्छा को पूरा करने के लिए फिल्म पत्रकारिता का आरंभ हुआ।

वर्तमान में सबसे ज्यादा बिक्री भी फिल्मी पत्र–पत्रिकाओं की है। आज व्यक्ति को इससे कोई मतलब नहीं है कि कौन हमारे राज्यमंत्री हैं या कौन हमारे मेयर हैं या कौन शिक्षामंत्री हैं ? लेकिन प्रत्येक व्यक्ति यह जरूर जानता है कि कौन से नए हीरो–हीरोइन फिल्मी जीवन को अपना रहे हैं ? किसकी फिल्में हिट हो रही हैं ? किसकी फिल्में पिट रही हैं ? आदि। जनता की इसी जिज्ञासा को शांत करने के लिए प्रत्येक समाचार–पत्र व पत्रिका अपने पत्र या पत्रिका में एक परिशिष्ट फिल्मों पर भी अवश्य रखते हैं। इन विशिष्ट फिल्मी परिशिष्टों में अपने लेख देने तथा जानकारी देने के लिए फिल्मी पत्रकारों की आवश्यकता होती है।

फिल्मों व फिल्मी कलाकारों के ऊपर लिखना यों तो कोई मुश्किल कार्य नहीं है, लेकिन छपने के लिए आवश्यक है नवीनतम जानकारी तथा सरल, स्पष्ट व संतुलित भाषा का होना। अगर पत्रकार एक ही जैसे लेख बार–बार लिखता रहता है तो वह अपने पत्र–पत्रिका की महत्ता को कम कर देता है। अतः उसे फिल्मी जगत् की संपूर्ण व नवीनतम जानकारी होना आवश्यक है। इसके लिए उसके पास एक टेलीफोन डायरी होनी चाहिए, जिसमें सभी निर्देशकों व कलाकारों के टेलीफोन नंबर व मोबाइल नंबर होने चाहिए। समय–समय पर कॉल करके पता करते रहना चाहिए कि फिल्मी जगत् में नया क्या हो रहा है ? साथ ही, कुछ निर्देशकों व कलाकारों के पास आपका संपर्क नंबर/सूत्र भी होना चाहिए, ताकि वे भी आपको नवीनतम सूचना प्रदान कर सकें। फिल्मों पर लेखन कार्य कई तरह से किया जा सकता है, जैसे–फिल्मों की कथाएँ लिखना, समीक्षा

इलेक्ट्रॉनिक मीडिया के पदार्पण से फिल्म पत्रकारिता में नए बदलाव आए हैं

लिखना, साक्षात्कार, कलाकारों व निर्देशकों की पसंद लिखना। आज की युवा पीढ़ी कलाकारों से बेहद प्रभावित होती है। अतः कलाकारों की विशेषताओं पर लिखे गए लेख तुरंत प्रकाशित होते हैं। साथ ही फिल्मी परिशिष्टवाली पत्र-पत्रिकाओं की बिक्री भी ज्यादा होती है।

फिल्म पत्रकारिता के क्षेत्र में पदार्पण करनेवाले पत्रकारों को किसी कलाकार व निर्देशन के प्रति अपने विचार निष्पक्ष होकर देने चाहिए। साथ ही इस बात का भी विशेष ध्यान रखना चाहिए कि पत्र-पत्रिका किस स्तर की है तथा उसमें प्रकाशित होनेवाली सामग्री किस प्रकार की है। चूँकि फिल्मी परिशिष्ट की तैयारी लगभग एक महीने पूर्व हो जाती है, अतः अपने लेख कम-से-कम निर्धारित समय से एक या डेढ़ महीना पूर्व भेज देने चाहिए, ताकि वे विशिष्ट तिथि पर प्रकाशित हो सकें। साथ ही एक फिल्मी पत्रकार को कलाकारों के जन्मदिन व पुण्यतिथि की भी जानकारी होनी चाहिए, ताकि वह उन विशिष्ट तिथियों पर लेख लगभग दो महीने पहले पत्र-पत्रिकाओं को भेज सके। फिल्मी पत्रकारिता का क्षेत्र एक तरफ तो ग्लैमरयुक्त है, दूसरी तरफ इसमें रोमांच भी है। बड़े-बड़े कलाकारों से मिलना तथा उनसे साक्षात्कार लेना अपने आप में गौरव का विषय है। जिन कलाकारों की एक झलक देखने के लिए भी लोग लालायित रहते हैं, उन कलाकारों से हाथ मिलाना तथा उनके साथ रहना किसी भी व्यक्ति को फिल्मी पत्रकार बनने के लिए प्रेरित कर सकता है।

फिल्म पत्रकारिता का अलग से कोई प्रशिक्षण कार्यक्रम तो नहीं है। लेकिन फिल्म एवं टी.वी. तथा पत्रकारिता का प्रशिक्षण देनेवाले संस्थान इसे अपने पाठ्यक्रम के एक पार्ट के रूप में लोगों को सिखाते हैं। अतः दूरदर्शन, फिल्म व पत्रकारिता से संबंधित संस्थानों में ही इसके संबंध में जानकारी प्राप्त की जा सकती है।

फिल्मी पत्रकार बनने के लिए आपका व्यवहार-कुशल, चतुर, निर्भय, कुछ नया कर दिखाने की इच्छा-शक्तिवाला तथा रचनात्मक प्रवृत्ति का होना आवश्यक है। साथ ही आपको विभिन्न भाषाओं की थोड़ी-बहुत तथा अंग्रेजी व हिंदी भाषा की पूर्ण जानकारी होनी आवश्यक है। एक-एक लेख के प्रकाशन पर व्यक्ति को लगभग पचास रुपए से लेकर तीन हजार रुपए तक मिलते हैं। साथ ही किसी समाचार-पत्र में फिल्मी पत्रकार की हैसियत से कार्य करने पर अच्छे पद के साथ-साथ अच्छा वेतन तथा अन्य सुख-सुविधाएँ भी मिलती हैं।

फिल्मों से ही जुड़ा हुआ एक और क्षेत्र है-टेलीविजन का। आजकल

केबिल के आ जाने से एक समय में लगभग 80-100 चैनल व्यक्ति देख सकता है। फलस्वरूप चैनल्स की बढ़ती संख्या के कारण इनके लिए बनने वाले कार्यक्रमों में भी तेजी से बढ़ोतरी हुई है। फिल्मों का दायरा तो फिर भी सीमित हो जाता है, लेकिन टेलीविजन का दायरा काफी विस्तृत तथा घरेलू है। यही कारण है कि घर-घर में टी.वी. है और लोग तरह-तरह के कार्यक्रमों के दीवाने भी हैं। अतः टेलीविजन के ऊपर भी लेख लिखे जा सकते हैं। चाहे वह पात्र 'कहानी घर-घर की' का हो या 'कसौटी जिंदगी की', 'सी.आई.डी.' का हो या टी.वी. पर दिखाई जानेवाली फिल्मों का। आप अपनी कलम का प्रयोग इस क्षेत्र में भी कर सकते हैं।

कलम के धनी लोगों के लिए मीडिया के क्षेत्र में रोजगार के अनेक अवसर मौजूद हैं, बस आवश्यकता अपनी प्रतिभा को पहचानने की, अवसर का लाभ लेने की, मेहनत और लगन से काम करने की तथा कुछ नया कर गुजरने की इच्छाशक्ति की है। यदि ये सब गुण आप में हैं तो सफलता व प्रसिद्धि आपके कदम चूमेगी।

□

3

फोटोग्राफी

अगर व्यक्ति में कुछ नया कर गुजरने की ललक, लोगों तक अपनी बात पहुँचाने का हुनर, लोगों की पसंद को जानने की कला, मेहनत तथा चुनौतियों से न घबराने की प्रवृत्ति, व्यवहार-कुशलता, ईमानदारी, वफादारी तथा अनुशासन में रहने की मानसिकता हो तो फोटोग्राफी के क्षेत्र में अपना कैरियर बनाना बिलकुल मुश्किल नहीं है। साथ ही आप अपनी कर्मठता तथा निराली प्रकृति के आधार पर 'विश्व प्रेस फोटो अवार्ड', 'कॉमनवेल्थ फोटोग्राफिक अवार्ड', 'निकन वाकले फोटोग्राफिक अवार्ड', 'मेमोरियल अवार्ड' आदि के द्वारा भी सम्मानित हो सकते हैं। हालाँकि फोटोग्राफी एक खर्चीली प्रक्रिया है, लेकिन इसका एक विस्तृत क्षेत्र भी है। अगर आप थोड़ी सी सूझ-बूझ से काम लें और परिस्थितियाँ आपको सहयोग करें तो फोटोग्राफी एक निराला कैरियर है, जहाँ पैसा और पहचान दोनों ही हैं।

जन्म से लेकर मृत्यु तक की बहुत सी ऐसी स्मृतियाँ होती हैं, जो व्यक्ति को याद आ-आकर रोमांचित करती रहती हैं। इन यादों को जीवंत बनाने में सहयोग देते हैं फोटोग्राफ्स। फोटोग्राफ्स को सहेजना व खींचना भी एक कला

है। फोटोग्राफ्स की अपनी एक अलग भावाभिव्यक्ति होती है। चाहे व्यक्ति की एलबम में लगे फोटोग्राफ्स हों या फिर पत्र-पत्रिकाओं में छपे फोटोग्राफ्स, दोनों ही नीरस जीवन को सरस बनाने का कार्य करते हैं। एक नीरस लेख को पाठकों की पसंद का आईना बनाने में फोटोग्राफर का भी विशेष स्थान होता है।

कुछ समय पहले तक फोटोग्राफी को मात्र एक शौक का ही माध्यम समझा जाता था, लेकिन धीरे-धीरे बदलते सामाजिक परिदृश्य तथा मीडिया के बढ़ते प्रभाव ने फोटोग्राफी को एक कैरियर के रूप में प्रतिष्ठित कर दिया है। तकनीकी और कला के उत्कृष्ट समन्वय का नमूना फोटोग्राफी हालाँकि पल भर की कलात्मक कारीगरी है, लेकिन उसका प्रभाव दूर तक तथा देर तक रहता है। फोटोग्राफी का सबसे उत्कृष्ट नमूना उस फोटोग्राफ को माना जाता है जो बिना कुछ लिखे ही लोगों तक अपना पूरा संदेश पहुँचा दे, सुंदरता जिसका विशेष गुण हो तथा वास्तविक स्थिति का व्यक्ति को मात्र फोटो देखने से ही अंदाजा हो जाए कि वह स्थिति जिसका फोटो खींचा गया, गतिशील थी या गतिहीन।

फोटोग्राफी के चलन में आने के विषय में यह धारणा है कि कल्पना व इच्छाओं पर आधारित इस कला का जन्म सन् 1839 में फ्रेंच पेंटर जैकल मानडे डावारे के द्वारा माना जाता है, जिन्होंने सर्वप्रथम चाँदी के भालों पर इस तरह की फोटोग्राफी की शुरुआत की थी। फोटोग्राफी के आविष्कार के संदर्भ में एक धारणा यह भी है कि सन् 1839 में विलियम हेनरी फॉक्स नामक वैज्ञानिक ने फोटो बनाने की प्रक्रिया का आरंभ किया था तथा उसी को इस बात का भी श्रेय जाता है कि निगेटिव से पॉजिटिव यानी फोटो बनाने की शुरुआत भी उसी के द्वारा किए गए प्रयासों से हुई।

हालाँकि फोटोग्राफी के व्यावसायिक होने के संदर्भ में भी लोगों में मतभेद हैं; लेकिन सबसे ज्यादा जोर इस बात पर दिया जाता है कि व्यावसायिक फोटोग्राफी की शुरुआत फ्रांस की राजधानी पेरिस की एक प्रशिक्षण संस्था डेस व्यूक्स 'आर्ट्स इन साइंसेज' से 19 अगस्त, 1939 को हुई। लुई डागपुएरे ने सर्वप्रथम डागुएरेओ टाइप प्रक्रिया से चित्र तैयार करने की विधि सार्वजनिक की। इस विधि के सार्वजनिक होने के बाद ही रिचर्ड बेयर्ड नामक उत्साही युवक ने पोर्ट्रेट तैयार करनेवाला पहला स्टूडियो ब्रिटेन में खोला। बेयर्ड की विशेषता यह थी कि वे फोटोग्राफी तथा इससे जुड़ी तकनीक पर समय-समय पर अपने व्याख्यान भी देते रहे और अपने द्वारा बनाए गए चित्रों का प्रदर्शन भी करते रहे।

निगेटिव से पॉजिटिव बनाने की प्रक्रिया के सरल व सुलभ हो जाने के साथ ही चित्रों को ज्यों-का-त्यों छापने की प्रक्रिया का भी विकास हुआ, जिसे 'हाफटोन' के नाम से जाना गया। 'हाफटोन' प्रक्रिया के द्वारा चित्रों को छापना आसान व सस्ता था, अतः इसका प्रयोग अधिक-से-अधिक संख्या में होने लगा।

मान्यता है कि सन् 1842 में सर्वप्रथम 'इलस्ट्रेटेड लंदन न्यूज' ने चित्रों के माध्यम से अपने समाचारों को पाठकों तक पहुँचाने की प्रक्रिया शुरू की थी। 'इलस्ट्रेटेड लंदन न्यूज' द्वारा की गई इस शुरुआत के साथ ही अमेरिका में 'फोटो पत्रकारिता' को विकसित होने के नए अवसर मिले। प्रथम विश्व युद्ध और अमेरिका-स्पेन युद्ध के दौरान आम जनता तक पहुँचाए गए युद्धक चित्रों ने लोगों को 'फोटोग्राफी' की ओर आकर्षित किया। मैथ्यू ब्राडी, जिमी हेपर, रॉबर्ट कापा और जे.सी. हैमंट जैसे फोटोग्राफरों ने फोटोग्राफी को जन-जन तक पहुँचाया तथा लोगों को 'फोटो पत्रकारिता' के लिए प्रोत्साहित किया।

तेजी से बदलते आज के परिवेश में फोटोग्राफी अपना अहम स्थान रखती है। फोटोग्राफ्स के अभाव में आज कोई भी काम अधूरा-सा समझा जाता है। विवाह समारोह हो अथवा बर्थ-डे फंक्शन, सांस्कृतिक कार्यक्रम हो या पब्लिक मीटिंग, राजनीतिक गोष्ठियाँ, बौद्धिक सेमिनार, प्रेस कवरेज अथवा सर्जरी अध्यापन—सभी जगह और सभी मौकों पर फोटोग्राफी अपने महत्त्व का डंका बजवाती रही है। फोटोग्राफी का आविष्कार यों तो पश्चिमी देशों में हुआ, लेकिन आज दुनिया के प्रत्येक देश में इसकी लोकप्रियता है।

चित्रकारी, संगीत, मूर्तिकला, ग्राफिक्स, अभिनय आदि कलाओं की भाँति फोटोग्राफी भी एक कला है। साहित्यिक रुझान के युवक-युवतियों तथा कल्पनाशील लोगों के लिए इस क्षेत्र में व्यावसायिक तौर पर भारी संभावनाएँ हैं। फोटोग्राफी के प्रति नई पीढ़ी का आकर्षण इसलिए भी बढ़ रहा है, क्योंकि इस क्षेत्र में रोमांच और ग्लैमर के साथ-साथ काफी धनार्जन भी किया जा सकता है। सौंदर्य प्रतियोगिताएँ तथा फैशन शो में कामयाबी का पहला चरण फोटोग्राफी ही है। मिस यूनिवर्स, मिस इंडिया तथा मिस वर्ल्ड बनने के लिए पहले 'मिस फोटोजेनिक' के रूप में सफल होना होता है। फोटोग्राफी की बदौलत ही व्यक्ति का आकर्षण कई गुना बढ़ाया जा सकता है। अंतरराष्ट्रीय स्तर पर अपने सौंदर्य का हल्ला मचानेवाली रूपसियाँ यदि सौ-सौ नखरों व हजारों

फोटोग्राफी पल भर की कलात्मक कारीगरी है

अदाओंवाली होती हैं तो उनके मनपसंद फोटोग्राफरों के नाज-नखरे भी कुछ कम नहीं होते; क्योंकि विश्व स्तर पर उनके व्यक्तित्व को चमकाने में फोटोग्राफरों का महत्त्वपूर्ण योगदान होता है।

फोटोग्राफ्स घटनाओं की भाषा है; परंतु उस फोटोग्राफ को किसी घटना का आईना तभी माना जा सकता है, जब कि वह प्रभावी, आकर्षक, ज्ञानवर्द्धक तथा प्रासंगिक हो और लोगों के जेहन में अपनी अमिट छाप छोड़े। इसके लिए फोटोग्राफर को वातावरण तथा कैमरे से संबंधित पूर्ण जानकारी होनी आवश्यक है। साथ ही दर्शक की मन:स्थिति तथा घटना की परिस्थितियों का जानकार फोटोग्राफर सर्वप्रिय तथा हमेशा सुर्खियों में रहता है।

भौतिकवादी युग में उत्पादन के बढ़ते दायरे ने घर-घर में कैमरा पहुँचा दिया है। लेकिन हर वह हाथ जिसमें कैमरा है, कैमरे की तकनीक, प्रकाश, प्रकृति तथा आवश्यक दूरी से वाकिफ होगा, ऐसा नहीं कहा जा सकता। यह सही है कि उत्तम कैमरा, श्रेष्ठ लैंस और अन्य उपकरण फोटोग्राफ की गुणवत्ता को बढ़ाने में सहायक होते हैं, परंतु साथ-ही-साथ फोटोग्राफर की कुशलता व अपने कार्य में दक्षता भी किसी फोटोग्राफ को ज्यादा आकर्षक, सर्वप्रिय तथा प्रासंगिक बनाने में सहयोग देती है। विषय के अनुरूप खींचा गया फोटोग्राफ न केवल देखनेवाले को आकर्षित करता है वरन् फोटोग्राफर की सोच तथा मानसिकता को भी दरशाता है।

वर्तमान समय में फोटोग्राफी का क्षेत्र काफी विस्तृत हो चुका है। चाहे खेल का मैदान हो या फिर व्यावसायिक प्रतिस्पर्द्धा, राजनीतिक गतिविधियाँ हों या कि फैशन और सामाजिक घटनाएँ, हर जगह फोटोग्राफी का दखल है। यही कारण है कि आज फोटोग्राफी को कैरियर के रूप में अपनाना शान का प्रतीक माना जाता है, न कि शौक का। और अगर फोटोग्राफी एक शौक है भी तो भी घबराने की बात नहीं है, क्योंकि शौकिया तौर पर किए गए ऐसे कार्य कई बार

व्यक्ति को सफलता दिलाने में सहायक का कार्य करते हैं।

प्रिंट फोटोग्राफी के द्वारा सामाजिक व देश-विदेश की व्यवस्थाओं और घटनाओं को दरशाना भी आज कैरियर का ही एक हिस्सा बन गया है। फोटोग्राफी किसी बेजान चीज को भी जीवंत रूप में लोगों के कौतूहल को जगाने तथा शांत करने का कार्य करती है।

यद्यपि पत्रकारिता के क्षेत्र में काम करनेवाले फोटोग्राफर किसी खास विषय से जुड़कर प्रसिद्धि प्राप्त कर सकते हैं; लेकिन फैशन से जुड़े फोटोग्राफर अपनी तत्परता और गुणवत्ता से जल्दी लोकप्रियता प्राप्त कर लेते हैं, क्योंकि वे दुनिया की सबसे मन-लुभावनी और चमक-दमक हस्तियों की तसवीरों की प्रस्तुति करते हैं। साथ ही फैशन फोटोग्राफर भिन्न-भिन्न स्टाइल और तरंगों के अवलोकन की प्रस्तुति करता है। आजकल वन्य जीवन से जुड़ी फोटोग्राफी सबसे अधिक मनमोहक और जीवंत मानी जाती है, जहाँ के दृश्य को उतारने में फोटोग्राफर खुद आनंदित होते हैं और दूसरों को भी जीवन और प्रकृति के रहस्यों को समझने एवं भोगने के लिए प्रेरित करते हैं। परंतु इस तरह की फोटोग्राफी सरल नहीं है, लेकिन पशु-पक्षी और पेड़-पौधों की गतिविधियाँ गुणों और व्यवहार का ज्ञान तथा अनुभव वन्य जीवन से जुड़ी तसवीरों द्वारा प्रस्तुत किया जाता है। राजेश बेदी, जो प्रसिद्ध 'बेदी ब्रदर्स' से हैं, कहते हैं कि "वन्य जीवन से जुड़े फोटोग्राफर अपनी जिंदगी के अधिकांश दिन तो जंगलों में ही व्यतीत कर देते हैं, क्योंकि उनको जंगलों के एक दृश्य की भी हूबहू फोटोग्राफी के लिए महीनों इंतजार करना पड़ता है।"

फोटोग्राफी को व्यवसाय के रूप में अपनानेवाले लोगों के लिए एडवरटाइजिंग एजेंसी, कॉमर्शियल मैगजीन, वार्षिक खेलकूद की तसवीरें तथा ज्वलंत घटनाक्रम का प्रदर्शन भी कैरियर व रोजगार के क्षेत्र उपलब्ध कराता है। आज फोटोग्राफी के विधिवत् प्रशिक्षण की व्यवस्था है। विभिन्न विश्वविद्यालय, निजी संस्थान तथा यू.जी.सी. से मान्यता प्राप्त महाविद्यालय इस कला का व्यावसायिक प्रशिक्षण दे रहे हैं। इन रोजगारोन्मुखी पाठ्यक्रमों की अवधि तीन माह से लेकर तीन वर्ष तक है। इन पाठ्यक्रमों में प्रवेश के लिए उच्च शिक्षा तथा ज्यादा उम्र राह में बाधक नहीं है। किसी भी उम्र के व्यक्ति इस विधा में निपुणता प्राप्त कर सकते हैं। फोटोग्राफी की सम्यक् जानकारी प्राप्त करने के लिए एक वर्षीय डिप्लोमा पाठ्यक्रम किया जा सकता है।

इस कोर्स के अंतर्गत फोटोग्राफी की समुन्नत आधुनिक तकनीकों का ज्ञान

कराया जाता है। इसके अलावा अनेक संस्थान 'सर्टिफिकेट कोर्स' भी संचालित करते हैं। तीन, छह तथा बारह माह के इन पाठ्यक्रमों में इस विधा की प्रारंभिक शिक्षा प्राप्त की जा सकती है। इन पाठ्यक्रमों के बूते जब आप इस क्षेत्र की मौलिक व बेसिक जानकारी प्राप्त कर लेते हैं तो अपना स्टूडियो खोलकर श्वेत-श्याम अथवा रंगीन छायाचित्रों के जरिए यकीनन अपनी आमदनी का श्रीगणेश कर सकते हैं। परंतु फैशन फोटोग्राफी, मॉडलिंग तथा फोटो पत्रकारिता के क्षेत्र में सफलता अर्जित करने के लिए 'डिप्लोमा' अथवा 'डिग्री पाठ्यक्रम' विशेष महत्त्व रखता है। इस कला की तकनीकी बारीकियों, सूक्ष्म फॉर्मूलों, कलात्मक छायाचित्रों व आकर्षक पारदर्शियों के निर्माण के लिए पूरे समर्पण, धैर्य व प्रतिभा की आवश्यकता होती है।

एक वर्षीय पाठ्यक्रम में छह माह की अवधि 'बेसिक पाठ्यक्रम' के लिए रखी गई है, जबकि शेष छह माह एडवांस कोर्स कराया जाता है। बेसिक पाठ्यक्रम के तहत उपयुक्त कैमरे का चुनाव, कैमरा हैंडलिंग, लैंसेज, एंगल्स, एक्सपोजर फिल्टर्स, कंपोजीशन सब्जेक्ट, कलर डेवलपिंग तथा प्रिंटिंग आदि की बारीकियों का ज्ञान कराया जाता है। आज अनेक विश्वविद्यालयों में फोटोग्राफी के लिए सर्टिफिकेट तथा डिप्लोमा कोर्स उपलब्ध हैं। किसी भी संकाय अथवा श्रेणी में इंटरमीडिएट युवक-युवती इन पाठ्यक्रमों में प्रवेश की पात्रता रखते हैं। अनेक निजी संस्थान आठवीं-दसवीं कक्षा उत्तीर्ण लोगों को भी प्रवेश देते हैं। किसी भी प्रशिक्षु के लिए हिंदी तथा अंग्रेजी भाषा की जानकारी विशेष अहमियत रखती है।

प्रशिक्षण के दौरान लगभग प्रत्येक संस्थान में अंग्रेजी भाषा का अधिक प्रयोग होता है। फोटोग्राफी की अधिकतर किताबें भी अंग्रेजी भाषा में ही उपलब्ध हैं। यही नहीं, प्रशिक्षण पाठ्यक्रम में प्रयुक्त होनेवाले तकनीकी अंग्रेजी शब्दों का अभी तक हिंदी अनुवाद उपलब्ध नहीं होने की वजह से भी अंग्रेजी भाषा की समझ अपरिहार्य बन चुकी है। फोटोग्राफी से संबंधित कुछ पुस्तकें हिंदी लेखकों ने भी तैयार की हैं, जिनका अध्ययन इस क्षेत्र में पदार्पण करनेवालों के लिए लाभदायक साबित होगा।

फोटोग्राफी से संबंधित डिग्री कोर्स तीन वर्ष में किया जा सकता है। कई मान्यता प्राप्त विश्वविद्यालयों से बी.ए. फोटोग्राफी ऑनर्स कोर्स भी किया जा सकता है, जिसमें प्रवेश के लिए 10+2 अथवा इंटरमीडिएट किसी भी संकाय में 50 प्रतिशत अंकों के साथ उत्तीर्ण होना अनिवार्य है।

फोटोग्राफी पाठ्यक्रम प्रशिक्षण के दौरान कैमरे से संबंधित तकनीकी पक्षों से भी विद्यार्थियों को अवगत कराया जाता है

इस व्यावसायिक कोर्स को करने का एक लाभ यह भी होगा कि स्नातक होने के पश्चात् आप भारतीय सिविल सेवा, पी.सी.एस. तथा बैंकिंग आदि क्षेत्रों की अनेक प्रतियोगिताओं में भी किस्मत आजमा सकेंगे।

उल्लेखनीय है कि आज लगभग प्रत्येक राज्य में एक या एक से अधिक ललित कला महाविद्यालय खुल चुके हैं। ये महाविद्यालय राज्य के प्रमुख विश्वविद्यालय से संबद्ध हैं, जहाँ चित्रकला, मूर्तिकला, एप्लाइड आर्ट आदि का प्रशिक्षण दिया जाता है। पिछले कुछ वर्षों से देश के अधिकांश फाइन आर्ट्स कॉलेजों में फोटोग्राफी का भी तकनीकी पाठ्यक्रम संचालित किया जा रहा है। इन व्यावसायिक कोर्सों में प्रवेश लिया जा सकता है। कई सरकारी संस्थानों में चयन परीक्षा का भी प्रावधान है। कई स्थानों पर साक्षात्कार के बाद प्रवेश दिया जाता है। विशेषकर विश्वविद्यालयों तथा सरकारी फोटोग्राफिक संस्थाओं में चयन परीक्षा, साक्षात्कार का प्रावधान है। अनेक स्तरीय व ख्याति प्राप्त संस्थान ऐसे भी हैं जहाँ 'पहले आओ-पहले पाओ' के आधार पर प्रवेश दिया जाता है। ऐसे संस्थान सिर्फ साक्षात्कार लेते हैं। कहीं-कहीं स्कूल मैरिट के आधार पर भी प्रवेश संभव है। प्रथम श्रेणी उत्तीर्ण छात्र-छात्राओं को ये संस्थान वरीयता क्रम में प्रवेश स्वीकृत करते हैं। किसी भी संकाय से 10+2 अथवा इंटरमीडिएट उत्तीर्ण युवक-युवतियाँ त्रिवर्षीय डिग्री पाठ्यक्रम में प्रवेश ले सकते हैं।

फोटोग्राफी से संबंधित समस्त विश्वविद्यालयों में प्रवेश प्रक्रिया आमतौर पर जुलाई-अगस्त में प्रारंभ होती है। यदि सरकारी संस्थानों अथवा मान्यता प्राप्त विश्वविद्यालयों में सर्टिफिकेट, डिप्लोमा, डिग्री पाठ्यक्रम में प्रवेश नहीं मिले तो फोटोग्राफी का प्रशिक्षण निजी क्षेत्र में अथवा स्तरीय, विश्वसनीय संस्थानों से भी लिया जा सकता है।

आज ऐसे अनेक प्रशिक्षण केंद्र अस्तित्व में हैं जहाँ फोटोग्राफी के सभी

दाँव-पेंचों को आसानी से सीखा-समझा जा सकता है। यदि आप कहीं नौकरी आदि करने में विश्वास नहीं करते तो स्वयं का स्टूडियो खोलकर अच्छा-खासा धन अर्जित कर सकते हैं। सामान्यत: अधिकाधिक लोग फोटो खिंचवाने के लिए नजदीक के फोटो स्टूडियो में ही जाते हैं।

आज पत्रकारिता की दुनिया में फोटोग्राफी का महत्त्व किसी की भी नजरों से छिपा नहीं है। प्रिंट मीडिया के अंतर्गत आनेवाले समाचार-पत्र, पत्रिकाएँ व पुस्तकें उच्च तकनीक तथा प्रकाशन की गुणवत्ता के कारण अच्छा-खासा बाजार कब्जाए बैठी हैं। इन सभी की सफलता में उच्च कोटि की फोटोग्राफी का हाथ है।

लगभग प्रत्येक संस्थान, प्रतिष्ठान अपनी जरूरत के मुताबिक स्टाफ फोटोग्राफर रखता है, लेकिन फिर भी बाहर से मँगाए गए छायाचित्रों के बिना उनका काम चल ही नहीं सकता। वैसे भी कोई कितना भी बड़ा संस्थान क्यों न हो, प्रत्येक शहर व स्थान पर अपने वेतनभोगी कर्मचारी नहीं रख सकता। इस सारी कमी की पूर्ति फ्री-लांसिंग करनेवाले फोटो पत्रकार करते हैं।

दरअसल, जो काम एक संवाददाता करता है वही काम फोटोग्राफर भी करता है। अंतर इतना ही है कि पत्रकार 'शब्द-शिल्पी' होता है। वह अक्षर, शब्दों व वाक्यों के माध्यम से समाचार प्रस्तुत करता है, जबकि फोटो जर्नलिस्ट समूचे घटनाक्रम को कैमरे की आँख से देखता है। फोटोग्राफी के जरिए फोटो फीचर के रूप में घटना के ज्यों-के-त्यों दिए गए चित्र अधिक प्रभाव छोड़ते हैं। एक बहुप्रचलित सूक्ति के अनुसार एक बढ़िया फोटोग्राफ दो हजार शब्द सीमावाली खबर से अधिक प्रभावी होता है। शब्दों के माध्यम से की गई रिपोर्टिंग पर अविश्वास का प्रश्नचिह्न लग सकता है, लेकिन छायाचित्रों के द्वारा की गई पत्रकारिता की विश्वसनीयता तथा प्रामाणिकता को चैलेंज नहीं किया जा सकता; क्योंकि छायाचित्र यथार्थ का प्रतिबिंब होते हैं।

विविध पत्र-पत्रिकाओं, पुस्तकों, पोस्टरों तथा अनेक प्रकार के विज्ञापनों में फोटो की बढ़ती माँग के चलते फोटोग्राफी के व्यवसाय में भी आकर्षण, धन व संभावनाएँ बढ़ी हैं। नवीनतम तकनीक के कारण फोटोग्राफी के क्षेत्र में कंप्यूटर का दखल भी बढ़ता जा रहा है। फोटोग्राफी को कैरियर के रूप में स्थापित करने का काफी हद तक श्रेय फिल्मों व धारावाहिकों को भी जाता है। फिल्म तैयार होने और प्रिंट लेने के बाद स्कैनर के माध्यम से चित्रों को डिजिटल रूप में कंप्यूटर में स्थानांतरित कर दिया जाता है। इस प्रक्रिया के चलते लोगों

ने डिजिटल कैमरे को ही प्रयोग में लाना आरंभ कर दिया है। अनेक प्रतिष्ठित समाचार-पत्रों व पत्रिकाओं ने डिजिटल कैमरे के प्रयोग से ऐसे चित्रों को पाठकों के समक्ष रखा है कि पाठक वर्ग स्वयं को उस घटना के प्रत्यक्ष साक्षी मानने लगे। डिजिटल फोटोग्राफी के जरिए चित्र को निगेटिव फिल्म की बजाय इलेक्ट्रॉनिक मेमोरी के रूप में सहेजकर रख लिया जाता है। यह इलेक्ट्रॉनिक फोटो कंप्यूटर, मॉडेम तथा टेलीफोन लाइन द्वारा एक स्थान से दूसरे स्थान को आसानी से भेजा जा सकता है, जहाँ इसे कंप्यूटर के जरिए डाउन लोड यानी पुनः चित्र के रूप में बदला जा सकता है। यही नहीं, डिजिटल फोटोग्राफी को कंप्यूटर तथा विशेष प्रकार के सॉफ्टवेयर की सहायता से मन माफिक आकार में छापा या लिया जा सकता है। अथवा अपनी जरूरत के मुताबिक उसमें बदलाव किए जा सकते हैं। इस तरह के डिजिटल चित्रों को संगीत की तरह कॉम्पेक्ट डिस्क (सी.डी.) में सहेजकर रखना संभव हो गया है।

डिजिटल कैमरे के आगमन से फोटोग्राफी के क्षेत्र में क्रांतिकारी बदलाव आए हैं

फोटो पत्रकारिता की दुनिया में डिजिटल तकनीक के आगमन से क्रांति आ गई है। अब ताजा से ताजा चित्र बिना अतिरिक्त परिश्रम, समय व धन खर्च किए छापे जा सकने की सुविधा जो मुहैया हो गई है। अतः फोटोग्राफी एक ऐसा कैरियर है जिसकी लोकप्रियता कभी भी कम नहीं होगी।

प्रमुख प्रशिक्षण संस्थान

★ यूनिवर्सिटी ऑफ इलाहाबाद, इलाहाबाद-211002 (उ.प्र.)
फोन (उपकुलपति) : 0532-2608157, 2641002
(रजिस्ट्रार) : 2608083, 2601907

★ यूनिवर्सिटी ऑफ गोरखपुर, गोरखपुर (उ.प्र.)

★ रविशंकर यूनिवर्सिटी, रायपुर (म.प्र.)

★ श्री वेंकटेश्वर यूनिवर्सिटी, तिरुपति (केरल)

★ जवाहरलाल नेहरू टेक्नोलॉजी यूनिवर्सिटी, हैदराबाद (आंध्र प्रदेश)

★ फिल्म एंड टेलीविजन संस्थान ऑफ इंडिया, पुणे (महाराष्ट्र)

★ इंडो-अमेरिकन फोटोग्राफिक सोसाइटी, किताब महल, 5 डी, सुखाड़वाल मार्ग, फोर्ट मुंबई-400001

★ फोटोग्राफिक सोसाइटी ऑफ बिहार, बी.के. सिन्हा, 9/4, आर्य कुमार मार्ग, राजेंद्र नगर, पटना (बिहार)

★ फोटोग्राफिक सोसाइटी ऑफ इंडिया, 195 डॉ. डी.एन. मार्ग, पाँचवाँ माला, फोर्ट मुंबई-400001, फोन : 022-2664296

★ फर्ग्युसन कॉलेज, पुणे विश्वविद्यालय, पुणे (महाराष्ट्र)

★ बी.जे.बी. कॉलेज उत्कल विश्वविद्यालय, भुवनेश्वर (उड़ीसा)

★ गवर्नमेंट मॉडल साइंस कॉलेज, जीवाजी विश्वविद्यालय, ग्वालियर (म.प्र.)

★ सोसाइटी ऑफ फोटोग्राफी एंड फाइन आर्ट्स, 21/34, नवाबगंज, कानपुर-208002 (उ.प्र.)

★ राँची पिक्टोरियलिस्ट स्टूडियो, दि एवेन्यू मेन रोड, राँची (बिहार)

★ आंध्र प्रदेश फोटोग्राफर्स सोसाइटी, तुलसी, 11/2, बेगमपेट, हैदराबाद-500016 (आंध्र प्रदेश)

★ जे.जे. स्कूल ऑफ आर्ट्स, मुंबई

★ आंध्र प्रदेश स्टेट एकेडमी ऑफ फोटोग्राफी, प्रेम बाग, एच नं. 8-2-334, रोड नं. 12, बंजारा हिल्स, हैदराबाद-500016 (आंध्र प्रदेश)

★ कैमरा क्लब, असम पुलिस ट्रेनिंग कॉलेज, ड्रेगन-785614 (असम)

★ चंडीगढ़ कैमरा क्लब, 2010 सेक्टर-15-सी, चंडीगढ़-160017

★ एमैच्योर फोटोग्राफिक सोसाइटी, सी-8, डी.डी.ए. फ्लैट, सफदरजंग एन्क्लेव, नई दिल्ली-110016

□

4

स्क्रिप्ट लेखन

किसी भी फिल्म अथवा सीरियल की जान उसकी स्क्रिप्ट होती है। स्क्रिप्ट अगर दमदार है तो फिल्म कामयाबी के झंडे गाड़ती है, जबकि कमजोर व स्तरहीन स्क्रिप्ट पर किया गया निर्माण कार्य जहाँ फिल्म को डुबो देता है वहीं कलाकार व निर्माता भी कहीं के नहीं रहते। अतः स्क्रिप्ट लेखन का स्थान सर्वोपरि है। जिस तरह से फिल्म व टी.वी. के क्षेत्र में क्रांतिकारी प्रगति हुई है उसके परिणामस्वरूप स्क्रिप्ट लेखन के क्षेत्र में कैरियर की नई संभावनाओं का उदय हुआ है।

तेजी से बदलते विश्व परिदृश्य व लोगों की सोच के साथ-साथ ही इलेक्ट्रॉनिक मीडिया के प्रचार-प्रसार ने टेलीविजन के क्षेत्र में अनेक नए कैरियर की संभावनाओं को जन्म दिया है। पहले मात्र दूरदर्शन तक सिमटे टेलीविजन के दर्शकों के दायरे को सोनी, सहारा समय, स्टार प्लस, जैन टी.वी., डिस्कवरी, एन.डी. टी.वी., ज्योग्राफिक चैनल, जी. सिनेमा तथा जी. टी.वी. आदि ने विविधता के साथ विस्तृत रूप प्रदान कर दिया है। आज दर्शकों के पास अपनी-अपनी पसंद के चैनल व कार्यक्रम हैं तथा साथ-ही-साथ प्रत्येक कार्यक्रम का अपना एक अलग विशाल दर्शक वर्ग भी है।

संस्कृति व सभ्यता के कई वर्षों बाद तक भी मानव अपनी बातें

एक-दूसरे तक तथा जनसमूह तक आमने-सामने, सभा के माध्यम से ही पहुँचा पाता था; लेकिन रेडियो, लाउडस्पीकर, टेलीफोन आदि के आविष्कार ने इन परिस्थितियों को बदलकर रख दिया। फिर आया दौर टेलीविजन का। इस दौर में प्रत्येक व्यक्ति संबंधित व्यक्ति को सुनने के साथ-साथ देख भी सकता था। मनोरंजन के इस साधन ने जनमानस के घरों में जाकर अपना ऐसा प्रभाव जमाया कि लोग न चाहते हुए भी इसके कार्यक्रमों से स्वयं को बचा नहीं सके।

टेलीविजन व रेडियो आदि इलेक्ट्रॉनिक मीडिया के बढ़ते प्रभाव व प्रसार के कारण अनेक विधाएँ भी समाज में पैर पसारने लगीं। आज हम 'हम लोग', 'रामायण', 'महाभारत', 'क्योंकि सास भी कभी बहू थी', 'कहानी घर-घर की', 'कसौटी जिंदगी की', 'शगुन', 'कक्काजी कहिन', 'जस्सी जैसी कोई नहीं' आदि न जाने कितने कार्यक्रमों को सेल्यूलाइड परदे पर देखकर आनंदित, रोमांचित तथा प्रभावित हो रहे हैं। 'नेताजी कहिन' नामक नाटक के पाठकों से कहीं ज्यादा संख्या 'कक्काजी कहिन' नामक धारावाहिक के दर्शकों की रही है। 'हम लोग' जैसे विशाल व लंबे समय तक चलनेवाले सफल धारावाहिक के बाद तो लंबे धारावाहिकों की झड़ी-सी लग गई है। आज का दर्शक धारावाहिकों के पात्रों के रूप में अपनी जिंदगी को परदे पर देखकर खुश होता है तथा उस पसंदीदा पात्र जैसा बनने व दिखने का भी प्रयास करता है। किसी धारावाहिक या कार्यक्रम की सफलता का श्रेय जाता है उसके स्क्रिप्ट लेखक को।

स्क्रिप्ट लेखन कोई नया कार्य नहीं है। पहले भी जब टी.वी. व रेडियो का प्रचलन नहीं था, सभा में या दर्शकों के लिए नाटकों का मंचन किया जाता था। रामलीला का मंचन काफी समय से हो रहा है। इसके डायलॉग भी लिखने के लिए लेखक हुआ करते थे। अगर आप में कुछ नया व रचनात्मक करने की क्षमता है तथा कल्पना के आधार पर आप कुछ रोमांचक एवं दर्शकों को पसंद आनेवाला लिख सकते हैं तो आप स्क्रिप्ट लेखन के क्षेत्र में अपना कैरियर बना सकते हैं।

किसी फिल्म व धारावाहिक की सफलता का श्रेय उसके स्क्रिप्ट लेखक को ही जाता है, क्योंकि किसी भी धारावाहिक या फिल्म की बुनियाद उसकी स्क्रिप्ट पर ही टिकी होती है। सर्वप्रथम स्क्रिप्ट को निर्धारित किया जाता है, फिर उसके लिए पात्रों का चयन किया जाता है तथा इसके बाद उस स्क्रिप्ट पर कार्य प्रारंभ किया जाता है। सर्वप्रथम साल भर तक सफलतापूर्वक चलने

वाले धारावाहिक 'हम लोग' के स्क्रिप्ट लेखक श्री मनोहर श्याम जोशी को आज तक लोग भुला नहीं सके हैं। हालाँकि आज भी अनेक ऐसे विशाल तथा लंबे समय तक चलनेवाले धारावाहिक दर्शकों का मनोरंजन कर रहे हैं, लेकिन जब भी लंबे धारावाहिकों के इतिहास पर नजर डाली जाएगी तो सबसे पहले आने वाला नाम 'हम लोग' का ही होगा।

स्क्रिप्ट लेखक के गुण

- ★ एक स्क्रिप्ट लेखक को कहीं भी यात्रा करते समय खोजी तथा बारीक दृष्टि से घटनाओं का अध्ययन करना चाहिए।
- ★ जिज्ञासु प्रवृत्ति का व्यक्ति स्क्रिप्ट लेखन के क्षेत्र में अधिक सफल हो सकता है।
- ★ किसी कथा का वर्णन करने के साथ-साथ उसको लिखने की कला भी व्यक्ति में होनी चाहिए।
- ★ कथा को लिखनेवाले व्यक्ति को लिखने में सहज अभिव्यक्ति का समावेश करना चाहिए। उदाहरणतः दो दोस्त फिल्म देखकर आते हैं और अपने तीसरे दोस्त को फिल्म की कहानी सुनाते हैं। बीच-बीच में वे दृश्य उपस्थित करने की कोशिश भी करते हैं, जैसे कि वह उसे पीटता है, सन्नी देओल आता है। तड़ाक से दरवाजा खुलता है या फिर धाँय-धाँय, पूरा खून-खून हो जाता है। तभी पुलिस आती है और सन्नी देओल को उठा ले जाती है। उधर रवीना पुलिस को फोन करती है। ठीक यही शैली पटकथा लिखने की भी होती है। एक महत्त्वपूर्ण बात यह भी है कि फिल्म में संवादों की प्रधानता होती है, जबकि धारावाहिक में दृश्य और संवाद दोनों का महत्त्व है। एक अच्छी पटकथा में उपन्यास और नाटक दोनों के गुणों का समावेश रहता है।
- ★ स्क्रिप्ट लेखक को भाषा का पूर्ण ज्ञान होना भी आवश्यक है।
- ★ स्क्रिप्ट लेखक में किस्सा-कहानी गढ़ने की भी क्षमता तथा उसको अभिव्यक्त करने का भी कौशल होना चाहिए।
- ★ स्क्रिप्ट लेखन के दौरान ही दृश्य को साकार करने की क्षमता भी आवश्यक है।
- ★ कल्पनाशील, व्यावहारिक, कुछ नया करने की दृढ़ इच्छा, समाज में पहचान आदि भी एक स्क्रिप्ट लेखक के गुण हैं।

★ एक अच्छे स्क्रिप्ट लेखक को मेहनती, पक्षपात-रहित तथा साधक की तरह होना चाहिए।

★ स्क्रिप्ट लेखक को कैमरा/ध्वनि व वीडियो एडिटिंग का भी ज्ञान होना आवश्यक है।

स्क्रिप्टलेखनरचनात्मकप्रतिभासेसंपन्न लोगों के लिए वरदान है

स्क्रिप्ट लेखन के क्षेत्र में कैरियर तलाशनेवाले युवाओं के लिए मुंबई सबसे बढ़िया स्थान है। आजकल टी.वी. चैनल्स की बाढ़ तथा लोगों के घर-घर तक पहुँचे टेलीविजन ने धारावाहिकों तथा अन्य प्रकार के कार्यक्रमों की संख्या को विशालतम रूप प्रदान कर दिया है। आजकल लेखकों का महत्त्व भी बढ़ने लगा है तथा प्रतियोगिता के इस दौर में स्क्रिप्ट लेखन के लिए राशि भी बढ़ गई है। अगर आप अपनी रचनात्मकता के बल पर कोई सीरियल, विज्ञापन व फिल्म हिट दे पाते हैं तो आपके पास निर्माता-निर्देशकों की कतार लग जाएगी।

मुंबई में फिल्म लेखकों की एक एसोसिएशन भी है, जो समय-समय पर सेमिनार आयोजित करती रहती है। इसमें भाग लेकर भी अपनी प्रतिभा का परिचय दिया जा सकता है। स्क्रिप्ट लेखन के लिए मिलनेवाली धनराशि फिल्म, धारावाहिक तथा कार्यक्रम के कुल बजट पर निर्भर करती है। साथ ही निर्माता-निर्देशक किस सेटअप का है तथा किस तरह के वर्ग के लिए कार्यक्रम बना रहा है और फिल्म का स्वरूप व्यावसायिक है या फिर कलात्मक, यह भी मिलनेवाली राशि को प्रभावित करता है। सामान्यतः एक एपिसोड लिखने के लगभग तीस हजार रुपए तक मिल जाते हैं और एक फिल्म के लिए न्यूनतम राशि एक लाख रुपए तो है ही। बाकी इस बात पर भी निर्भर करता है कि आपकी स्क्रिप्ट कैसी है तथा उस तरह के कार्यक्रम की माँग है या नहीं।

स्क्रिप्ट लेखन के लिए भारत में कोई विशेष पाठ्यक्रम तथा प्रशिक्षण संस्थान ज्यादा नहीं है। फिल्म व टेलीविजन से जुड़े विभिन्न संस्थान स्क्रिप्ट लेखन का प्रशिक्षण देते हैं, लेकिन इसका कोई अलग से विशिष्ट तथा नवीनतम पाठ्यक्रम नहीं है। जबकि विदेशों में ऐसे कई पाठ्यक्रम संचालित किए जा रहे

हैं। अमेरिका में रचनात्मक लेखन को लेकर 'राइटर इन रेजीडेंस' पाठ्यक्रम पढ़ाया जाता है। यह बात तो सर्वमान्य है ही कि यदि आपको सफल होने के लिए स्क्रिप्ट लेखन के क्षेत्र में आना है तो प्रशिक्षण व अनुभव दोनों ही आवश्यक हैं। भारत की राजधानी दिल्ली में चलनेवाले कुछ पाठ्यक्रमों व संबंधित संस्थान की जानकारी नीचे दी जा रही है–

ड्रामा सिने लिंक–एम. 161/1 जी.एल. हाउस, इंडियन ऑयल भवन के पीछे, यूसुफ सराय, कॉमर्शियल कॉम्पलेक्स, नई दिल्ली–110049

इस संस्थान में स्क्रिप्ट लेखन का अलग पाठ्यक्रम है। इस पाठ्यक्रम को पार्ट टाइम तथा सर्टिफिकेट कोर्स के रूप में किया जा सकता है। पार्ट टाइम पाठ्यक्रम दो माह में तथा सर्टिफिकेट पाठ्यक्रम एक वर्ष में कराया जाता है। इस संस्थान में स्क्रिप्ट लेखन के लिए कुल 20 सीटें हैं। प्रवेशार्थी का 10+2 उत्तीर्ण होना अनिवार्य है। प्रवेश परीक्षा लिखित व मौखिक दोनों ही प्रकार से संचालित होती है। बाहर से आनेवालों के लिए छात्रावास की सुविधा भी है। एक साल का कोर्स करनेवाले विद्यार्थियों के लिए प्रवेश शुल्क लगभग दो हजार रुपए तथा कोर्स फीस लगभग सात हजार रुपए है। इसके अतिरिक्त एक हजार रुपए मासिक फीस भी है। सर्टिफिकेट कोर्स की कुल फीस लगभग सात हजार रुपए है।

यूनिवर्सिटी ऑफ मीडिया आर्ट्स (एशियन एकेडमी ऑफ फिल्म एंड टेलीविजन), मारवाह स्टूडियो कॉम्पलेक्स, एफ.सी. 14/15, फिल्म सिटी, सेक्टर–16 ए, नोएडा–201301, उ.प्र.

टेलीफोन : 0120–2515254–55–56, फैक्स : 0120–2515246

ई-मेल : marwah@del2.vsnl.net.in

इंदिरा गांधी राष्ट्रीय मुक्त विश्वविद्यालय, मैदानगढ़ी, दिल्ली– (न्यूनतम आयु इक्कीस वर्ष, पाठ्यक्रम अवधि एक वर्ष) दिल्ली विश्वविद्यालय, जामिया मिल्लिया विश्वविद्यालय, भारतीय विद्या भवन तथा वाई.एम.सी.ए. जैसे संस्थानों में 'रचनात्मक लेखन' पत्रकारिता पाठ्यक्रम का एक भाग है जिसके अंतर्गत रचनात्मक लेखन के सिद्धांत, फीचर लेखन, साहित्य लेखन, रेडियो के लिए लेखन, विभिन्न सामाजिक पहलुओं पर लेखन आदि सिखाया जाता है। पटकथा लेखक को इन चीजों का ज्ञान होना आवश्यक है, लेकिन इसके साथ ही उसे कैमरा/ध्वनि, वीडियो एडिटिंग का भी ज्ञान होना चाहिए। प्रिंट मीडिया के लिए और इलेक्ट्रॉनिक मीडिया के लिए लेखन में पर्याप्त अंतर होता है। इसी

तरह 'स्क्रिप्ट लेखन' और 'स्क्रीन प्ले राइटिंग' में भी काफी अंतर होता है।

टी.वी. चैनलों पर विभिन्न किस्म के धारावाहिकों की बढ़ती संख्या को देखते हुए स्क्रिप्ट लेखन के क्षेत्र में दक्ष व्यक्ति अच्छा पैसा कमा सकता है और अपनी रचनात्मक प्रतिभा को भी संतुष्ट कर सकता है। लीक से हटकर स्क्रिप्ट लिखने में खतरा तो जरूर है, लेकिन सफल होने पर पैसा व प्रसिद्धि की भी अपार संभावनाएँ हैं। क्योंकि जो चलन में है उसे तो कोई भी अपना सकता है, लेकिन नया चलन ईजाद करनेवाला व्यक्ति कमाल पैदा करता है। अतः रचनात्मक प्रवृत्तिवाले लोगों के लिए स्क्रिप्ट लेखन के क्षेत्र में भी कैरियर की पर्याप्त संभावनाएँ हैं।

□

5

अनुवाद कार्य

कोई भी महत्त्वपूर्ण कार्य किसी भी देशकाल और भाषा की परिधि में नहीं बाँधा जा सकता। इस बात को यों भी कह सकते हैं कि समस्त जरूरी चीजें सभी के लिए सर्वग्राह्य एवं सर्वसुलभ होनी चाहिए। जब भी कोई कार्य विशाल जनमानस के लिए उपयोगी अनुभव किया जाता है तब-तब उसके सभी लोगों तक पहुँचने के उपायों व विकल्पों पर भी विचार किया जाता है। साहित्य के संदर्भ में यह बात और भी अधिक महत्त्व रखती है। चूँकि कालजयी रचनाएँ किसी भी एक भाषा में सीमित नहीं की जा सकतीं। सभी लोगों तक महत्त्वपूर्ण विचार पहुँचाने के लिए अनुवादक का कार्य एक सेतु के समान है, जो दो या दो से अधिक भाषाओं या शैलियों में व्यक्त अभिव्यक्ति को सुलभ बनाने का कार्य करता है। इस प्रकार अनुवाद का कार्य अत्यंत महत्त्वपूर्ण व विशेषता लिये हुए है। इस क्षेत्र में कैरियर की अनंत संभावनाएँ विद्यमान हैं।

सृष्टि के प्रारंभ से ही व्यक्ति एक-दूसरे के धर्म, संस्कृति, ज्ञान, विज्ञान तथा भाषा आदि के विषय में जानने के लिए उत्सुक रहा है। हालाँकि विचार अपने मूल भाव व भाषा में ही उत्पन्न होते हैं, लेकिन उन्हें दूसरों तक पहुँचाने

के लिए हमें अन्य भाषाओं का भी सहारा लेना पड़ता है। बिना प्रचार-प्रसार के किसी भी ज्ञान के द्वारा सभी को लाभान्वित होना थोड़ा कठिन होता है। मूल भाषा में लिखे साहित्य को किसी अन्य भाषा में प्रस्तुत व प्रिंट करना ही अनुवाद कहलाता है।

हालाँकि अनुवादक का कार्य काफी महत्त्वपूर्ण तथा चुनौतीपूर्ण होता है, लेकिन उसे हमेशा सृजन करनेवाले साहित्यकार से कम ही माना जाता है। अनुवाद कार्य को करनेवाले व्यक्ति के लिए मात्र दूसरी भाषा का ज्ञान होना ही एकमात्र शैक्षिक योग्यता नहीं है वरन् उसमें असाधारण प्रतिभा, सूझ-बूझ, वाक्यों और उसके भावों को समझने की शक्ति का ज्ञान होना भी आवश्यक है।

'अनुवाद' शब्द को अंग्रेजी में ट्रांसलेशन (Translation) कहा जाता है, जिसका अर्थ है–एक बिंदु से दूसरे बिंदु तक ले जाना या उस पार ले जाना। चूँकि ले जाने का कार्य भाषा करती है, अतः मूल भाषा के वाक्यों को अन्य भाषाओं में बदलकर प्रस्तुत करना ही अनुवाद या भाषांतरण या Translation करना कहलाता है। सामान्यतः अनुवाद से तात्पर्य है–पुनः कथन अर्थात् दुबारा कहना।

ज्ञान और विज्ञान के निरंतर विकास की ओर अग्रसर होने के कारण अनुवाद का महत्त्व भी बढ़ता जा रहा है। ऐसा नहीं है कि मात्र किताबों या साहित्य का एक भाषा से दूसरी भाषा में परिवर्तित होना ही अनुवाद है वरन् किसी विज्ञापन का, भाषण का, विचारों का, संदेशों का, तकनीकी जानकारियों का, संगीत व कला आदि को भी अन्य भाषा-भाषियों तक पहुँचाना भी अनुवाद कार्य का क्षेत्र माना गया है। चूँकि आज प्रत्येक क्षेत्र में हो रही खोजों को अंतरराष्ट्रीय महत्त्व की दृष्टि से देखा जाता है, अतः ऐसे में अनुवाद की महत्ता और भी बढ़ गई है। इसकी महत्ता को दरशाने की दृष्टि से लेखिका सविता चड्ढा ने लिखा भी है कि "आज की शताब्दी को कुछ लोग अनुवाद की शताब्दी कहने लगे हैं, क्योंकि वह आदान-प्रदान का एक अनिवार्य साधन बन गया है।"

अनुवाद को कला मानने के संदर्भ में हमेशा विद्वानों में मतभेद रहा है। कुछ लोग अनुवाद को कला (Art) न मानकर मात्र शिल्प (Craft) ही स्वीकार करते हैं, क्योंकि इसके लिए अभ्यास, निरंतर प्रयास, शब्दकोशों की जानकारी तथा व्यक्तिगत सामान्य ज्ञान की आवश्यकता एक औजार के रूप में होती है। यद्यपि मौलिक रचना एक आसान कार्य है, लेकिन उसे लोकप्रियता दिलाने का कार्य मात्र एक ही भाषा में किए गए लेखन के द्वारा संभव नहीं। इसका कारण

यह है कि हर व्यक्ति सभी भाषाओं का अच्छा जानकार नहीं हो सकता। अतः अपनी भाषा में लिखकर अपने भाषा-भाषियों में तो प्रसिद्ध हुआ जा सकता है, सामान्य जनमानस में नहीं।

एक अनुवादक को संबंधित पुस्तक या लेख को कम-से-कम दो बार पढ़ना चाहिए, ताकि वह विषय पर अपनी पकड़ बना सके तथा लेखक के भाव को समझ सके। कभी-कभी देश-काल-परिस्थिति के अनुसार शब्दों के अर्थ भी बदल जाते हैं। अतः ऐसे शब्दों की जानकारी भी अनुवादक को होनी चाहिए। शब्द व अर्थ एक-दूसरे के सहयोगी हैं। अतः अर्थों व संबंधित शब्दों की भी पूर्ण जानकारी होनी आवश्यक है।

अनुवाद करने की परंपरा के विषय में धारणा है कि संभवतः अनुवाद कार्य 3000 ईस्वी पूर्व ग्रीस में हुआ था, क्योंकि ग्रीस में द्विभाषिक शिलालेख उपलब्ध हुए हैं। ये दो भाषाएँ ग्रीक व लैटिन हैं। बाद में तो अनुवाद कार्य का विस्तार होता ही चला गया। मुसलिम संपर्क के साथ ही अरबी में तथा भारत के संपर्क के साथ चीन, तिब्बत आदि देशों की भाषाओं में भारत के संस्कृत ग्रंथों का अनुवाद प्रारंभ हुआ। आजकल तो विज्ञान, उद्योग, अर्थशास्त्र, प्रौद्योगिकी, चिकित्सा, कानून, संविधान आदि के क्षेत्र में निरंतर नए आविष्कार हो रहे हैं। अतः इन क्षेत्रों में अनुवाद कार्य निरंतर प्रगति की ओर अग्रसर है।

सामान्यतः अनुवाद या तो शाब्दिक होता है या भावात्मक अथवा सार रूप में किया गया कार्य अनुवाद की श्रेणी में आता है। अनुवाद को कला और कौशल दोनों के रूप में देखा जाता है। यदि अनुवादक को विभिन्न भाषाओं का तथा उनके शब्दकोश का ज्ञान है तो उसे सफल व प्रसिद्ध होने के साथ-साथ समृद्ध होने से कोई नहीं रोक सकता।

भारत में चूँकि अलग-अलग धर्म व भाषाओं के लोग निवास करते हैं, अतः यहाँ तो अनुवाद कार्य के क्षेत्र में कैरियर की बहुत सारी संभावनाएँ हैं। हिंदी में अनुवादित 'मृत्युंजय', 'लज्जा', 'माँ', ओशो की पुस्तकें आदि आज मार्केट में विशेष आकर्षण का केंद्र हैं। संस्कृत, बँगला, मराठी, गुजराती, कन्नड़, मलयालम, तमिल, तेलुगु आदि भारतीय भाषाओं के साहित्य का आज हिंदी में अनुवाद हो रहा है।

कई बार अनुवादक शब्द से शब्द का अनुवाद करते हैं। इसका ही एक उदाहरण है अंग्रेजी भाषा का एक शब्द Miss Understanding, अगर इसका अनुवाद कोई अनाड़ी व्यक्ति करेगा तो कहेगा, 'एक कुँवारी लड़की नीचे

खड़ी है।' जबकि इसका वास्तविक अर्थ हुआ–'गलतफहमी'। इस तरह से किया गया अनुवाद न तो किसी को पसंद ही आता है और न लेखक की मूल विचारधारा व भाव को ही यथावत् रख पाता है। अनुवादक का कर्तव्य है कि वह अनुवाद के लिए प्रयुक्त की जानेवाली भाषा का, उसकी विशेषताओं का, लक्षणों का, भावों का, व्याकरण का तथा विषयों का सही ढंग से और गहराई से अध्ययन करे। वह खाली समय में अगर उस भाषा की पुस्तकें पढ़ सके तो ज्यादा बेहतर है।

वास्तव में अनुवादक को लेखक से ज्यादा नहीं तो कम-से-कम लेखक के बराबर का सम्मान तो मिलना ही चाहिए। वैसे भी एक अनुवादक ही है जो दो विभिन्न भाषा-भाषियों के बीच सांस्कृतिक सेतु का काम करता है। 'वसुधैव कुटुम्बकम्' की धारणा को तथा 'विश्व मैत्री' स्थापित करने में अनुवादक की भूमिका काफी महत्त्वपूर्ण व प्रशंसनीय मानी जानी चाहिए।

तेजी से बढ़ते जा रहे अनुवाद कार्य के क्षेत्र व महत्त्व के कारण आज अनुवादकों की काफी माँग है। चाहे समाचार-पत्र हों या पत्रिकाएँ, सरकारी महकमा हो या गैर-सरकारी, विज्ञापन कार्यालय हो या रोजगार, कॉलेज हो या फिर सेना विभाग, हर क्षेत्र में अनुवादक की आवश्यकता पड़ती है।

अगर आप मेहनत, लगन व ईमानदारी से अपना कार्य करते हैं तथा अपने कार्य के प्रति ध्यान केंद्रित कर पाते हैं और पाठकों को आपके द्वारा अनुवादित पुस्तकें दोषरहित लगती हैं तो आपकी प्रतिष्ठा व सामाजिक स्थिति में शीघ्रता से बदलाव नजर आने लगेगा। एक बार स्थापित हो जाने के बाद अनुवादक को हजारों की संख्या में आमदनी होने लगती है। प्रेस अधिकारी तथा प्रकाशक तो अच्छे अनुवादकों की तलाश में रहते हैं।

वैसे तो अनुवाद कार्य निरंतर अध्ययन व प्रयास से ही सीखा जा सकता है, लेकिन इसके लिए कुछ स्वयंसेवी व सरकारी तथा अर्द्ध-सरकारी संस्थान भी हैं जो कम-से-कम स्नातक तक की शिक्षा प्राप्त व्यक्तियों को अनुवाद कार्य का अल्पकालिक या पूर्णकालिक पाठ्यक्रम पढ़ाते हैं और परीक्षा के उपरांत डिप्लोमा प्रदान करते हैं। अगर व्यक्ति अपनी प्रतिभा को और निखारना चाहे तो अनुवाद कार्य का प्रशिक्षण भी प्राप्त कर सकता है।

अनुवाद कार्य का प्रशिक्षण प्राप्त व अनुभवी व्यक्ति चार तरह से अपनी प्रतिभा का प्रयोग कर सकता है–

1. अन्य संस्थान में प्रशिक्षण देकर,

2. अपना प्रशिक्षण संस्थान खोलकर,

3. किसी कार्यालय में अनुवादक के पद पर कार्यरत होकर,

4. अंशकालिक अनुवाद कार्य के द्वारा।

चारों ही तरीके के व्यक्तियों की समाज में बहुत आवश्यकता है। अत: इस क्षेत्र में कैरियर बनाना अगर मुश्किल नहीं है तो आसान भी नहीं है। आप अपने द्वारा अनुवादित कार्य को दिखाकर किसी भी ऑफिस में जॉब की कोशिश कर सकते हैं। अगर आपके अधिकारी उस अनुवाद कार्य से संतुष्ट हुए तो आपको तुरंत जॉब मिलने की संभावना पैदा हो जाती है।

अनुवाद कार्य का अल्पकालिक प्रशिक्षण देनेवाले स्वयंसेवी संस्थान

1. श्रीरामकृष्ण आश्रम
2. बाइबिल सोसाइटी
3. नवजीवन ट्रस्ट
4. अरविंद आश्रम
5. सर्वोदय संघ
6. गीता प्रेस, गोरखपुर।

□

6

पुस्तक प्रकाशन

टी.वी. और कंप्यूटर के प्रति बढ़ते रुझान ने पुस्तकों के प्रकाशन व बिक्री को बढ़ावा दिया है। 'देवदास', 'पिंजर' आदि फिल्में देखने के बाद इन पुस्तकों की बिक्री में भी इजाफा हुआ। 'हैरी पॉटर' फिल्म देखने के बाद वह पुस्तक लाखों की संख्या में बिकी। सामान्यत: लोग पुस्तकों की बात करते समय उपन्यासों की महत्ता व उसके अस्तित्व को भूल जाते हैं। लेकिन वास्तविकता तो यह है कि अनेक फिल्में लोग इसलिए देखने गए कि वे उनके प्रिय उपन्यासकार की कृति पर आधारित थीं। हालाँकि आज भी भारत की जनसंख्या के हिसाब से पुस्तकों का प्रकाशन नहीं हो पा रहा है, लेकिन फिर भी समूचे विश्व में दिल्ली को वर्ष २००३-२००४ के लिए 'विश्व पुस्तक राजधानी' घोषित किया जाना इस क्षेत्र की महत्ता तथा उसमें निहित संभावनाओं की तरफ संकेत करता है।

पुस्तकें मनुष्य की सबसे अच्छी, सस्ती व स्थायी दोस्त हैं। शिक्षित मनुष्य तो पुस्तकों से भलीभाँति परिचित होते ही हैं, लेकिन अशिक्षित लोग भी पुस्तकों की महिमा को स्वीकार करते हैं तथा उन्हें सहेजते व सँभालते रहते हैं। भारत में तो धार्मिक पुस्तकें प्रारंभ से ही सहेजकर रखने का प्रचलन रहा है।

प्रारंभिक समय में तो पेड़ों की छाल को सुखाकर उसपर लिखा जाता है। लेकिन उस समय उन कागजों को सँभालकर रखना बेहद कठिन होता था। क्योंकि न तो उन्हें वर्तमान में प्रचलित पुस्तकों की तरह सिला जा सकता था और न ही जिल्द वगैरह चढ़ाकर सुरक्षित किया जा सकता था। लेकिन धीरे-धीरे पुस्तकों के क्षेत्र में भी परिवर्तन हुए और पुस्तकें वर्तमान रूप में हमारे सामने आईं।

संपूर्ण विश्व में पुस्तक प्रकाशन के क्षेत्र में भारत का चौथा स्थान है तथा भारत में भी पुस्तक प्रकाशन का कार्य मेरठ व दिल्ली में सर्वाधिक माना जाता है। भारत के पुस्तक प्रकाशन में लगे व्यक्तियों के लिए तथा यहाँ रहनेवाले लोगों के लिए इससे बढ़कर और गौरव की बात क्या होगी कि यूनेस्को और अंतरराष्ट्रीय प्रकाशक संघ ने सन् 2003-2004 में दिल्ली को 'विश्व पुस्तक राजधानी' का गौरव प्रदान किया है।

भारत के लगभग पंद्रह हजार प्रकाशक पुस्तक प्रकाशन के कार्य में लगे हुए हैं। पुस्तकें भी कई रूपों में उपलब्ध हैं–धार्मिक, राजनीतिक, शैक्षणिक, प्रतियोगितात्मक, स्वास्थ्य संबंधी, साहित्य पर आधारित, ज्ञानवर्द्धक, कला संबंधी आदि। तेजी से बढ़ती शिक्षितों की संख्या व रोजगार के प्रति अंधकारमय युवा भविष्य को ध्यान में रखकर आजकल प्रकाशक कैरियर व व्यक्तित्व पर भी पुस्तकें प्रकाशित करने के लिए काफी उत्साहित हैं। भारत में साक्षरों की संख्या लगभग पैंसठ करोड़ मानी जाती है तथा लगभग सत्तर हजार नई पुस्तकें प्रकाशित की जाती हैं, जो कि बहुत कम हैं। क्योंकि अगर भारत को पुस्तकों के ज्ञान द्वारा समृद्ध करना है तो लगभग पचास लोगों के बीच एक पुस्तक का अनुपात होना आवश्यक है। भारत में लगभग 24 भारतीय भाषाओं में पुस्तकों का प्रकाशन किया जाता है, जिनमें मुख्य हैं–हिंदी, संस्कृत, बँगला, मराठी, उर्दू, तमिल आदि।

पुस्तक प्रकाशन का कार्य करनेवाले लोगों को सामान्यत: हिंदी व अंग्रेजी का ज्ञान होना भी जरूरी है। इसके अतिरिक्त उस भाषा का पूर्ण ज्ञाता होना आवश्यक है जिसकी पुस्तकों का वह प्रकाशन करता है या करना चाहता है; क्योंकि लेखन के द्वारा स्क्रिप्ट (पुस्तक) देने के पश्चात् भी उसमें बहुत सारे सुधार करने होते हैं, जो कि प्रकाशक ही कर सकता है। अत: प्रयुक्त की जाने वाली भाषा पर मजबूत पकड़ होना आवश्यक है। हालाँकि अधिकतर पुस्तकें अंग्रेजी भाषा में ही प्रकाशित होती हैं, लेकिन जैसे-जैसे साक्षरता दर बढ़ रही

है वैसे-वैसे हिंदी की पुस्तकों की माँग भी बढ़ती जा रही है।

प्रिंटिंग व्यवसाय में मुद्रण की नई तकनीकों से काम करना आसान हुआ है

टी.वी. और कंप्यूटर के प्रति लोगों के बढ़ते रुझान ने भी पुस्तकों के प्रकाशन व बिक्री को बढ़ावा दिया है। 'देवदास', 'पिंजर' आदि फिल्में देखने के बाद लोगों ने पुस्तकें भी खरीदीं और इन पुस्तकों की बिक्री बड़ी तेजी से बढ़ी। 'हैरी पॉटर' फिल्म देखने के बाद पुस्तक लाखों की संख्या में क्रय हुई। कुछ हद तक फिल्में, समाचार-पत्र तथा कंप्यूटर भी पुस्तकों के प्रकाशन व बिक्री में महत्त्वपूर्ण योगदान देते हैं।

पुस्तक प्रकाशन के क्षेत्र में असंख्य प्रकाशनों के अलावा भारत सरकार के प्रकाशन विभाग, नेशनल बुक ट्रस्ट आदि प्रमुख हैं। इनके अतिरिक्त वैज्ञानिक और तकनीकी शब्दावली आयोग, साहित्य अकादेमी, विभिन्न राज्यों के प्रकाशन संस्थान तथा विश्वविद्यालय के अपने प्रकाशन विभाग हैं, जो कि निरंतर प्रकाशन कार्य में लगे हुए हैं। इन संस्थानों में काम करने के लिए प्रशिक्षित, दक्ष, कर्मठ, ईमानदार व रचनात्मक प्रवृत्ति के लोगों की आवश्यकता होती है। प्रकाशक वैसे तो योग्यता के आधार पर किसी व्यक्ति को अपने यहाँ काम देता है, लेकिन प्राथमिकता युवा वर्ग को ज्यादा दी जाती है। अतः युवा वर्ग पुस्तक प्रकाशन के क्षेत्र में भी अपना स्वर्णिम कैरियर बना सकते हैं।

निजी पुस्तक प्रकाशकों के पुस्तक प्रकाशन के क्षेत्र में आने से लोगों को कैरियर के और ज्यादा अवसर उपलब्ध हुए हैं। प्रकाशकों के भी तीन वर्ग हैं—बड़े प्रकाशक, मीडियम या औसत प्रकाशक तथा छोटे प्रकाशक। छोटे प्रकाशक तो प्रायः 'जैसा है वैसे' के आधार पर ही काम दे देते हैं। लेकिन इन प्रकाशकों के साथ काम करके उज्ज्वल भविष्य बनाना कम संभव होता है। मीडियम व बड़े प्रकाशक सदैव ऐसे लोगों की तलाश में रहते हैं जो कि प्रशिक्षित, दक्ष व अनुभवी हों, क्योंकि उनके यहाँ प्रत्येक कार्य के लिए अलग

एक विभाग होता है। पुस्तक प्रकाशन के साथ-साथ मार्केटिंग, प्रोडक्शन आदि क्षेत्रों के लिए भी लोगों की आवश्यकता पड़ती है।

पुस्तक प्रकाशन के क्षेत्र में कैरियर बनानेवालों को लाइसेंस, परमिट या सेल्स टैक्स रजिस्ट्रेशन की भी आवश्यकता नहीं होती; क्योंकि इसका कोई रजिस्टर्ड ऑफिस अभी तक तो नहीं है। पुस्तक प्रकाशन का कार्य तीन विभागों के तहत संचालित किया जाता है—पहला, प्रकाशित होनेवाली सामग्री का संपादन व डिजाइनिंग; दूसरा, प्रकाशन की व्यवस्था तथा तीसरा, मार्केटिंग। एक पुस्तक प्रकाशन कर्मचारी को प्रकाशन लागत, समय प्रबंधन, वितरण नीति आदि की भी जानकारी होनी चाहिए। सामान्यत: एक प्रकाशन संस्थान में संपादक, उपसंपादक, बुक डिजाइनर, प्रोडक्शन मैनेजर, सेल्स मैनेजर, सेल्स एक्जीक्यूटिव आदि पद होते हैं। अगर व्यक्ति चाहे और उसमें योग्यता हो तो विभिन्न कंपनियाँ भी अपने ब्रोशर या बुकलेट छपवाती हैं, वे वहाँ भी रोजगार की तलाश कर सकते हैं।

आज भारत में पुस्तकों के प्रति लोगों में नए तरह का उत्साह है। पुस्तकें खरीदना व उपहार में देना शान का विषय माना जाता है। वैसे प्रकाशक भी पुस्तकों के प्रचार-प्रसार पर काफी ध्यान दे रहे हैं। वे भी दिल्ली की पुस्तक मेला समिति की तरह अपनी-अपनी पुस्तकों की प्रदर्शनी लगाने को तत्पर हैं। पुस्तकों के साथ मुफ्त आकर्षक उपहार देने का प्रचलन भी चल पड़ा है। वर्तमान में सबसे ज्यादा माँग कैरियर व वास्तुशास्त्र की पुस्तकों की है। विदेशों में बढ़ रही भारतीय पुस्तकों की माँग ने पुस्तक प्रकाशन उद्योग को मजबूत आधार-स्तंभ प्रदान किया है।

पुस्तकों की बढ़ती बिक्री व माँग को बढ़ाने में पुस्तक मेले व प्रदर्शनी भी एक महत्त्वपूर्ण भूमिका निभाती हैं। लेकिन माँग भी उन्हीं पुस्तकों की ज्यादा है जो उत्तम गुणवत्ता के साथ-साथ कम कीमत में यानी आम व्यक्ति की जेब के हिसाब से हों। प्रकाशक भी ऐसे लोगों को अपने यहाँ काम देना पसंद करते हैं जिन्होंने या तो इस क्षेत्र में डिप्लोमा लिया हुआ हो या कोई सर्टिफिकेट कोर्स किया हो। कुछ अनुभवी प्रकाशक पुराने और नए लोगों को मिला-जुलाकर प्रकाशन करना पसंद करते हैं।

संपादकीय विभाग में ऐसे लोगों को कार्य करने का अवसर दिया जाता है जिन्हें हिंदी, अंग्रेजी या संबंधित भाषा की पूर्ण जानकारी हो। प्रूफ रीडिंग जाननेवाले की भी संपादकीय विभाग में आवश्यकता रहती है। संपादकीय

विभाग का मुख्य कार्य लेखक से मूल पांडुलिपि लेकर उसकी प्रेस कॉपी बनाना है। संपादकीय विभाग में ही पुस्तक की डिजाइनिंग आदि तैयार की जाती है। भाषा और व्याकरण की कमियों को दूर करने के लिए 'कॉपी एडीटर' को भी संपादकीय विभाग में रखा जाता है। इसके अतिरिक्त कॉपी एडीटर को पृष्ठ का साइज, फोण्ट आदि का भी ध्यान रखना होता है।

प्रकाशन विभाग में भी कई पद होते हैं, जिन पर अनुभवी या युवा प्रशिक्षित व्यक्तियों की आवश्यकता होती है। प्रकाशन विभाग में व्यक्ति डी.टी. पी. ऑपरेटर या पेजमेकर, कैमरामैन, प्रिंटर, बाइंडर आदि के रूप में भी कार्य कर सकता है। लेकिन इन सभी पदों के लिए अनुभव की आवश्यकता होती है। अधिकतर प्रकाशक पुस्तकों का मुद्रण बाहर से करवाते हैं तथा अपने यहाँ सिर्फ बाइंडिंग या पैकिंग करवाते हैं। ऐसे में उनके यहाँ से काम मिलना आसान रहता है।

मार्केटिंग का कार्य काफी कठिन है। इसके लिए प्रशिक्षण व अनुभव की बहुत आवश्यकता होती है। पुस्तक के लिखने से लेकर छपकर बाइंड होने तक की प्रक्रिया फिर भी आसान है; लेकिन पुस्तकों को बुक स्टॉलों व व्यक्ति के हाथों तक पहुँचाना थोड़ा कठिन है। और यदि ऐसे में कोई नया लेखक हो तो समस्याएँ और बढ़ जाती हैं। एक मार्केटिंग मैनेजर को कम-से-कम एम.बी.ए. की डिग्री धारक होना आवश्यक है। इसके अतिरिक्त विक्रय प्रतिनिधि की भी पुस्तक प्रकाशन के क्षेत्र में बहुत माँग है।

छोटे प्रकाशकों को छोड़कर बाकी प्रकाशकों के प्रेस में महाप्रबंधक, प्रबंधक, एकाउंटेंट, क्लर्क, सहायक, कंप्यूटर ऑपरेटर, डिजाइनर, प्रिंटर, प्रूफ रीडर, पेज सेटर, पत्र व्यवहारकर्ता आदि की आवश्यकता होती है। पुस्तक प्रकाशन के क्षेत्र में रोजगार की काफी संभावनाएँ हैं। प्रशिक्षण, अनुभव, लगन, मेहनत, व्यवहार-कुशलता तथा रचनात्मक प्रवृत्ति के चलते व्यक्ति को प्रकाशन विभाग में आसानी से रोजगार मिल सकता है।

आजकल प्रकाशकों ने पुस्तकों की नई जानकारी देने संबंधी चार पृष्ठीय, आठ पृष्ठीय या अधिक पृष्ठों की एक पत्रिका भी निकालनी प्रारंभ की हुई है। इस पत्रिका की सेटिंग, मेकिंग, डिजाइनिंग, प्रिंटिंग, सेंडिंग आदि के लिए भी व्यक्तियों की आवश्यकता होती है। प्रकाशक इन पत्रिकाओं के जरिए व्यक्ति को जानकारी तो प्रदान करते ही हैं, साथ-ही-साथ तरह-तरह की योजनाओं के द्वारा उन्हें पुस्तकें खरीदने तथा अपनी लाइब्रेरी बनाने के लिए प्रोत्साहित भी

करते हैं। इन तरह-तरह की योजनाओं की प्लानिंग करने के लिए भी प्रशिक्षित व रचनात्मक प्रवृत्ति के लोगों की आवश्यकता होती है। साथ ही, ऐसे व्यक्ति को प्राथमिकता प्रदान की जाती है, जो कि पाठकों व जनता की पसंद को पहचानता हो। स्नातक अभ्यर्थियों को पुस्तक प्रकाशन के क्षेत्र में निम्न डिप्लोमा व सर्टिफिकेट कोर्स कराए जाते हैं–

- ★ पुस्तक प्रकाशन व विपणन में स्नातकोत्तर डिप्लोमा (तीन माह का),
- ★ केवल पुस्तक प्रकाशन में डिप्लोमा (दो वर्षीय पाठ्यक्रम),
- ★ पुस्तक प्रकाशन में सर्टिफिकेट कोर्स (चार सप्ताह का),
- ★ कला, रेखांकन और ग्राफिक्स का दो वर्षीय पाठ्यक्रम,
- ★ कंडेंस्ड कोर्स फॉर पब्लिशिंग प्रोफेशनल्स (दो वर्ष के पुस्तक प्रकाशन के डिप्लोमा के बाद एक सप्ताह का)।

प्रमुख प्रशिक्षण संस्थान

- ★ कॉलेज ऑफ वोकेशनल स्टडीज, शेख सराय, फेज-2, नई दिल्ली-110017
- ★ नेशनल बुक ट्रस्ट, ए-5, ग्रीन पार्क, नई दिल्ली-110016
  फोन : 011-26562124, 26563188, 26563189
- ★ इंस्टीट्यूट ऑफ बुक पब्लिशिंग, ए-59, ओखला इंडस्ट्रियल एरिया, फेज-2, नई दिल्ली-110020
- ★ भारतीय पत्रकारिता एवं प्रकाशन महाविद्यालय, आई-1/16, अंसारी रोड, दरियागंज, नई दिल्ली-110002
- ★ शंकर एकेडमी ऑफ आर्ट एंड बुक पब्लिशिंग, 4, बहादुर शाह जफर मार्ग, नई दिल्ली-110002
- ★ दिल्ली विश्वविद्यालय, दिल्ली
- ★ भारतीय विद्या भवन, मुंबई

□

7

प्रूफ रीडिंग

कोई भी विचार अथवा संदेश तभी महत्त्वपूर्ण होता है जब वह अपने शुद्ध रूप में सामने आए। कई बार बहुत अच्छा लिखा हुआ भी सिर्फ इसलिए नकार दिया जाता है कि उसमें गलतियों की भरमार थी। किसी भी साहित्य अथवा रचना की महत्ता भी उसके शुद्ध स्वरूप पर निर्भर करती है। प्रायः देखने में आया है कि बहुत से नामचीन लेखक व साहित्यकार अपनी वैचारिक प्रखरता के कारण तो सिरमौर होते हैं, लेकिन जब उनके लिखे हुए को देखा जाए तो उसमें व्याकरण तथा वर्तनीगत अशुद्धियाँ स्पष्ट दृष्टिगोचर होती हैं। इन अशुद्धियों को निकालकर सामग्री को पठनीय व त्रुटिरहित बनाने का कार्य प्रूफ रीडर करते हैं। प्रूफ रीडर का कार्य अत्यंत सजगता व तत्परता का होता है। जैसे-जैसे प्रिंट मीडिया का चहुँमुखी विस्तार हो रहा है वैसे-वैसे प्रूफ रीडिंग के क्षेत्र में कैरियर की नई संभावनाएँ भी जन्म ले रही हैं।

समाज में एक धारणा है कि लेखक जन्मजात होते हैं। लेखन कार्य यों तो दिमाग का कार्य माना जाता है, लेकिन लिखना भी एक कला है। कोई भी कार्य अपने आप में पूर्णतः सही तभी हो सकता है जबकि उसको पूर्ण रूप से त्रुटिरहित बनाकर अन्य लोगों के समक्ष प्रस्तुत किया जाए। लिखते या

बोलते समय व्यक्ति धाराप्रवाह अपना कार्य करता रहता है, लेकिन अनेक बार ऐसी परिस्थितियों में कुछ-न-कुछ त्रुटियाँ या कमियाँ रह ही जाती हैं। इन कमियों को दूर करने का कार्य काफी महत्त्वपूर्ण तथा कठिन होता है।

लेखक द्वारा लिखे गए मैटर को कंपोज कर देने के बाद कंपोजर ऑरिजनल स्क्रिप्ट के साथ प्रूफ रीडर के पास भेज देता है। प्रूफ रीडर का कार्य होता है कंपोज मैटर को मुख्य स्क्रिप्ट से मिलाना तथा व्याकरण की त्रुटियों को दूर करना, उनमें संशोधन करना, वाक्य को सही व संतुलित रूप देना तथा छूटे हुए शब्दों को सही जगह पर लिखना। प्रूफ रीडर को 'कमियाँ निकालनेवाला व्यक्ति' या 'दोष-दर्शक' भी कहा जाता है।

गलतियों को तलाशना व दूर करना अपने आप में एक दुरूह कार्य है। लेकिन इस कार्य को करनेवाला व्यक्ति भाषा व व्याकरण की दृष्टि से काफी परिपक्व हो जाता है। एक सफल प्रूफ रीडर उसे ही माना जाता है जो कि कंपोज्ड मैटर के आते ही अपना पूर्ण ध्यान उसपर ही केंद्रित कर दे तथा पहली बार में ही अधिकतर कमियाँ दूर कर दे। प्रूफ रीडिंग करवाना एक महँगा तथा अधिक समय लेनेवाला कार्य है। अतः प्रकाशक, समाचार-पत्र मालिक, इलेक्ट्रॉनिक मीडिया से जुड़े लोग तथा लेखक ऐसे लोगों की तलाश में ज्यादा रहते हैं जो अधिकतम शुद्ध व कम समय में प्रूफ रीडिंग कर सकें।

अगर प्रकाशक को प्रूफ रीडिंग करवानी हो तो उसे इस बात का विशेष ध्यान रखना चाहिए कि कंपोजिंग करवाते समय पेज पर प्रिंटिड मैटर की बाईं व दाहिनी दोनों ओर ही जगह छुड़वा दी जाए, ताकि प्रूफ रीडर आसानी से गलतियाँ ढूँढ़कर उनको संशोधित कर लिख सके।

प्रूफ रीडिंग का कार्य करने के लिए व्यक्ति में कुछ गुणों व विशेषताओं का होना आवश्यक है। जिस तरह से हर व्यक्ति लेखक नहीं हो सकता उसी तरह से हर व्यक्ति प्रूफ रीडर भी नहीं बन सकता। प्रूफ रीडर के कुछ गुणों का वर्णन नीचे किया जा रहा है–

★ प्रूफ रीडर को हर पल चौकन्ना रहनेवाला होना आवश्यक है।
★ दूरदर्शिता प्रूफ रीडर का विशेष गुण होना चाहिए।
★ प्रूफ रीडर को शब्दकोश की पूर्ण जानकारी होनी चाहिए।
★ उसे विविध समाचारों का ज्ञाता होना चाहिए।
★ उसे समाचार-पत्र पढ़ने की आदत होनी चाहिए।

★ सतर्कता व तुरंत निर्णय लेने की क्षमता एक प्रूफ रीडर की विशेषता होती है।

प्रूफ रीडिंग में सहयोग व सामंजस्य एक अतिरिक्त गुण है

★ अपने कार्य के प्रति लगन तथा उत्साह होना भी आवश्यक है।

★ मुद्रण प्रक्रिया की भी आवश्यक जानकारी होनी चाहिए।

★ कॉमा, विराम, हाइफन आदि का यथास्थान प्रयोग करना भी एक प्रूफ रीडर को आना चाहिए।

★ एक बार प्रूफ चैक करने के बाद दूसरी बार प्रूफ चैकिंग करते समय प्रूफ रीडर को यह प्रयास करना चाहिए कि इसके बाद कोई गलती शेष न रह जाए।

★ कंपोजिंग के दौरान अक्षरों व वाक्यों के बीच में सही अंतर का ध्यान रखना भी प्रूफ रीडर का ही कार्य है।

★ प्रूफ रीडर का अनुभवी होना भी आवश्यक है; क्योंकि वह जितना अनुभवी होगा उतनी ही जल्दी गलतियों को सुधारकर सही कर सकेगा।

★ प्रूफ रीडर को प्रूफ रीडिंग के नियमों व संकेतों की पूर्ण जानकारी होनी चाहिए।

★ प्रूफ रीडर को प्रेस की कार्यप्रणाली के संबंध में भी जानकारी होनी चाहिए।

★ प्रिंटिंग में प्रयोग होनेवाले विभिन्न पॉइंट व टाइपों का भी उसे ज्ञान होना चाहिए।

★ प्रूफ रीडर के पास ध्यान केंद्रित करने का गुण भी होना चाहिए।

★ भाषा तथा व्याकरण के साथ-साथ अनुवाद करने की क्षमता भी होनी आवश्यक है।
★ प्रूफ रीडर को शांत तथा संतुलित व्यक्तित्ववाला होना चाहिए।
★ एक प्रूफ रीडर को लेखकों के लिखने के तरीके व प्रकार की थोड़ी-बहुत जानकारी होनी चाहिए।
★ प्रूफ रीडर का कर्मठ तथा अपने कार्य के प्रति ईमानदार होना भी जरूरी है। साथ ही एक प्रूफ रीडर को अपने कार्य के प्रति समर्पित भाव भी रखना चाहिए, क्योंकि बिना समर्पण के एक प्रूफ रीडर अधूरा है।

यों तो प्रूफ रीडर के लिए किसी विशेष योग्यता, शिक्षा व आयु वर्ग की आवश्यकता नहीं है, लेकिन उसे अपने कार्य व क्षेत्र में दक्षता हासिल होनी चाहिए। अगर उसके द्वारा स्क्रिप्ट को दोषरहित कर देने के बाद भी कमियाँ दृष्टिगोचर होती हैं तो एक प्रूफ रीडर की विश्वसनीयता पर प्रश्नचिह्न लग जाता है।

कंपोज की गई सामग्री को तीरों और लकड़ी के क्रम में फिर धातु में रखा जाता है, जिसे 'गैली' के नाम से जाना जाता है। पहला प्रूफ इसी के ऊपर दिखाया जाता है, जिसे 'गैली प्रूफ' कहते हैं। गैली प्रूफ पर किए जानेवाले संशोधन के पश्चात् उसके मेकअप में परिवर्तन किया जाता है तथा पृष्ठ प्रूफ तैयार किया जाता है। इसके पश्चात् मशीन प्रूफ की प्रक्रिया होती है। सामान्यतः किसी स्क्रिप्ट को प्रूफ के निम्न तरीके से गुजरना होता है–

★ गैली प्रूफ
★ मेकअप प्रूफ
★ प्रथम प्रूफ या पेज प्रूफ
★ दूसरा प्रूफ या मशीन प्रूफ
★ अंतिम प्रूफ या तृतीय प्रूफ
★ प्रिंट ऑर्डर प्रूफ।

इन सब प्रक्रियाओं से गुजरने के पश्चात् किसी स्क्रिप्ट को दोषरहित माना जाता है तथा उसकी प्रिंटिंग प्रक्रिया आरंभ हो जाती है। सामान्यतः किसी बड़े मुद्रण संस्थान में मुख्य या प्रधान प्रूफ रीडर, प्रथम ग्रेड प्रूफ रीडर, द्वितीय ग्रेड प्रूफ रीडर तथा कॉपी होल्डर होते हैं। कॉपी होल्डर मुख्य स्क्रिप्ट को पढ़ता जाता है तथा प्रूफ रीडर सुनकर अपने पास आए प्रिंटिंग मैटर में प्रूफ रीडिंग करता जाता है।

प्रूफ रीडिंग करते समय प्रूफ रीडर को प्रिंटिड मैटर में प्रयुक्त स्याही से अलग स्याही का प्रयोग करना चाहिए तथा करेक्शंस लगाने के लिए संकेतों का प्रयोग करना चाहिए। प्रूफ रीडिंग के दौरान प्रयोग किए जानेवाले चिह्न इस प्रकार हैं–

1. **कॉमा (,)**– यह शब्द अंग्रेजी भाषा से लिया गया है। हिंदी में कॉमा को 'अल्प विराम' कहा जाता है। जब कोई वाक्य थोड़ी दूर पर रुकते हुए आगे बढ़ता है तो रुकने के स्थान पर कॉमा का प्रयोग किया जाता है। यह गलती सामान्यत: स्क्रिप्ट में मिल ही जाती है। अत: इसका ध्यान रखना आवश्यक है।
2. **पूर्ण विराम (।) या फुल स्टॉप**–वाक्य की समाप्ति पर इस चिह्न का प्रयोग किया जाता है।
3. **सेमीकोलन (;)**–दो खंडों में विभक्त वाक्य को दरशाने के लिए यह संकेत चिह्न प्रयुक्त होता है।
4. **कोलन (:)**–पूर्व संदर्भ या वाक्य खंड के स्पष्टीकरण अथवा उसके पूरक के लिए कोलन नामक चिह्न का प्रयोग किया जाता है।
5. **प्रश्नचिह्न या Question Mark (?)**–प्रश्नसूचक के रूप में इस चिह्न का प्रयोग किया जाता है।
6. **विस्मयबोधक (!)**–आश्चर्य, हर्ष या दु:ख प्रदर्शित करने के लिए इस चिह्न का प्रयोग किया जाता है।
7. **हाइफन (-)**–एक शब्द को जोड़ने में इस चिह्न का प्रयोग होता है।
8. **डैश (—)**–यह हाइफन से लगभग दोगुने आकार की लकीर होती है तथा इसका प्रयोग अप्रत्यक्ष संबंधवाले वाक्य अंश को वाक्य से जोड़ने के लिए किया जाता है अथवा ऐसे शब्द के साथ डैश का प्रयोग होता है जिसकी व्याख्या करनी आवश्यक होती है।
9. **उद्धरण चिह्न (" ")**–किसी लेखक की पुस्तक, प्रसिद्ध उक्ति अथवा सुभाषित अंश को दरशाने के लिए उद्धरण चिह्न का प्रयोग किया जाता है। इसे उद्धृत अंश के आरंभ व अंत में लगाया जाता है।
10. **छोटे ब्रैकेट** { () }–किसी शब्द या प्रसंग के विस्तार या उसकी व्याख्या के लिए इस चिह्न का प्रयोग होता है। साधारणत: इस चिह्न का प्रयोग गणित में किया जाता है।

अन्य आवश्यक संकेत चिह्न

क्रम	संकेत चिह्न	संकेत का अर्थ
1.	❑	एक एम जगह छोड़ें
2.	N.P.	नया पैरा शुरू करें
3.	w.f.	टाइप गलत है, बदल दें
4.	d	टाइप निकाल दें
5.	ⓓ	टाइप निकालकर आगे-पीछे के शब्द मिला दें
6.	/	दोनों शब्द मिला दें
7.	#	अलग कर दें
8.	Stet/	जैसा है वैसा रहने दें
9.	x	टाइप बदल दें
10.	൭	टाइप उलटकर लगाएँ
11.	Trn./	स्थान बदलें
12.	Centre	बीच में ले जाएँ
13.	eq#/	बराबर स्पेस दें
14.	(/	छोटा ब्रैकेट प्रारंभ
15.	)/	छोटा ब्रैकेट बंद
16.	[/	बड़ा ब्रैकेट प्रारंभ
17.	]/	बड़ा ब्रैकेट बंद
18.	ा/	आकार दें
19.	ि/	इकार दें
20.	ी/	ईकार दें
21.	ु/	उकार दें
22.	1/	स्पेस दबा दें
23.	Less#	स्पेस कम करें
24.	???	पूछना है
25.	>	मैटर बाईं ओर ले जाएँ
26.	/&	मैटर दाहिनी ओर ले जाएँ

क्रम	संकेत चिह्न	संकेत का अर्थ
27.	,/	कॉमा लगाएँ
28.	;/	सेमिकोलन दें
29.	।/	पूर्ण विराम लगाएँ
30.	:/	कोलन लगाएँ
31.	?	प्रश्नचिह्न लगा दें
32.	‘‘	अवतरण चिह्न प्रारंभ
33.	’’	अवतरण चिह्न समाप्त
34.	...	तीन बिंदु का लीडर दें
35.	ं	अनुस्वार लगाएँ
36.	े/	ए की मात्रा दें
37.	ै/	ऐ की मात्रा दें
38.	ो/	ओ की मात्रा दें

क्रम	संकेत चिह्न	अंग्रेजी में कंपोज विषय के लिए
1.	Cap.	कैपिटल लेटर लगाएँ
2.	S. Cap.	स्माल कैपिटल लेटर लगाएँ
3.	Ital.	इटैलिक टाइप लगाएँ
4.	Bold	समान टाइप व फोंट में शब्दों को उभारना
5.	rom.	रोमन टाइप लगाएँ
6.	l.c.	लोअर केस का टाइप दें
7.	spell./	पूरी स्पेलिंग लगाएँ
8.	run on	चालू रखें

□

8

संपादन

कोई भी कार्य अपने आप में तभी महत्त्वपूर्ण माना जाता है, जबकि उसको जनता के समक्ष सही रूप में प्रस्तुत किया जाए। जिस तरह बोलना व लिखना एक कला है ठीक उसी तरह लिखित सामग्री को पठनीय व रोचक बनाने का कार्य भी किसी कला से कम नहीं। यों तो लिख कोई भी सकता है, लेकिन जनता की नब्ज को पकड़कर उस लिखित सामग्री में सुधार करना भी काफी श्रमसाध्य है। संपादक इसी मशक्कत को हल करता है। संपादन की तुलना किसी व्यक्ति के दिमाग से की जा सकती है। जिस तरह बिना दिमाग के व्यक्ति निस्सहाय है ठीक उसी तरह कोई भी समाचार-पत्र एवं पत्रिका और पुस्तक विभाग संपादक के बिना निष्प्राण है। संपादन के क्षेत्र में सम्मान-प्रतिष्ठा व धन की प्राप्ति ने इस कैरियर की गरिमा को चार चाँद लगा दिए हैं।

किसी भी समाचार-पत्र को चलाने के लिए यों तो अलग-अलग व्यक्तियों की आवश्यकता होती है लेकिन प्रकाशक, संपादक, पत्रकार, मुद्रक तथा प्रसारकर्ता मुख्य हैं। जब कोई प्रकाशक अपनी सुविधानुसार, समय बचाने की दृष्टि से तथा सुचारु रूप से कार्यों के संपादन के लिए समाचार कार्यालय

के समस्त उत्तरदायित्व व अधिकार किसी योग्य व्यक्ति को सौंप देता है तो वह योग्य व्यक्ति ही संपादक कहलाता है। एक अच्छा संपादक खराब व निरर्थक समाचार को भी पाठकों की पसंद के अनुकूल बनाकर पेश कर सकता है और एक अयोग्य संपादक अच्छी खबर को भी बिगाड़ सकता है। अतः संपादक को एक महत्त्वपूर्ण पदाधिकारी के रूप में देखा जाता है तथा उससे अपेक्षा की जाती है कि वह अपने उत्तरदायित्वों का सही रूप में पालन करेगा।

समाचार-पत्र में संपादन की दृष्टि से दो भाग महत्त्वपूर्ण हैं—पहला रिपोर्टिंग, दूसरा डेस्क (संपादन)। रिपोर्टिंग का कार्य पत्रकार करते हैं, जो कि खबरों के लिए स्थानीय तथा दूर-दराज के क्षेत्रों में जाकर घटित घटनाओं का पता लगाते हैं तथा उनके संबंध में खबरें लिखते हैं। इन खबरों, प्राप्त जानकारियों, लेखों तथा विज्ञापनों आदि का सही रूप में एवं पाठकों की पसंद के अनुसार सेटिंग करना ही संपादन कहलाता है।

सामान्यतः प्रत्येक समाचार-पत्र में प्रधान संपादक, संपादक, सहायक संपादक, समाचार संपादक, उपसमाचार संपादक तथा मुख्य उपसंपादक होते हैं। इन सबका कार्य पत्रकारों के द्वारा इकट्ठी की गई सामग्री का सही संयोजन तथा प्रस्तुतीकरण होता है। संपादन एक ऐसी कला का नाम है जो कि किसी निरर्थक खबर को भी आकर्षक व सही रूप में सेट करके पाठकों के सामने प्रस्तुत कर सके। संपादन कार्य करनेवालों के लिए आदर्श स्वरूप माने जाने वाले लोगों में कुछ प्रमुख शख्सियत हैं—बाबूराव विष्णु पराड़कर, माखनलाल चतुर्वेदी, गणेशशंकर विद्यार्थी, बालकृष्ण शर्मा, बनारसी दास चतुर्वेदी, धर्मवीर भारती, अज्ञेय, राजेंद्र माथुर तथा सुरेंद्र प्रताप सिंह आदि। 'आज तक' जैसे समाचारों पर आधारित कार्यक्रम टेलीविजन के लिए करने, सजाने, सँवारने व प्रस्तुत करने का श्रेय जाता है सुरेंद्र प्रताप सिंह को।

हालाँकि इन पुराने संपादकों से नई पीढ़ी के पत्रकारों को ज्यादा फायदा नहीं हो सकता, क्योंकि आज कंप्यूटर का युग है। आज किसी कार्यक्रम की या खबर की सेटिंग करना मिनटों का काम है। लेकिन पुराने समय में सेटिंग संपादक को ही करनी पड़ती थी। एक संपादक के ऊपर समाचार-पत्र की प्रतिष्ठा निर्भर करती है। आज के समय में बहुधा मालिक ही संपादक का भी कार्य करने लगे हैं।

समाचार-पत्रों का स्वरूप इस हद तक बदल गया है कि आज 'पत्रकारिता एक मिशन है' कहनेवाले पत्रकार व संपादक नजर ही नहीं आते। समाचार-पत्रों

में पूर्णत: व्यावसायिकता नजर आने लगी है। आनेवाली सदी में संपादक के लिए भी बहुआयामी, दूरदर्शी तथा गहन चिंतन करनेवाले व्यक्तित्व का होना एक आवश्यक अर्हता होगी। संपादक का कार्य मात्र समाचार-पत्र की सामग्री को सेट करना ही नहीं होगा वरन् उसका कार्य समाज में अपनी पहचान बनाना भी होगा। साथ ही, उसे पाठकों को मोहित व वशीभूत करने का गुण भी आना चाहिए। समाचार-पत्र के प्रचार-प्रसार का काफी हद तक उत्तरदायित्व भी संपादक के द्वारा कुशलतापूर्वक किए गए संपादन कार्य से है।

किसीभीसंस्थानकापूरादारोमदारसंपादकके कंधों पर होता है

एक संपादक को कुछ मायनों में लेखक, संवाददाता, उपसंपादक, नीति-निर्धारक, लोकप्रिय वक्ता, प्रबंधक आदि के दायित्वों का भी पालन करना होता है। लेकिन एक सफल व प्रसिद्ध संपादक वह है जो जरूरी कार्य यानी संपादन को तो अपने पास रखे तथा बाकी कार्य उपयुक्त व्यक्तियों में बाँटकर अपने सहयोगी तैयार कर ले; क्योंकि उत्तरदायित्वों की संख्या ज्यादा है तथा वह एक अकेला व्यक्ति होता है। अगर वह अपना काम नहीं बाँटता है तो दिन-रात, चैन-आराम सब भूल जाएगा तथा अपनी भूमिका के साथ न्याय भी नहीं कर पाएगा। अत: संपादन व प्रबंधन के गुणों के साथ-साथ उसमें कुशल नेतृत्व करने का सामर्थ्य तथा दूसरों से काम लेने का गुण भी होना आवश्यक है।

एक संपादक को समाचार-पत्र के प्रत्येक पृष्ठ के कलेवर की पूर्ण जानकारी होनी चाहिए। साथ-ही-साथ, उसे यह भी पता होना चाहिए कि कौन सा पत्रकार किस प्रकार की खबरें लाने व लिखने में निपुण है। साथ ही, एक संपादक को समाचारों को सही हेडिंग (शीर्षक) देने, भाषा-विज्ञान की जानकारी होने तथा शब्दकोश के शब्दों की प्रकृति की भी जानकारी होनी चाहिए। एक संपादक को आस-पास बोली जानेवाली भाषाओं के साथ-साथ हिंदी व अंग्रेजी की भाषाओं पर भी अच्छा अधिकार होना चाहिए। संपादन कार्य

करनेवाले व्यक्ति के लिए अनुभवी, सामान्य ज्ञान की जानकारी से भरपूर, प्रूफ रीडिंग, कंप्यूटर आदि कार्यों की थोड़ी-बहुत जानकारी होनी भी आवश्यक है।

एक संपादक को इस बात के लिए भी खोजबीन करनी पड़ती है कि दूसरे पत्रकार व समाचार-पत्र क्या नया कर रहे हैं तथा किस तरह अपने समाचार-पत्र की बिक्री बढ़ाने की ओर अग्रसर हैं। एक संपादक को शोर-शराबे में कार्य करने की तथा गलती को सुधारने की कला भी आनी चाहिए। संपादन कार्य करने के लिए समाचार-पत्र की प्रबंधन समिति ऐसे लोगों की सदा तलाश में रहती है जिसे समाज की अच्छी-खासी जानकारी हो तथा समाचार-पत्रों की तकनीकी आवश्यकताओं की भी जानकारी हो। उसमें स्वयं को प्रेरणास्रोत के रूप में प्रस्तुत करने तथा दूसरों को अच्छे कार्य करने के लिए प्रोत्साहित करनेवाले गुण भी होने चाहिए। एक संपादक को कुछ हद तक शिक्षक व प्रशिक्षक का कार्य भी करना पड़ता है, अतः उसमें सहन-शक्ति, सीखने-सिखाने की ललक, लोगों को आकर्षित करने की कला, अवसरों का लाभ उठाने की प्रवृत्ति, पत्रकारों से मन-मुताबिक और समाचार-पत्र व पत्रिका के लाभ हेतु कार्य करवाने की योग्यता होनी चाहिए।

संपादन कार्य करनेवाले व्यक्ति को एक कुशल वक्ता होने के साथ-साथ एक अच्छा श्रोता भी होना चाहिए। वर्तमान में जबकि सेटेलाइट चैनलों की भरमार है तथा लोगों के आकर्षण का मुख्य केंद्र भी ये चैनल ही हैं, ऐसे में समाचार-पत्र को घर-घर तक पहुँचाने की जिम्मेदारी भी संपादक की ही होती है। आज पाठकों के भी अलग-अलग वर्ग बन गए हैं। कुछ मात्र राजनीतिक खबरें पढ़ना चाहते हैं, कुछ आर्थिक तो कुछ घरेलू। आज एक समाचार-पत्र व पत्रिका के ग्राहक किसान हैं तो मजदूर भी हैं। शहरी जनता है तो ग्रामीण जनता भी समाचार-पत्र पढ़ने को उत्सुक नजर आती है। राजनेता, व्यापारी, गृहिणियाँ, खेल-प्रेमी, कामकाजी महिलाएँ व पुरुष, युवा वर्ग, बाल वर्ग, फिल्मी दुनिया की जानकारी के उत्सुक पाठक, कृषि संबंधी जानकारी पानेवाले तथा देशभक्ति के साथ-साथ राज्य व शहर से संबंधित खबरें भी लोग पढ़ना चाहते हैं। ऐसे में संपादक की भूमिका काफी विचित्र, लेकिन महत्त्वपूर्ण हो जाती है।

समाचार-पत्रों व पत्रिकाओं की एक लंबी-चौड़ी फेहरिस्त में अपने समाचार-पत्र को कंपीटीटिव मूल्य में सब लोगों की आवश्यकताओं को पूरा करते हुए आम जनता तक पहुँचाना एक दुरूह कार्य अवश्य है, लेकिन है बड़ा ही रोमांचक। जबकि प्रत्येक चैनल हर घंटे पर समाचार कार्यक्रम प्रसारित कर रहा

हो, ऐसे में दिन में एक बार निकलनेवाले समाचार-पत्र की गरिमा व माँग को बनाए रखने का दायित्व एक संपादक का ही है। अगर संक्षेप में कहें तो एक संपादक किसी समाचार-पत्र रूपी गाड़ी का स्टीयरिंग है। इसके बिना किसी समाचार-पत्र का सही रूप में चलना अगर असंभव नहीं है तो आसान भी नहीं है।

हालाँकि संपादक के लिए किसी विशेष योग्यता की माँग नहीं की जाती, लेकिन B.J. (Bachelor of Journalism) और M.J. (Master of Journalism) किए हुए व्यक्तियों को प्राथमिकता दी जाती है। साथ ही, अगर किसी ने मैनेजमेंट का कोर्स भी किया हो तो उसको जॉब मिलने के मौके ज्यादा होते हैं। लेकिन इन सबके बाद भी क्षेत्रीय भाषा-भाषी समाचार-पत्रों एवं पत्रिकाओं में अनुभव व रचनाधर्मिता को प्राथमिकता दी जाती है। सामान्यत: स्नातक अभ्यर्थियों को उनकी मौखिक परीक्षा के बाद ही संपादक का पद दिया जाता है। एक संपादक को चूँकि कुछ स्थानों पर अपने समाचार-पत्र का नेतृत्व करना होता है, अत: उसका चयन काफी सोच-विचार तथा कठिन मौखिक परीक्षा के बाद ही होता है।

संपादककाकामकाफीश्रमसाध्यहै

संपादन के लिए समय-समय पर समाचार-पत्रों व पत्रिकाओं में रिक्तियाँ निकलती रहती हैं। संपादन कार्य करने के इच्छुक व्यक्ति अपने प्रमाण-पत्रों तथा अपने द्वारा किए विशेष कार्यों के साथ रिक्तियाँ प्रकाशित होने पर पद के लिए आवेदन कर सकते हैं। संपादक के पद के लिए साक्षात्कार लेनेवाले लोग व्यक्ति की पर्सनेल्टी के साथ-साथ उसके संपूर्ण गुणों का आकलन करते हैं। अत: जहाँ तक संभव हो, सादा जीवन व उच्च विचार के साथ अपने आपको निर्णायकों के सामने प्रस्तुत करना चाहिए।

कुल मिलाकर संपादन कार्य एक रुचिकर, स्टाइलिश, मेहनत व लगन की माँग करनेवाला, धन व प्रसिद्धि दिलानेवाला तथा रचनात्मक कार्य करने के उत्सुक लोगों के लिए एक चुनौतीपूर्ण कार्य है।

□

9

कार्टूनिस्ट

किसी भी विचार को लकीरों, उद्देश्य व व्यंग्य के आधार पर प्रदर्शित करना एक रोचक कार्य है। कई बार हजारों शब्दों के लेख व विचार भी जिस बात को उतने प्रभाव व पैनेपन से नहीं कह पाते उस बात को एक कार्टून स्ट्रिप कहीं बेहतर ढंग से कह पाने की क्षमता रखती है। सामान्यतः एक कार्टूनिस्ट अत्यंत बुद्धिमान तथा रचनात्मक क्षमता का मालिक होता है। तभी तो वह जीवन के छोटे-से-छोटे पहलुओं को इतनी बारीकी व संजीदगी से रेखांकित करता है कि वह देखनेवाले के दिल व दिमाग दोनों पर सीधा असर करते हैं। प्रिंट व इलेक्ट्रॉनिक दोनों माध्यमों में कार्टूनिस्ट की भूमिका महत्त्व रखती है।

कार्टून आज किसी भी पत्र-पत्रिका का एक अनिवार्य हिस्सा है। पाठक आज कार्टूनों के इतने आदी हो चुके हैं कि अखबार खोलते ही सबसे पहले उनकी नजर कार्टून पर ही पड़ती है। यदि किसी दिन किसी कारणवश कार्टून का कोना खाली रह जाए तो उस दिन ऐसा प्रतीत होता है जैसे अखबार खाली-खाली सा है। यह सच भी है, क्योंकि एक छोटा सा कार्टून उस बात को भी आसानी से कह जाता है जिसे कई बार लेख अथवा रिपोर्ट द्वारा कह पाना मुश्किल होता है। आज पाठक आर.के. लक्ष्मण, सुधीर तैलंग, प्राण, आबिद

सुरती, सुधीर दर, उभी, काक, गोविंद, शेखर गुरेरा, राजेंद्र, जगजीत राणा, अंकुश, संदीप जोशी आदि नामों से अच्छी तरह परिचित हैं।

अपनी व्यंग्यात्मक एवं सटीक राजनीतिक टिप्पणियों से ये कार्टूनिस्ट पाठकों के बीच अपनी पहचान बनाने में सफल रहे हैं। आज प्रायः हर पत्र-पत्रिका में कार्टून व व्यंग्य चित्रों का विस्तार हो रहा है। पहले केवल पत्र-पत्रिकाओं में राजनीति से संबंधित कार्टून ही हुआ करते थे, मगर अब व्यंग्य चित्रों का भी धड़ल्ले से प्रयोग होने लगा है। अब तो व्यापार तथा फीचर पृष्ठों में भी कार्टून छपने लगे हैं। इसीलिए पत्र-पत्रिकाओं में पहले की तुलना में ज्यादा कार्टूनिस्ट रखे जाने लगे हैं।

इस संदर्भ में दिल्ली के एक प्रसिद्ध कार्टूनिस्ट का कहना है, "कार्टूनिंग में कैरियर बनाना आसान नहीं है, क्योंकि यह आमतौर पर आठ घंटे दफ्तर में बैठनेवाला काम नहीं है बल्कि इसके लिए चौबीसों घंटे दिमाग को खुला रखने की जरूरत होती है, क्योंकि दिमाग में कार्टून का विचार कभी भी आ सकता है। एक कार्टूनिस्ट के लिए किसी भी विषय की पूर्ण अभिव्यक्ति के साथ-साथ व्यंग्यात्मक भाव का होना भी बहुत जरूरी है।"

यदि कार्टूनिस्ट के पास सीमित शब्दों में अपनी बात को अपने रेखांकन द्वारा व्यंग्यात्मक ढंग से प्रस्तुत करने की क्षमता है तो वह एक अच्छा कार्टूनिस्ट साबित हो सकता है। एक कार्टूनिस्ट के लिए विज्ञापनों, पत्र-पत्रिकाओं, ग्रीटिंग कार्ड, पुस्तकों, कॉमिक्स, कैरिकेचर, फिल्म एवं टी.वी. एनिमेशन, ग्राफिक स्टोरी, व्यंग्य चित्रों, ऑन लाइन कार्टूनिंग तथा कार्टून स्ट्रिप्स के क्षेत्र में रोजगार के अवसर प्राप्त हो सकते हैं। लेकिन इस क्षेत्र का सबसे लोकप्रिय माध्यम राजनीतिक कार्टूनिंग है। इस माध्यम के द्वारा एक कार्टूनिस्ट जल्द ही अपनी पहचान बना लेता है। परंतु इसके लिए रेखांकन के अलावा राजनीति एवं खबरों पर गहरी पकड़ तथा व्यंग्यात्मक अभिव्यक्ति क्षमता बहुत जरूरी है।

अब प्रश्न उठता है कि कार्टूनिस्ट बनने के लिए किस प्रकार के प्रशिक्षण की जरूरत होती है ? इसके लिए सबसे जरूरी है ड्राइंग का आना। लेकिन दूसरी ओर देश के सभी प्रमुख कार्टूनिस्टों ने कभी कोई प्रशिक्षण नहीं लिया बल्कि अपने अनुभव से ही यह कला विकसित की है। इस संदर्भ में प्रमुख कार्टूनिस्ट उभी का कहना है, "मैंने इस क्षेत्र का कोई प्रशिक्षण नहीं लिया। वास्तव में मैंने पत्रकारिता से इस क्षेत्र में पदार्पण किया तथा काम करते हुए ही

ज्यादातर काम सीखा। मेरे खयाल से जिस चीज की जरूरत है, वह है अपने आस-पास की घटनाओं पर पैनी नजर रखने एवं स्केच करने की। इसमें फोटोग्राफ्स की नहीं बल्कि दिमाग की जरूरत होती है। चूँकि एक कार्टूनिस्ट को बहुत कम समय में चित्र बनाना पड़ता है, ऐसे में ड्राइंग का प्रशिक्षण आपकी सहायता कर सकता है।''

यदि आप इस क्षेत्र में प्रवेश करने से पहले कोई व्यावसायिक ड्राइंग प्रशिक्षण लेना चाहें तो देश के विभिन्न भागों में स्थित कला महाविद्यालयों से फाइन आर्ट का पाठ्यक्रम संपन्न किया जा सकता है, जिसमें कार्टूनिंग भी एक विषय के रूप में शामिल होता है। आप उसमें विशेषज्ञता हासिल कर सकते हैं। लेकिन कार्टूनिस्ट बनने के लिए न सिर्फ ड्राइंग बल्कि विचार भी देना पड़ता है। अतः दोनों में तालमेल स्थापित करना जरूरी है, जो अनुभव एवं अभ्यास से ही विकसित होगा।

एक अन्य कार्टूनिस्ट का मानना है, ''कुछ लोग इस पेशे को काफी हलके ढंग से लेने की गलती करते हैं, जबकि इस पेशे में विषय का गहनता से अध्ययन तथा उसके मूल्यांकन के बाद ही काम शुरू किया जाता है। इसके लिए किसी भी कार्टूनिस्ट को अधिक-से-अधिक अध्ययन भी करना पड़ता है, ताकि उसे देश व संचार जगत् के बारे में विस्तृत जानकारी हो। तभी वह इस बारे में अपनी बेबाक टिप्पणी कर सकता है। इस पेशे में सफलता का मूलमंत्र है—किसी भी विषय को शीघ्रता से समझना और फिर उसी शीघ्रता से उसे व्यक्त करना। एक कार्टूनिस्ट के पास व्यंग्य का भाव भी होना जरूरी है।''

देश में कार्टूनिंग का दायरा धीरे-धीरे बढ़ता जा रहा है। सर्वप्रथम अमेरिका से डेनिश मिनिश, फैंटम व अन्य चरित्र भारत आए। आज भारतीय चरित्रों से भरी कॉमिक्स पुस्तकें काफी लोकप्रिय हो रही हैं एवं उनका बाजार भी तेजी से बढ़ रहा है। ऐसे में इस क्षेत्र में कार्टूनिस्टों की माँग भी तेजी से बढ़ रही है। इसके अलावा धार्मिक व ऐतिहासिक चरित्रों के कार्टून भी विकसित किए गए हैं। वे भी काफी लोकप्रिय हो रहे हैं।

एक कार्टूनिस्ट विज्ञापन एजेंसियों, ग्रीटिंग कार्ड कंपनियों और बच्चों की पुस्तकों के प्रकाशकों के यहाँ नियमित अथवा स्वतंत्र रूप से काम कर सकता है।

जहाँ तक वेतन की बात है, छोटे समाचार-पत्र एवं पत्रिकाओं में वेतन

मासिक आधार पर या फिर प्रति कार्टून की दर से मिलता है तथा बड़े पत्र-पत्रिकाओं में सात से पंद्रह हजार रुपए मिलता है। अनुभव व योग्यता के आधार पर यह बढ़ता रहता है। यदि आप लोकप्रिय कार्टूनिस्ट बन गए तो आपके वारे-न्यारे हो जाएँगे; क्योंकि उस समय आपके बनाए कार्टून की माँग भी बढ़ेगी और आपको लोगों की वाहवाही के साथ-साथ पुरस्कार व अच्छा वेतन भी मिलेगा। परंतु इसके लिए आपको कड़ी मेहनत करनी पड़ेगी।

□

द्वितीय खंड

इलेक्ट्रॉनिक मीडिया

1

संचार क्रांति का दौर

मौजूदा दौर में सर्वाधिक प्रगति जिन क्षेत्रों में हुई है उन्हीं में संचार भी शामिल है। सदियों पूर्व भारतीय ऋषियों ने 'वसुधैव कुटुंबकम्' की जिस अवधारणा का संकल्प लिया था वह अब प्रतिफलित होती प्रतीत हो रही है। पूरी दुनिया संचार के दृष्टिकोण से आज एक गाँव में तब्दील हो गई है और इसके पीछे सर्वाधिक प्रभावशाली कारक है संचार साधनों का क्रांतिकारी विकास। संचार की गतिविधियों के विस्फोट ने आज की आधुनिक मनुष्यता को वे सुविधाएँ उपलब्ध कराई हैं जिनके बारे में पहले हम कल्पना भी नहीं कर सकते थे। उपग्रह चैनलों द्वारा प्रसारित तरंगें आज समूचे विश्व में जनसंचार का ... सशक्त माध्यम बन गई हैं। उपग्रह चैनलों के माध्यम से आज ... दुनिया भर की दुर्लभ व अभूतपूर्व घटनाएँ तथा कार्यक्रमों ... को तुरंत देखा जाना आसान हो गया है।

कुछ समय पहले तक वैज्ञानिक युग के रूप में प्रसिद्धि पा रहा भारत आज इलेक्ट्रॉनिक युग में प्रविष्ट हो चुका है। द्वितीय विश्वयुद्ध के बाद विज्ञान के क्षेत्र में तीव्रता से प्रगति हुई और आज इलेक्ट्रॉनिक्स, विशेषकर दूरसंचार के क्षेत्र में आई क्रांति के कारण वर्तमान युग को सूचना प्रौद्योगिकी का युग या इलेक्ट्रॉनिक युग कहा जाने लगा है। एक छोटी सी माइक्रो चिप की बदौलत ढेर

सारी और तुरंत जानकारी प्राप्त करना संभव हो गया है। भारी-भरकम टेलीफोन सेट का स्थान हलके-फुलके टेलीफोन व मोबाइल फोन ने ले लिया है।

सजीव व सीधे रूप में दर्शकों को दिखाने की जो कला इलेक्ट्रॉनिक मीडिया के पास है, वह न तो प्रिंट मीडिया के पास है और न ही व्यक्तियों के पास। जिस चित्र या घटना विशेष को समाचार-पत्र चौबीस घंटे में मात्र एक बार ही प्रकाशित कर पाते हैं उसे रेडियो मात्र कई बार सुनवा सकता है, जबकि टी.वी., वीडियो तथा फिल्मों के द्वारा उस घटना व कार्यक्रम को चौबीस घंटे के दौरान कई बार दिखाया जा सकता है। इलेक्ट्रॉनिक मीडिया में तेजी से नए-नए आविष्कार हो रहे हैं तथा यह निरंतर प्रगति के पथ पर अग्रसर है। फलस्वरूप संचार उपग्रहों, केबल नेटवर्क और डिश एंटीना ने लोगों के घरों में प्रवेश कर रोजगार के अनेक अवसर उपलब्ध करा दिए हैं। आज प्रत्येक चैनल नई-नई विचारधारा के लोगों को अपने यहाँ आमंत्रित कर रहा है तथा उनसे ऐसे कार्यक्रमों की माँग कर रहा है जो कि बिलकुल नई तर्ज पर आधारित हों, लेकिन दर्शकों को पसंद भी आएँ।

वर्तमान में इलेक्ट्रॉनिक मीडिया के प्रति लोगों की निर्भरता निरंतर बढ़ती जा रही है। लोग स्वाभाविक मनोरंजन की जगह कमरे में बंद मनोरंजन को ज्यादा पसंद करते हैं। टी.वी. पर प्रसारित होनेवाले कार्यक्रमों व चैनलों के प्रति लोगों की दीवानगी का यह आलम है कि वे अपनी दिनचर्या भी उसी के अनुसार निर्धारित करते हैं। लेकिन लोगों के दिलों में अपनी पहुँच बनाने के लिए इलेक्ट्रॉनिक मीडिया को हर क्षेत्र में अपना जाल फैलाना पड़ता है। कुछ लोग परदे के बाहर रहकर काम करते हैं तो कुछ परदे पर। परदे के बाहर रहकर काम करनेवाले लोगों में भी दो तरीके के कर्मचारियों की आवश्यकता होती है—एक तो वे कर्मचारी जो सेट पर मौजूद रहेंगे; दूसरे वे कर्मचारी जो फील्ड में रहकर जानकारी प्राप्त करते रहते हैं।

अगर आपने कभी ध्यान से देखा हो और सुना हो तो प्रत्येक कार्यक्रम के अंत में सहयोगी व्यक्तियों के नामों की सूची दिखाई व बताई जाती है, यह इसी बात का प्रतीक है कि आप किस कार्यक्रम व चैनल से जुड़कर अपनी प्रतिभा का प्रदर्शन कर रहे हैं। यद्यपि इलेक्ट्रॉनिक मीडिया काफी हद तक सरकारी नियंत्रण में है, लेकिन तेजी से हो रहे वैश्वीकरण के चलते कुछ निजी संगठनों ने भी इस क्षेत्र में अपनी घुसपैठ आरंभ कर दी है। लेकिन कितनी भी घुसपैठ क्यों न हो, इलेक्ट्रॉनिक मीडिया के सर्वाधिकार अब भी सरकार के पास ही

सुरक्षित हैं। निजी कंपनियाँ इस प्रयास में निरंतर लगी रहती हैं कि किस तरह से वे दूसरे चैनलों में काम करनेवाले या सेवानिवृत्त व्यक्तियों को अपने यहाँ काम करने के लिए राजी कर सकें।

इलेक्ट्रॉनिक मीडिया का संचालन व नियंत्रण पूर्णतः सूचना एवं प्रसारण मंत्रालय के अधीन रहता है। इलेक्ट्रॉनिक मीडिया में रोजगार जहाँ एक ओर एक्टर-एक्ट्रेस, एंकर, न्यूज रीडर, डायरेक्टर, फाइनेंसर, वॉयस रिकॉर्डर आदि के लिए हैं वहीं इंजीनियर, कार्यक्रम अधिकारियों तथा प्रशासनिक अधिकारियों की भी आवश्यकता होती है। केवल कार्यक्रम तैयार करना ही पर्याप्त नहीं है। कार्यक्रम के लिए परिकल्पना बनाना भी एक आवश्यक व महत्त्वपूर्ण कार्य है। परिकल्पना को मूर्त रूप देना, उचित व सही कलाकारों का चयन, संवाद लेखक आदि की भी इलेक्ट्रॉनिक व मीडिया के क्षेत्र में काफी माँग रहती है।

इलेक्ट्रॉनिक मीडिया पर प्रसारित कार्यक्रम की सफलता इसी बात पर निर्भर करती है कि उसके पहले एपिसोड को कितने लोग पसंद करते हैं ? इलेक्ट्रॉनिक मीडिया में आने के इच्छुक व्यक्तियों को संघ लोक सेवा आयोग (UPSC) की परीक्षा उत्तीर्ण करनी होती है। इलेक्ट्रॉनिक मीडिया में सरकारी नौकरी निम्न पदों पर मिल सकती है–

★ आकाशवाणी व दूरदर्शन के अधीन कार्यक्रमों व समाचारों की तैयारी और प्रसारण से संबंधित पूरी योजना बनाने के लिए प्रशिक्षित विशेषज्ञों की।
★ कार्यक्रम निर्माण विशेषज्ञों की।
★ अराजपत्रित प्रसारण अधिकारी या ड्यूटी ऑफिसर की।
★ सहायक केंद्र निदेशक।
★ निदेशक।

इलेक्ट्रॉनिक मीडिया से संबंधित संस्थान हैं–भारतीय प्रसारण कार्यक्रम सेवा (Indian Broadcasting Programme Service), कर्मचारी चयन आयोग (Staff Selection Commission), भारतीय सूचना सेवा (IIS), संघ लोक सेवा आयोग (UPSC) आदि।

इलेक्ट्रॉनिक मीडिया में काम करने के इच्छुक युवाओं के लिए आयु सीमा अठारह से तीस वर्ष है तथा न्यूनतम शिक्षा स्नातक है। दो तरह से परीक्षा कार्यक्रम संचालित होता है–प्रथम, लिखित परीक्षा और द्वितीय, मौखिक परीक्षा। लिखित परीक्षा उत्तीर्ण करने के बाद ही अभ्यर्थी को मौखिक परीक्षा के लिए आमंत्रित

किया जाता है। अभ्यर्थी को हिंदी व अंग्रेजी के साथ-साथ क्षेत्रीय भाषा का संतोषजनक ज्ञान होना आवश्यक है।

आधुनिक उपकरणों की उपलब्धता ने इलेक्ट्रॉनिक मीडिया में काम करना आसान कर दिया है

यदि अभ्यर्थी ने इलेक्ट्रॉनिक मीडिया के अलग-अलग क्षेत्रों में से किसी में मान्यता प्राप्त संस्थान, जैसे भारतीय फिल्म एवं टेलीविजन संस्थान (IIFT) आदि से प्रशिक्षण लिया है तो उसे जॉब में प्राथमिकता प्रदान की जाती है। इन संस्थानों का मुख्य उद्देश्य चयनित व्यक्तियों के मन से डर, संकोच एवं मनोवैज्ञानिक परेशानियों को दूर करना है तथा उनकी सुप्त प्रतिभा को जगाना है, ताकि वे लोग अच्छे-से-अच्छे कार्य को पूरी योजना के साथ और बारीक-से-बारीक कमियों को दूर करते हुए अंजाम दे सकें।

ऐसा नहीं है कि इलेक्ट्रॉनिक मीडिया में मात्र शिक्षित व्यक्तियों की ही आवश्यकता है, प्रतिभा-संपन्न व्यक्तियों की तलाश में हमेशा मीडिया पर्सन लगे रहते हैं। यदि कोई व्यक्ति खेल-कूद, कृषि, बागबानी, स्वास्थ्य, सौंदर्य, शिक्षा, योग, व्यायाम, व्यंग्य, कथाकार या लेखक आदि है तो भी वह इलेक्ट्रॉनिक मीडिया में रोजगार प्राप्त कर सकता है। लेकिन उसे अपने क्षेत्र विशेष में महारत हासिल होनी चाहिए, ताकि कोई उसको गलत साबित न कर सके।

इलेक्ट्रॉनिक मीडिया में इन सबके अतिरिक्त कारपेंटर, पेंटर, ड्रेस डिजाइनर, अलग-अलग क्षेत्र के इंजीनियर, मेकअप मैन, स्पॉट ब्वॉय, सहयोगी कलाकार व डांसर, हेयर ड्रेसर, टेलर, कंप्यूटर ऑपरेटर, कैमरामैन, वीडियोग्राफर, ध्वनि रिकॉर्डर, प्रेस प्रवक्ता, फील्ड ऑफिसर, एडीटर, सेट व स्टेज डेकोरेटर, लाइटिंग अरेजमेंट करनेवाले व्यक्तियों आदि की आवश्यकता होती है।

अगर व्यक्ति में थोड़ी सी भी लगन, ईमानदारी, मेहनत से जी ना चुराने वाली प्रवृत्ति, कुछ नया सीखने की ललक तथा नया व सर्वोत्कृष्ट कर दिखाने का जोश है तो वह इलेक्ट्रॉनिक मीडिया में प्रविष्ट हो सकता है। इस क्षेत्र में काम करनेवाले लोगों के लिए एक तरफ जहाँ पैसा और प्रतिष्ठा है, वहीं

पहचान भी है। टी.वी. पर अपना नाम व चेहरा देखना तथा रेडियो पर अपनी आवाज और अपना नाम सुनना अपने आप में एक गर्व की बात है। हालाँकि हर व्यक्ति इलेक्ट्रॉनिक मीडिया में नहीं आ सकता, लेकिन प्रशिक्षण लेने के पश्चात् तथा अपनी प्रतिभा के बल पर प्रयास अवश्य किया जा सकता है।

मेहनतकश युवाओं के लिए है इलेक्ट्रॉनिक मीडिया

तकनीकी व सूचना तंत्र के क्षेत्र में विस्तार ने एक नए रोजगारोन्मुखी विकल्प को तो जन्म दिया ही है, इस विशाल विश्व को भी एक छोटे से गाँव में समेटकर रख दिया है। आधुनिक युग में इलेक्ट्रॉनिक मीडिया से जुड़े तकनीकी पदों के लिए कुशल व दक्ष टी.वी. पत्रकारों व अन्य सहयोगियों की माँग में तेजी से इजाफा हुआ है। सेटेलाइट चैनलों की भरमार व प्रसारण संसाधनों के विस्तार से इलेक्ट्रॉनिक मीडिया के क्षेत्र में कैरियर की रोमांचक संभावनाओं को जन्म दिया है। आज दूरदर्शन के अलावा अन्य चैनल, समाचार-विश्लेषण, समीक्षा, मनोरंजन व विज्ञान से जुड़े अनेक मामलों पर अनेक कार्यक्रमों का निर्माण व प्रसारण कार्य कर रहे हैं। ऐसे में हिंदी तथा अंग्रेजी के अलावा अन्य क्षेत्रीय भाषाओं में भी कार्यक्रमों का निर्माण तीव्र गति से हो रहा है। फलस्वरूप इलेक्ट्रॉनिक मीडिया में प्रशिक्षित युवक-युवतियों को रोजगार के नए-नए अवसर प्राप्त होते हैं।

मौजूदा दौर सूचना क्रांति का दौर है। आज वे सुविधाएँ उपलब्ध हैं जब किसी भी राष्ट्रीय अथवा अंतरराष्ट्रीय महत्त्व की घटना की जानकारी आनन-फानन में पूरी दुनिया में प्रसारित हो जाती है। इलेक्ट्रॉनिक मीडिया इस सबके लिए एक सशक्त व प्रभावी माध्यम साबित हुआ है। यही कारण है कि अपनी सजीवता, तथ्यात्मकता, प्रामाणिकता व समयबद्धता के चलते सूचना संसाधनों की दौड़ में इलेक्ट्रॉनिक मीडिया ने परंपरागत प्रिंट मीडिया को गंभीर चुनौती दी है।

इलेक्ट्रॉनिक मीडिया मसलन दूरदर्शन, रेडियो, वीडियो पत्रिकाओं व सेटेलाइट चैनलों के कार्यक्रमों में कैरियर का यह नया क्षेत्र '90 के दशक से अस्तित्व में आया और देखते-ही-देखते भारत भर में इलेक्ट्रॉनिक सूचना तंत्र का जाल बिछता चला गया। आज न केवल संपन्न शहरों अपितु सुदूरवर्ती ग्रामों तथा अल्प विकास की पीड़ा से छटपटा रहे देहाती क्षेत्रों में भी इस तरह के कार्यक्रम काफी लोकप्रिय हैं।

वैसे तो इलेक्ट्रॉनिक मीडिया के क्षेत्र में कई प्रकार के कैरियर मौजूद हैं,

उदाहरणार्थ–ग्राफिक आर्टिस्ट, तकनीकी डायरेक्टर, पेंटर, सीरियल, फिल्म निर्देशक, फिल्म वीडियो संपादक, मेकअप सहायक, फ्लोर सहायक, कैमरामैन जैसे दर्जनों पद हैं; परंतु टी.वी. जर्नलिस्ट (संवाददाता–समाचार संपादक) बनना चुनौती से परिपूर्ण कैरियर क्षेत्र है। इस क्षेत्र की सर्वाधिक महत्त्वपूर्ण बात यह है कि इसमें सामाजिक व मानवीय सरोकारों से जुड़ने के बेहतर अवसर उपलब्ध रहते हैं।

सहनशील प्रवृत्ति, सकारात्मक सोच तथा कड़े परिश्रम का हौसला रखनेवाले युवाओं के लिए इस क्षेत्र में प्रगति निश्चित है। इलेक्ट्रॉनिक मीडिया के लिए कार्य के अनियमित सत्र, खान–पान में असंतुलन तथा अत्यधिक तनाव होना लाजिमी है। अतः इन सबसे बचकर काम करने की इच्छा रखनेवाले लोगों का यहाँ सफल होना कठिन है। निर्माण पक्ष से जुड़े लोगों को तो कई बार कार्यक्रम प्रसारण के समय तक रुके रहना पड़ता है। यही नहीं, महत्त्वपूर्ण मामलातों की पड़ताल में जुटे रिपोर्टिंग स्टाफ को तो विशेष रूप से सक्रिय रहना पड़ता है।

इलेक्ट्रॉनिक मीडिया के क्षेत्र में कैरियर बनाने के लिए अब सार्वजनिक, सरकारी व निजी क्षेत्र में अनेक प्रशिक्षण केंद्र खुल चुके हैं। ये संस्थान विभिन्न तरीके के सर्टिफिकेट तथा डिप्लोमा कोर्स संचालित करते हैं। स्नातक कर चुके युवक–युवतियाँ इस पाठ्यक्रम में प्रवेश की पात्रता रखते हैं। प्रख्यात भारतीय जनसंचार संस्थान प्रिंट तथा ऑडियो–विजुअल में डिप्लोमा पाठ्यक्रम संचालित करता है। इसके अतिरिक्त जामिया मिल्लिया इसलामिया (नई दिल्ली) द्वारा भी दोनों माध्यमों के लिए पाठ्यक्रम संचालित किए जा रहे हैं।

हिंदी और अंग्रेजी भाषा में समाचार वाचन के पाठ्यक्रम भी कुछ संस्थान संचालित कर रहे हैं। कुछ संस्थान रेडियो पत्रकारिता के लिए प्रशिक्षण कोर्स चला रहे हैं। पत्रकारिता में डिप्लोमा अथवा अनुभव रखनेवाले व्यक्ति भी इस क्षेत्र में सफल हो सकते हैं, फिर भी प्रशिक्षण अति आवश्यक होता है। टी.वी. तकनीक तथा निर्माण संबंधी कार्यों के लिए विशिष्ट प्रशिक्षण देनेवाले कई संस्थान देश में मौजूद हैं। इस क्षेत्र के लिए फिल्म एवं टी.वी. संस्थान, पुणे की भी खासी प्रतिष्ठा है।

इसके अतिरिक्त दिल्ली स्थित निजी क्षेत्र के कई संस्थान भी इलेक्ट्रॉनिक मीडिया के लिए बेहतर प्रशिक्षण उपलब्ध करा रहे हैं। मारवाह स्टूडियो, ड्रामा–सिने लिंक तथा टी.वी.–18 भी टी.वी. तकनीक से जुड़े अनेक पाठ्यक्रम चला रहे हैं। इससे जुड़े अनेक पाठ्यक्रमों की अवधि एक माह से लेकर एक साल तक की है।

इन विधाओं में प्रशिक्षित व्यक्ति यदि नौकरी नहीं भी करना चाहें तो अनुबंध के आधार पर या स्वतंत्र के रूप में अपना काम करके नाम व दाम दोनों कमा सकते हैं। आप अपना प्रोडक्शन हाउस भी खोलकर बाकी लोगों के लिए भी रोजगार उपलब्ध करा सकते हैं। ऑल इंडिया रेडियो, विदेशी रेडियो नेटवर्क, दूरदर्शन, प्राइवेट टी.वी. चैनल्स तथा स्वतंत्र टी.वी. प्रोडक्शन कंपनियों में रोजगार की प्रचुर संभावनाएँ होती हैं।

इलेक्ट्रॉनिक मीडिया का कोर्स संचालित करनेवाले विभिन्न संस्थानों के निदेशक दावा करते हैं कि इस समय कोई भी प्रशिक्षित युवक-युवती बेरोजगार नहीं है। सभी कहीं-न-कहीं कार्यरत हैं।

प्रमुख प्रशिक्षण संस्थान

★ फिल्म एंड टेलीविजन इंस्टीट्यूट ऑफ इंडिया, पुणे (महाराष्ट्र)–डिप्लोमा इन फिल्म डायरेक्शन, एडिटिंग, मोशन पिक्चर फोटोग्राफी, साउंड रिकॉर्डिंग एंड साउंड इंजीनियरिंग, डिग्री इन फिल्म डायरेक्शन, अंग्रेजी समाचार वाचन।

★ भारतीय जनसंचार संस्थान, जे.एन.यू. परिसर, नई दिल्ली-110067–रेडियो और टी.वी. पत्रकारिता के लिए स्नातकोत्तर पाठ्यक्रम, हिंदी/अंग्रेजी समाचार वाचन (टी.वी.)

★ ड्रामा सिने लिंक, एम 161/1 जी.एल. हाउस, इंडियन ऑयल भवन के पीछे, यूसुफ सराय, नई दिल्ली-110049–अभिनय, टी.वी. जर्नलिज्म (तीन-तीन माह), फिल्म डायरेक्शन (6 माह), एंकरिंग (एक माह), फिल्म नृत्य (एक माह) व मॉडलिंग (शैक्षिक अर्हता 10+2 अभिनय)

★ जामिया मिल्लिया इसलामिया विश्वविद्यालय, नई दिल्ली, एम.ए. (जनसंचार)

★ जामिया जनसंचार शोध केंद्र, जामियानगर, नई दिल्ली–जनसंचार में पी.जी. डिग्री (रेडियो, टी.वी., फिल्म, प्रोडक्शन आदि)

★ एशियन अकादमी ऑफ फिल्म एंड टेलीविजन, मारवाह स्टूडियो, फिल्म सिटी, नोएडा 2011301 (उ.प्र.)–प्रोडक्शन डायरेक्शन एंड टी.वी. जर्नलिज्म, कैमरा एंड लाइटिंग टेक्नीक्स, एडिटिंग एंड साउंड रिकॉर्डिंग, एक्टिंग एंड प्रेजेंटेशन।

□

2

रेडियो

अपने उद्‌भव काल से लेकर अब तक रेडियो अपनी यात्रा के शानदार पड़ाव तय करता रहा है। एक जमाना था जब रेडियो स्टेटस सिंबल हुआ करता था। बदलते दौर में बहुत सी चीजें बदली हैं। अगर कुछ नहीं बदला तो वह है रेडियो के प्रति जनता-जनार्दन का क्रेज। आँकड़े बताते हैं कि जनसंचार के माध्यमों में रेडियो का आज भी कोई मुकाबला नहीं है। नए-नए स्टेशन व कार्यक्रमों के शुरू होने के बाद रेडियो के क्षेत्र में संभावनाओं में अतिशय वृद्धि हुई है। रेडियो के कई क्षेत्र ऐसे हैं जहाँ योग्य, प्रतिभाशाली एवं अनुभवी लोगों की सदैव आवश्यकता बनी रहती है। जिन लोगों की आवाज में जादू का-सा असर है उनके लिए यह क्षेत्र वरदान के समान है।

संचार प्रत्येक समाज की अनिवार्य आवश्यकता है। संचार के अभाव में न तो मानव समाज की कल्पना की जा सकती है और न ही सामाजिक व्यवस्था की, क्योंकि संचार के अभाव में व्यक्ति की दुनिया उसी तक सीमित होगी। संचार के अभाव में चराचर की सृष्टि का विकास असंभव है। सूचना संग्रह एवं प्रसार का कार्य जनसंचार माध्यम करते हैं। इन जनसंचार माध्यमों में सर्वप्रथम 'रेडियो' अस्तित्व में आया।

जिस समय जनसंचार का विकास नहीं हुआ था, व्यक्ति अपने हाव-भाव तथा आवाज के द्वारा ही अपने संदेश एक-दूसरे तक पहुँचाता था। लेकिन जैसे-जैसे सभ्यता का तथा भाषा का विकास हुआ, संचार के साधनों में बढ़ोतरी हुई। मुद्रण कला के द्वारा मात्र शिक्षित जनमानस ही लाभान्वित हो पाता था या फिर उससे जुड़े चंद लोग। लेकिन रेडियो के आविष्कार के बाद शहरी जीवन से लेकर ग्रामीण तथा जनजातीय जीवन में भी नव-चेतना का संचार हुआ। प्रत्येक व्यक्ति अपनी पसंद के कार्यक्रम सुनने लगा तथा समाज के प्रत्येक वर्ग से परिचित होने लगा।

सन् 1844 में सैमुअल मार्स द्वारा टेलीग्राफ, 1876 में अलेक्जेंडर ग्राहम बेल द्वारा टेलीफोन तथा एडीसन द्वारा बल्ब की खोज के साथ ही संचार के साधनों में तीव्रता से परिवर्तन हुए।

सन् 1890 में जी. मारकोनी ने बिना तार के ध्वनि को एक स्थान से दूसरे स्थान पर पहुँचा सकनेवाले यंत्र का आविष्कार किया तथा 1906 में फॉरेस्ट ने वैक्यूम ट्यूब का आविष्कार कर रेडियो पर आवाज के प्रसारण की सुविधा को कार्यान्वित किया।

जून 1923 में 'बॉम्बे रेडियो क्लब' ने पहला कार्यक्रम रेडियो से प्रसारित किया। सन् 1930 में 'भारतीय प्रसारण सेवा' की स्थापना हुई, जिसका नाम बदलकर 1936 में 'ऑल इंडिया रेडियो' कर दिया गया तथा 1957 के बाद से इसे 'आकाशवाणी' के नाम से जाना जाता है। 1956 में 'विविध भारती' के द्वारा कार्यक्रमों का प्रसारण आरंभ किया गया, जिसने 'रेडियो सीलोन' (श्रीलंका रेडियो) के प्रति लोगों के आकर्षण को काफी हद तक कम कर दिया। वर्तमान समय में संपूर्ण भारत में विविध भारती के लगभग तैंतालीस केंद्र सफलतापूर्वक अपने कार्यक्रमों का प्रस्तुतीकरण तथा संचालन कर रहे हैं।

रेडियो जनसंपर्क का एक अत्यंत प्रबल साधन है। इसके द्वारा एक ही समय में आप देश भर के तमाम नगरों एवं गाँवों में कोटि-कोटि जनता से सीधा और स्पष्ट संपर्क स्थापित कर सकते हैं। समाचार संप्रेषण और प्रचार-प्रसार में भी रेडियो की ही सहायता ली जाती है। अगर किसी व्यक्ति का संदेश रेडियो पर सुना जाता है तो उसका प्रभाव आम जनता पर किसी सभा में बैठकर उस व्यक्ति से लाभान्वित होने जैसा ही होता है। रेडियो में एक सुविधा यह भी है कि आपको भाषण सुनने के लिए या कोई अन्य कार्यक्रम सुनने के लिए घर या ऑफिस से बाहर नहीं जाना होता।

मनुष्य का संपूर्ण जीवन एक रंगमंच ही है, जहाँ हर व्यक्ति को उसका पात्र समझा दिया जाता है और वह कठपुतली की तरह नाचता रहता है। प्रत्येक पात्र यह प्रयास करता है कि वह अपनी भूमिका को सफलतापूर्वक अभिनीत करे; लेकिन यह सफलता और असफलता निर्भर करती है समाज में उसके स्थान से, उसकी पहचान से और उसकी प्रसिद्धि से। रेडियो पर प्रसारित होनेवाले कार्यक्रमों में से एक लोकप्रिय कार्यक्रम नाटक भी है। रेडियो नाटकों की चमक-दमक का जादू सदैव से ही श्रोताओं को मनोरंजन प्रदान करने के साथ-साथ उत्साहित तथा प्रेरित करता रहा है। महान् कवि विलियम शेक्सपीयर ने 'ऑल द वर्ल्ड लाइक ए स्टेज' कहकर रंगमंच की महत्ता को और बढ़ा दिया है। रंगमंच का महत्त्व तो प्राचीनकाल से ही समाज में स्वीकार्य रहा है; लेकिन मनुष्य ने धीरे-धीरे इसके रूप को परिवर्तित तथा परिष्कृत करने का क्रम जारी रखा, फलस्वरूप रंगमंचीय कार्यक्रमों में अनेक सकारात्मक परिवर्तन आए। टी.वी. तथा चैनल्स के आगमन ने तो स्थिति को और भी अच्छा बना दिया। अगर किसी व्यक्ति को अभिनय की शुरुआत करनी है तो वह रेडियो नाटकों से अपने अभिनय का सफर आरंभ कर सकता है।

समाज में रेडियो पत्रकारिता का भी एक विशिष्ट स्थान है। आजकल तो टी.वी. आदि पर भी समाचार सुने जा सकते हैं, लेकिन एक समय था जब मनुष्य के पास टी.वी. नहीं होते थे और रेडियो के द्वारा ही सब लोग मनोरंजन करते थे। रेडियो रखनेवाला व्यक्ति समाज के रईसों में से एक माना जाता था। रेडियो पत्रकारिता को पत्रकारिता की एक विधा के रूप में जाना जाता है। रेडियो और मुद्रण कला में सबसे बड़ा अंतर है 'ध्वनि' का। रेडियो चूँकि एक श्रव्य साधन है, अतः इसे समझने के लिए व्यक्ति का शिक्षित, समाज के प्रति जागरूक तथा व्यावहारिक होना आवश्यक है। रेडियो पत्रकारिता के लिए एक विशिष्ट भाषा शैली तथा वाचन क्षमता का होना आवश्यक है।

भारत में जनसंचार के सशक्त माध्यम के रूप में रेडियो का बहुत महत्त्वपूर्ण स्थान है। सामान्य जनता तक शिक्षा व संदेशों का प्रचार-प्रसार करने के साथ-साथ उन्हें स्वस्थ मनोरंजन प्रदान करने में भी रेडियो सबसे आगे है। तरह-तरह के विज्ञापनों, गीतमालाओं, संगीत कार्यक्रमों, वार्त्तामालाओं तथा नाटकों आदि के द्वारा जनता का मनोरंजन तो किया ही जाता है, उन्हें शिक्षा भी प्रदान की जाती है।

तीव्रता से हो रही इलेक्ट्रॉनिक क्रांति के बावजूद आज भी टी.वी. व पत्र-

पत्रिकाओं का महत्त्व उतना नहीं है जितना कि रेडियो का। एक आम आदमी जो किसी दूर-दराज के क्षेत्र में रहता है, साथ ही अशिक्षित व गरीब भी है, वह न तो रोज पत्र-पत्रिकाएँ खरीदने का सामर्थ्य रखता है और न ही टी.वी. ऐसे में रेडियो को ही यह सम्मान प्राप्त है कि वह अपने संचार व प्रेषण माध्यमों के द्वारा किसी समाचार व कार्यक्रम को सामान्य जनता तक पहुँचाए। भारत तो चूँकि आज भी कृषि-प्रधान व गाँव-प्रधान देश है, अत: रेडियो की महत्ता को नकारा नहीं जा सकता।

रेडियो के आविष्कार ने जनसंचार के क्षेत्र में क्रांतिकारी प्रभाव पैदा किया है

रेडियो पर संगीत कार्यक्रमों के अलावा जो भी कार्यक्रम प्रसारित किया जाता है, वह काफी हद तक पत्रकारिता पर आधारित होता है। चाहे विभिन्न विषयों पर वार्त्ताएँ हों, फीचर हों, कहानी-वाचन हो, समाचार-वाचन हो, साक्षात्कार हों या फिर नाटक का प्रस्तुतीकरण। प्रत्येक कार्यक्रम के लिए पत्रकारिता की विधाओं की जानकारी होना अत्यंत आवश्यक है। लेकिन पत्रकारिता की लेखन-विधि की अपेक्षा वाचन तथा प्रस्तुतीकरण विधि की जानकारी अगर कार्यक्रम प्रस्तुतकर्ता को है तो कार्यक्रम संचालित करने में सुविधा रहती है तथा कार्यक्रम सजीव और सरल अर्थात् जनता को तुरंत समझ आनेवाला होता है।

रेडियो पत्रकारिता करते समय संक्षिप्तता तथा स्पष्टता का ध्यान रखना अत्यंत आवश्यक है; क्योंकि आम जनता ज्यादा पढ़ी-लिखी तथा क्लिष्ट भाषा की जानकार नहीं होती। साथ ही कार्यक्रम की पूर्ण रचना या प्लानिंग कर लेनी चाहिए, ताकि बाद में कार्यक्रम में कोई कृत्रिमता या परेशानी न उत्पन्न हो। इसके अलावा कार्यक्रम की समयावधि का भी ध्यान रखना चाहिए। कार्यक्रम को निर्धारित समय से प्रारंभ करना तथा निर्धारित समय पर समाप्त करना भी एक कला है, इसकी जानकारी भी रेडियो पत्रकार को होनी चाहिए।

रेडियो के द्वारा कोई भी संदेश बहुत कम समय में ही एक विशाल जनसमूह तक पहुँचाया जा सकता है। आकाशवाणी, एफ.एम. आदि ऐसे ही

रेडियो स्टेशन हैं जहाँ से ये कार्य किए जाते हैं। रेडियो पत्रकारिता से संबंधित क्षेत्र इस प्रकार हैं–

संवाद लेखन, समाचार-दर्शन, समाचार बुलेटिन, साक्षात्कार, फीचर आदि। रेडियो के लिए संवाद लेखन का कार्य थोड़ा कठिन है, क्योंकि इसको सुनने वाले दर्शक पात्रों के सामने नहीं उपस्थित होते। अत: संवाद ऐसे लिखे जाने चाहिए जो सामान्य जनमानस को समझ आ सकें तथा लोगों के सामने संबंधित वातावरण का पूरा चित्रण कर सकें।

समाचार-दर्शन के अंतर्गत समाचारों को सूचना देने के साथ-साथ अधिक रोचकता भी प्रदान की जाती है, ताकि लोग उस घटना या कार्यक्रम का आँखों देखा वर्णन सुन सकें तथा उसे अप्रत्यक्ष रूप से देखकर रोमांचित हो सकें। समाचार-दर्शन और समाचार बुलेटिन में मात्र इतना अंतर होता है कि समाचार बुलेटिन एक ही व्यक्ति की आवाज में होते हैं और समाचार-दर्शन को मनोरंजक बनाने के लिए अनेक लोगों का सहारा लिया जाता है। किसी खेल प्रतियोगिता या दुर्घटना-स्थल से आँखों देखा हाल, साक्षात्कार के अंश, व्याख्यान और रोचक घटनाओं का वर्णन आदि समाचार-दर्शन के अंतर्गत आते हैं। समाचार-दर्शन के लिए रिकॉर्डिंग सेट की भी आवश्यकता होती है। इसके अतिरिक्त पत्रकार को आधुनिक सुविधाएँ तथा परिवहन साधनों की भी आवश्यकता होती है।

रेडियो संवाद लेखन का कार्य भी खासा दिलचस्प तथा चुनौतीपूर्ण है। एक बार रेडियो पर प्रसारित हो जाने के पश्चात् शब्दों को बदला नहीं जा सकता, अत: प्रसारण से पहले कार्यक्रम को लिखित रूप दे दिया जाता है। साथ ही इसकी भाषा, लिपि व सत्यता की जाँच भी कर ली जाती है। यह कार्य रेडियो स्क्रिप्ट के अंतर्गत आता है। लिखने के पश्चात् भाषा व वाक्य में थोड़ी सी कृत्रिमता आ जाती है; लेकिन रेडियो संवाद लेखन के द्वारा इस बात का विशेष ध्यान रखा जाता है।

समाचार बुलेटिन के लेखन में भी सदैव समाचार के प्रमुख अवयवों का, जैसे–क्या, क्यों, कौन, कहाँ, कब और कैसे का ध्यान रखा जाना अत्यंत आवश्यक है। इसके बिना न तो किसी समाचार को पूर्ण माना जाता है और न ही सत्य। सामान्यत: रेडियो पर 5 मिनट से लेकर 15 मिनट तक का समय समाचारों के लिए निर्धारित होता है। समाचार लेखन के दौरान भाषा की स्पष्टता का भी ध्यान रखना आवश्यक होता है।

साक्षात्कार के दौरान साक्षात्कारकर्ता व साक्षात्कारदाता को वातावरण को बोझिल बनने से बचाने का ध्यान रखना होता है तथा ऐसे प्रश्न पूछने होते हैं जो संबंधित श्रोताओं की पसंद का प्रतिनिधित्व कर सकें। साथ-ही-साथ साक्षात्कारकर्ता का हाजिर जवाब, व्यावहारिक तथा चतुर होना आवश्यक है।

फीचर के अंतर्गत लिखित रूप में पूर्व तैयारी की आवश्यकता होती है। फीचर किसी व्यक्ति विशेष, घटनाक्रम तथा कार्य से संबंधित है, इसका ध्यान रखना भी आवश्यक होता है। फीचर को तैयार करते समय इसको प्रस्तुत करनेवाले व्यक्ति के बोलने तथा प्रस्तुति के तरीके के साथ-साथ सामान्य जन भाषा तथा स्थानीय भाषा का ध्यान रखना आवश्यक होता है।

समाचार लेखन व समाचार वाचन दोनों अलग-अलग क्रियाएँ हैं। आवश्यक नहीं है कि एक सफल समाचार लेखक समाचार उतनी ही कुशलता से पढ़ भी सकता हो। चूँकि समाचारों का प्रभावी तरीके से प्रस्तुतीकरण आवश्यक है, अतः उसके लिए पहले से व्यक्ति का टेस्ट लेकर चुनाव कर लिया जाता है। ज्यादा तेज व जल्दी तथा ज्यादा धीरे व त्रुटिपूर्ण बोलनेवाला व्यक्ति कभी समाचार वाचक नहीं बन सकता। समाचार वाचन में स्वर और उच्चारण की वही भूमिका है जो शरीर में श्वसन क्रिया की। कार्यक्रम के प्रस्तोता को स्वाभाविकता, स्पष्टता, शुद्ध भाषा व लिपि, संतुलित स्वर व सही उच्चारण, समय सीमा, जन-मानस तथा कार्यक्रम की मर्यादा का पूर्ण ध्यान रखना चाहिए। अनेक बार छोटी सी गलती भी कार्यक्रम की रोचकता व रचनात्मकता को नष्ट कर देती है। समाचार वाचक को अपने कार्यक्रम के आरंभ होने से पूर्व ही अपनी स्क्रिप्ट को एक-दो बार पढ़कर देख लेना चाहिए। अगर कोई नया व्यक्ति है तो उसे उसकी पूर्व रिहर्सल भी कर लेनी चाहिए। छोटी-मोटी गलतियों पर तो ध्यान नहीं देना चाहिए, मगर बड़ी गलती होने पर तुरंत खेद व्यक्त करते हुए कार्यक्रम को आगे बढ़ाना चाहिए। वस्तुतः समाचार वाचक का प्रभावी तथा आत्मविश्वासी होना ही उसकी पहचान है।

अनुपम खेर, राज बब्बर, नादिरा बब्बर, अनिल कपूर, मीनाक्षी शेषाद्री, ओम पुरी, जसपाल भट्टी, बनवारी तनेजा, सतीश आनंद, सईद जाफरी, हबीब तनवीर, रामगोपाल बजाज—ऐसे न जाने कितने नाम गिनाए जा सकते हैं, जिन्होंने अपने अभिनय की शुरुआत रेडियो नाटकों से की। आज ये अभिनय के फलक पर विराजमान हैं।

ऐसे में रेडियो नाटकों से कोई भी व्यक्ति शुरुआत कर सकता है तथा

अभिनय के दम पर सिने दुनिया में नाम व दाम दोनों कमा सकता है। लेकिन रेडियो नाटक कला को समर्पित होते हैं, इसलिए दाम की गुंजाइश कम ही होती है, क्योंकि रेडियो नाटक तो एक प्लेटफॉर्म है। आगे का सफर स्टेज या फिर फिल्म हो सकता है। रेडियो नाटकों में भाग लेने के लिए किसी भी कलाकार को एक परीक्षा के दौर से गुजरना पड़ता है। यह परीक्षा मुख्य रूप से साल में दो बार कराई जाती है। इस परीक्षा में दस साल से लेकर किसी भी उम्र का व्यक्ति भाग ले सकता है। इस परीक्षा में शब्द उच्चारण के साथ-साथ आवाज का खासा ध्यान रखा जाता है।

किसी भी कलाकार में आवाज के साथ शुद्ध उच्चारण की क्षमता का होना जरूरी है। इसके अभाव में कितनी भी बेहतर आवाज बेकार है। लेकिन आवाज में वेरिएशन का होना भी आवश्यक है, क्योंकि रेडियो में सबकुछ आवाज का अभिनय होता है, इसलिए किसी भी व्यक्ति को परीक्षा में शुद्ध उच्चारण के आधार पर चुना जाता है। माना यह जाता है कि रेडियो नाटक रंगमंच की तुलना में अधिक चुनौतीपूर्ण होता है, क्योंकि रंगमंच या सिनेमा में कास्ट्यूम के साथ-साथ लोकेशन का भरपूर सहारा अभिनेता को मिलता है, जबकि रेडियो नाटक कहीं अधिक चुनौतीपूर्ण होता है।

आवाज के दम पर ही नाटक की सफलता या फिर असफलता निर्भर करती है। यह सच है कि रेडियो नाटक बनाना वास्तव में काफी मुश्किल है। खासकर तब जब एक ही माइक पर दस-बीस कलाकार बारी-बारी से अपने संवाद पढ़ते हैं। ऐसे में यह ध्यान रखना पड़ता है कि कहीं आवाज मध्यम या अधिक तेज तो नहीं हो गई है, कलाकार का उच्चारण ठीक है या नहीं। इसके अलावा तकनीकी स्तर पर भी हमें यह खास ध्यान रखना पड़ता है कि कहीं स्क्रिप्ट के पलटने पर कागज की आवाज न आ जाए, इसलिए कलाकारों को खासतौर पर बतलाया जाता है कि ऐसी अनचाही गलतियों से बचने का प्रयास हर तरह से करें। रेडियो नाटक दरअसल किसी भी व्यक्ति के व्यक्तित्व के साथ उसकी कला को भी निखारते हैं। जैसा कि पहले ही बताया जा चुका है, रेडियो नाटकों को बनाना सर्वाधिक चुनौतीपूर्ण कार्य होता है; लेकिन यह बात आश्चर्य में डाल देती है कि सिने दुनिया के कई मशहूर कलाकार रेडियो में काम करने के लिए हमेशा ही लालायित रहते हैं। राज बब्बर जैसे कलाकार भी रेडियो नाटकों का मोह अभी तक नहीं छोड़ पाए हैं।

ऐसे कलाकार मौका तलाशते रहते हैं कि कब वे रेडियो नाटकों में हिस्सा

लें। यों तो पूरे देश में कई केंद्र हैं, जहाँ से रेडियो नाटक प्रसारित होते हैं, लेकिन दिल्ली स्थित आकाशवाणी भवन का महत्त्व अपेक्षाकृत अधिक है। प्रत्येक सप्ताह रविवार को दोपहर में हिंदी नाटकों का प्रसारण निश्चित रूप से होता है। यदि आप अभिनय की दुनिया में कदम रखने के इच्छुक हैं तो रेडियो नाटकों के सहारे सिने दुनिया की बुलंदियों को सफलतापूर्वक छू सकते हैं। सबसे पहले आप आकाशवाणी भवन द्वारा जारी ऑडिशन फार्म भरें, फिर आपको स्वर-परीक्षा हेतु बुलाया जाएगा। यदि आप स्वर परीक्षा में सफल होते हैं तो आप भी नाटकों में बतौर कलाकार काम कर सकते हैं। काम करने के साथ-साथ अभिनय की बारीकियों को बखूबी जान सकते हैं।

रेडियो नाटक दृश्य न होकर भी काफी जटिलता ग्रहण किए हुए हैं। नाटकों में काम करते समय उच्चारण पहला सोपान होता है और रेडियो नाटकों में काम करते-करते आप पहला सोपान अवश्य ही सफलतापूर्वक पार कर सकते हैं।

एफ.एम. का साम्राज्य

अब सुनिए बब्बर शेर-
आप आए तो बाहर आई,
वरना कब से अंदर बैठी थी।

एफ.एम. रेडियो चैनल के मन को भानेवाले अंदाज का यह एक छोटा सा उदाहरण है। राजधानी दिल्ली तथा अन्य महानगरों में आजकल रेडियो पर आनेवाले एफ.एम. चैनलों की धूम है। एफ.एम. के प्रति दीवानगी का आलम बसों और कारों में आसानी से देखा जा सकता है। हर समय एफ.एम. पर ऐसा कुछ आता रहेगा जिससे आप बोर नहीं हो सकते।

एफ.एम. के दीवानों में हर उम्र के श्रोता हैं, क्योंकि इसमें एहसास है नौजवान उम्र की तेजी और उत्साह का। इनके जॉकी को ही लीजिए। धाराप्रवाह बोलते समय भी अपनी आवाज की मस्ती को बरकरार रखते हैं। यही वह चीज है जो एफ.एम. को लोगों के करीब लाती है। एफ.एम. रेडियो के अधिकारियों का कहना भी है कि हम इस बात पर ध्यान देते हैं कि किस तरह से श्रोता से बातें होती रहें और कार्यक्रम में वह भी अपने को शामिल महसूस करे। हिट गाने चाहे वे अंग्रेजी हों या हिंदी, श्रोताओं के लिए हमेशा एफ.एम. पर उपलब्ध हैं। इसीलिए हर किसी की पसंद है एफ.एम.।

नोएडा की सुनयना को भी एफ.एम. बहुत भाता है। उनके पर्स में छोटा सा एफ.एम. रेडियो पड़ा रहता है। इसे वे बस में या सफर करते समय सुनना नहीं भूलती हैं। उन्हें एफ.एम. पसंद हैं। घर में भी उनके सारे काम एक तरफ चलते रहते हैं और एफ.एम. दूसरी तरफ।

एफ.एम. जॉकी की मदमस्त आवाज के साथ इसके लगातार बदलते गाने सॉफ्टवेयर इंजीनियरिंग का कोर्स कर रहे विवेक को बहुत पसंद हैं। विक्रम को रेडियो सिटी का अंदाज बहुत अच्छा लगता है। कंप्यूटर हार्डवेयर की दुकान के मालिक छब्बीस साल के तपन को अपने पेंटियम फोर पर सी.डी. से गाने सुनना इतना अच्छा नहीं लगता जितना कि रेडियो मिर्ची की लगातार चलनेवाली चटर-पटर। उन्हीं की तरह कार ट्रेनर हिमांशु भी एफ.एम. चैनलों के दीवाने हैं। सिखाते समय भी उनका एफ.एम. रेडियो ऑन रहता है। वह बंद तभी होता है जब कार सीखने वाला उनसे उसे बंद करने की इच्छा व्यक्त करता है।

दिल्ली में एफ.एम. के पाँच चैनल भी इसकी लोकप्रियता का कारण हैं। नेपाल से आए कार ड्राइवर त्रिभुवन को एफ.एम. इसीलिए अच्छा लगता है, क्योंकि अगर एक में अंग्रेजी गाना आने लगता है तो बाकी चार में से किसी एक में तो बढ़िया हिंदी गाना मिल ही जाता है। अब वह कैसेटों के वही ए और बी साइड सुनते-सुनते अपने सफर को खुशनुमा बनाने की मुसीबत नहीं झेलते। उन्हें एफ.एम. कहीं ज्यादा सुविधाजनक, मौज भरा और मनोरंजक लगता है।

इसकी लोकप्रियता का राज हास्य-प्रधान कार्यक्रमों में भी है। 'ये हाथ मुझे दे दे ठाकुर¨। ले लो, क्योंकि रेडियो मिर्ची तो मुझे कानों से सुनना है' जैसे विज्ञापन इसे सुननेवाले को सहज हँसने पर मजबूर कर देते हैं। ऐसे विज्ञापन इसपर हर पाँच या दस मिनट के अंतराल से आते रहते हैं। इसलिए इसे सुनने वाले के मन में लगातार गुदगुदी-सी होती रहती है।

आठ साल से एफ.एम. के लिए जॉकीइंग कर रही कनुप्रिया इसकी लोकप्रियता के लिए बेहतर तकनीक को भी श्रेय देती हैं। बेहतर तकनीक के अलावा वे एफ.एम. चैनलों के अंदाज की ओर भी ध्यान दिलाती हैं। उनका कहना है कि लोगों ने हमें उनके जैसा ही पाया। हमने कार्यक्रम पेश करते समय वह शब्द और बोली इस्तेमाल की जो लोगों के लिए आत्मीय है। इसीलिए आप देखें कि इन रेडियो चैनलों के आने के बाद से युवाओं में रेडियो जॉकी बनने का क्रेज भी बढ़ा है।

लेकिन ऐसा नहीं है कि एफ.एम. चैनल्स केवल इसलिए ही जाने जाते

हैं। इन चैनलों में रचनात्मकता के भी नए आयाम दिखते हैं। केवल गाने ही नहीं, दिल्ली की सड़कों पर ट्रैफिक के बारे में एकदम ताजा जानकारी देने जैसे उपयोगी कार्यक्रमों के भी प्रशंसक हैं। एन.जी.ओ. में काम करनेवाली नीना को इस प्रोग्राम के तहत सड़कों पर होनेवाले ट्रैफिक के बारे में जानकर बहुत चैन मिलता है। हालाँकि इस जानकारी का कभी उन्होंने फायदा नहीं उठाया है, लेकिन वह सड़कों पर उस समय लगनेवाले जाम की भुक्तभोगी हैं, इसीलिए उन्हें ट्रैफिक की ताजा स्थिति बयान करने का यह आइडिया बहुत अच्छा लगता है।

नए हिट गानों के लिए मशहूर इन रेडियो चैनलों में लकी ड्रॉ और ऐसी ही प्रतियोगिताएँ भी चला करती हैं, जिनमें अपना नाम दर्ज कराने के लिए मोबाइल का एस.एम.एस. जरिया बनता है। इस तरह बेहद तीव्र परिणाम और सेवाएँ देनेवाले ये कार्यक्रम भी रेडियो चैनलों को आम लोगों में अपनी पैठ बनाने में सहायक हुए हैं। लोकप्रियता का यह आलम है कि बाजार में भी तरह-तरह के आकर्षक डिजाइनों में एफ.एम. रेडियो सेट देखने को मिल रहे हैं।

□

3

रेडियो पत्रकारिता

पत्रकारिता की बाकी विधाओं की तरह रेडियो पत्रकारिता का भी अपना अलग ही महत्त्व है। चूँकि असली भारत आज भी गाँवों में ही बसता है, अतः उन तक सूचनाएँ पहुँचाने का सर्वसुलभ व सस्ता साधन निश्चित रूप से रेडियो ही है। विकास की तेज आँधी रेडियो की प्रासंगिकता को छू तक नहीं पाई है। यही कारण है कि पश्चिमी देशों में आज टेलीविजन की अपेक्षा रेडियो के उपभोक्ताओं में उत्तरोत्तर इजाफा हुआ है। रेडियो की एक खासियत यह भी है कि आप कहीं भी हों, कोई भी कार्य कर रहे हों, रेडियो पर प्रसारित कार्यक्रम अथवा गीतों का लुत्फ उठा सकते हैं। रेडियो द्वारा प्रसारित समाचार अत्यंत सुगमतापूर्वक जन-जन तक पहुँच जाते हैं। रेडियो तक इन समाचारों को भेजने का कार्य करनेवाला वर्ग रेडियो पत्रकार के नाम से जाना जाता है। इस क्षेत्र में निष्पक्ष व राष्ट्रीय हित को सर्वोपरि समझनेवाले व्यक्ति के लिए कैरियर की अपार संभावनाएँ निहित हैं।

एक समय था जब व्यक्ति को अपनी बात अन्य लोगों तक पहुँचाने के लिए एक-दूसरे के रू-बरू होना पड़ता था या फिर पुकारकर संदेश देना होता था। लेकिन जैसे-जैसे मनुष्य विकास की ओर अग्रसर हुआ वैसे-वैसे उसके

सामने अपनी बात को दूसरों के सामने प्रस्तुत करने के नित नए तरीके आते गए। विशाल जनसंख्या तक अपनी बात पहुँचाने की अपनी आवश्यकता को पूर्ण करने की दृष्टि से सन् 1890 में जी.एल. मारकोनी ने एक ऐसी विधि का आविष्कार किया, जिसमें ध्वनि को एक स्थान से दूसरे स्थान तक पहुँचाने के लिए तारों की आवश्यकता नहीं थी। इसका प्रयोग समुद्र में जहाजों और नौकाओं को संदेश देने के लिए किया गया और इसे नाम दिया गया–बेतार का तार यानी 'वायरलेस'। रेडियो के रूप में इस आविष्कार का प्रयोग शुरू करने का श्रेय जाता है–ली डे फॉरेस्ट को, जिन्होंने रेडियो के लिए वायु-रहित नली (वैक्यूम ट्यूब) का आविष्कार किया।

रेडियो एक श्रव्य उपकरण होने के नाते शीघ्र ही सबका प्रिय बन गया। रेडियो सुनने के लिए अपने कार्य को बाधित करने की आवश्यकता नहीं है। व्यक्ति अपने कार्य करते समय भी रेडियो सुन सकता है और मनपसंद जानकारी हासिल कर पाता है। अगर सही मायनों में देखा जाए तो व्यक्ति को शिक्षित व जागरूक बनाने का काफी हद तक श्रेय रेडियो को ही जाता है। रेडियो पर अपना कार्यक्रम प्रस्तुत करने के लिए तथा रेडियो सुनने के लिए व्यक्ति का पढ़ा-लिखा तथा चक्षु-युक्त (आँखोंवाला) होना आवश्यक नहीं है। साथ ही रेडियो के प्रयोग के लिए बिजली की तथा शहरों की भी आवश्यकता नहीं है। आप बिना बिजली के भी रेडियो सुन सकते हैं तथा दूर-दराज के गाँवों, घने जंगलों, पहाड़ी क्षेत्रों एवं घाटियों के निवासी होने के बाद भी रेडियो का इस्तेमाल कर सकते हैं।

रेडियो के क्षेत्र में कैरियर की अपार संभावनाएँ हैं। सैनिकों, महिलाओं, बच्चों, युवाओं तथा वृद्धों सभी आयु व स्तर के लोगों के लिए रेडियो से कार्यक्रम प्रसारित किए जाते हैं। इसी क्रम में रेडियो पत्रकारिता भी है। किसी भी सदन में होनेवाली काररवाई या विशेष अवसरों पर दिया जानेवाला प्रधानमंत्री तथा राष्ट्रपति का भाषण सबसे पहले रेडियो या दूरदर्शन पर ही प्रसारित किया जाता है। आकाशवाणी (रेडियो) की पहुँच आज लगभग 97 प्रतिशत जनसंख्या तक है।

सर्वप्रथम जून 1923 में 'बॉम्बे रेडियो क्लब' द्वारा रेडियो प्रसारण किया जाता था। सन् 1930 में भारत सरकार ने बंबई और कलकत्ता से 'भारतीय प्रसारण सेवा' की स्थापना की, जिसका नाम बदलकर 1937 में ए.आई.आर. (ऑल इंडिया रेडियो) कर दिया गया। 1956 में 'विविध भारती' के प्रारंभ से

'रेडियो सीलोन' के श्रोताओं में काफी कमी आई तथा भारत ने रेडियो पर 'आकाशवाणी' व 'विविध भारती' नाम से अपने सारे कार्यक्रम प्रस्तुत करने आरंभ कर दिए।

भारत में रेडियो को जनसंचार का सर्वाधिक शक्तिशाली माध्यम माना जाता है। यही कारण है कि रेडियो पर दिए गए समाचारों को लोग अक्षरश: सत्य मान लेते हैं। आकाशवाणी का अपना 'समाचार सेवा प्रभाग' है, जो तरह-तरह की सूचनाएँ एकत्रित करने, व्यवस्थित करने तथा प्रस्तुत करने का कार्य करता है। आकाशवाणी का यह विभाग देश-विदेश के राजनीतिक, सामाजिक, आर्थिक, सांस्कृतिक, वैज्ञानिक तथा भौगोलिक दशाओं संबंधी समाचारों को आम जनता तक पहुँचाने के लिए समाचार कार्यक्रम एवं विचार गोष्ठियों आदि का प्रसारण करता है, जिससे लोगों में देश-विदेश की गतिविधियों को जानने की इच्छा-शक्ति जाग्रत् होती है।

रेडियो पत्रकारिता एक विशिष्ट कला होने के साथ-साथ बेहद प्रभावशाली तथा संतोषप्रद रोजगार देने में भी सहायक है। मात्र आपकी आवाज को सुनकर ही लोग कार्यक्रम का मूल्यांकन कर लेते हैं तथा आपकी आवाज सुनने के लिए ही वे उस विशेष कार्यक्रम को सुनते हैं, यह कोई आसान बात नहीं है। इसके अतिरिक्त रेडियो अपने विस्तार और तेजी से संदेशों को प्रसारित करने के कारण प्रत्येक व्यक्ति व राष्ट्र का सर्वप्रिय उपकरण है। चूँकि रेडियो एक श्रव्य उपकरण है, अत: इसके लिए समाचारों का लेखन सामान्य, सरल तथा कम शब्दों में ज्यादा बात कह देने के गुणों को ध्यान में रखकर किया जाता है।

मशहूर रेडियो एवं टी.वी. एनाउंसर श्रीमती समीना सिद्‌दीकी के अनुसार, "रेडियो की दुनिया में सारा कमाल आवाज का है।" समीना बताती हैं कि "रेडियो पर समाचार प्रसारित करने के लिए समय के साथ संक्षिप्तता का भी ध्यान रखा जाता है। साथ ही समाचार वाचक को एक लयबद्ध तरीके से प्रत्येक समाचार को दूसरे समाचार से पृथक् करते हुए समाचार वाचन करना चाहिए।"

रेडियो पर समाचार वाचन करनेवाले व्यक्ति की भाषा न तो ज्यादा कर्कश होनी चाहिए और न ही ज्यादा सॉफ्ट यानी बनावटी। न ही समाचार वाचक को बहुत तेज व जल्दी बोलना चाहिए और न ही बहुत धीरे। आवाज का प्रभावशाली होना, आत्मविश्वासी होना तथा समयानुरूप निर्णय लेने की क्षमता वाला व्यक्ति आराम से समाचार वाचक के पद के लिए आवेदन कर सकता है।

रेडियो पत्रकारिता में समाचार वाचक को तथा लेखक को इस बात का भी ध्यान रखना होता है कि कुछ घटनाओं का आँखों देखा हाल श्रोताओं के लिए प्रस्तुत कर सके। चूँकि रेडियो एक श्रव्य साधन है, अतः आँखों देखा हाल प्रस्तुत करना भी किसी कला से कम नहीं है। रेडियो पर प्रसारित हो जाने के बाद शब्द कमान से निकले तीर की तरह हो जाता है। अतः प्रसारित होनेवाले कार्यक्रम को पहले क्रमबद्ध किया जाता है तथा इसकी भाषा व शुद्धता की पूर्व जाँच कर ली जाती है। इसे 'रेडियो स्क्रिप्ट' के नाम से जाना जाता है।

रेडियो की दुनिया में सारा कमाल आवाज का है

रेडियो समाचार लेखक को कृत्रिमतापूर्ण भाषा एवं प्रस्तुतीकरण से बचना चाहिए और समाचार वाचक को भी इस बात का ध्यान रखना चाहिए कि वह समाचार पढ़ते समय सहज व स्वाभाविक रहे तथा स्क्रिप्ट को पहले पढ़कर देख ले तो और भी अच्छा है। रेडियो समाचार लेखक को श्रोताओं की अभिरुचि तथा ग्राह्यता का भी ज्ञान होना आवश्यक है।

रेडियो समाचार लेखन में भी पत्रकारिता के छह ककारों का ध्यान रखना चाहिए—क्या, क्यों, कौन, कहाँ, कब और कैसे। यदि इन सब प्रश्नों को ध्यान में रखते हुए समाचार लेखन व वाचन किया जाएगा तो समाचारों की ग्राह्यता तथा विश्वसनीयता बढ़ जाएगी। सामान्यतः रेडियो पर समाचार दो मिनट से लेकर पंद्रह मिनट तक प्रसारित किए जाते हैं, अतः समय सीमा का ध्यान रखते हुए ही समाचारों को क्रमबद्ध किया जाना चाहिए।

समाचार लेखन के समय यदि निम्न बातों का ध्यान रखा जाता है तो श्रोताओं को रेडियो सुनने के लिए प्रेरित किया जा सकता है—

- ★ बहुत सारी सूचनाएँ एक ही वाक्य में नहीं देनी चाहिए।
- ★ सरल व सुगम शब्दों का प्रयोग करना चाहिए।
- ★ सामान्य बोलचाल की भाषा का प्रयोग होना चाहिए।
- ★ स्वाभाविक, सहज व प्रभावशाली भाषा का प्रयोग करना चाहिए।

★ द्विअर्थी शब्दों व वाक्यों का प्रयोग नहीं करना चाहिए।

★ किसी व्यक्ति विशेष व कार्यप्रणाली की ज्यादा तारीफ व बुराई नहीं करनी चाहिए।

★ मुहावरों व अलंकारों के प्रयोग से बचना चाहिए।

★ वाक्य छोटे-छोटे व संक्षिप्त होने चाहिए।

★ एक साँस में उच्चारित होनेवाले शब्दों को ही वाक्य में शामिल किया जाना चाहिए।

★ स्क्रिप्ट में आँकड़ों का प्रयोग कम-से-कम करना चाहिए।

अच्छे समाचारों के लेखन के साथ-साथ उसका अच्छा प्रस्तुतीकरण भी आवश्यक है। अतः समाचार वाचक में स्वर व आवाज के साथ-साथ अन्य मानसिक व शारीरिक योग्यताएँ भी होनी चाहिए। समाचार प्रस्तोता को माइक्रोफोन, वॉइस रिकॉर्डर आदि की तकनीकी जानकारी होनी चाहिए। साथ ही, शब्दों का उच्चारण भी स्पष्ट होना चाहिए। अधिक क्लिष्ट शब्दों का प्रयोग नहीं करना चाहिए। यदि बोलते समय कोई गलती हो जाती है तो समाचारों को पढ़ना जारी रखना चाहिए। और यदि गलती ज्यादा बड़ी है तो उसमें क्षमा-याचना करते हुए तुरंत सुधार कर लेना चाहिए। संक्षेप में रेडियो समाचार वाचक को स्वाभाविकता, सहजता, आत्मविश्वास, शब्दों के साथ आत्मीयता, मधुर वाणी, स्वाभाविक पाठन, तारतम्यता, विविधता में समरूपता, रोचकता, निश्चित गति, शुद्ध उच्चारण तथा अशिक्षित व शिक्षित दोनों वर्गों को समझ में आनेवाली भाषा का ध्यान रखना चाहिए। इन बातों का ध्यान रखने से कोई व्यक्ति अच्छा समाचार लेखक व वाचक बन सकता है।

रेडियो समाचार लेखक व वाचक के लिए समय-समय पर समाचार-पत्रों में विज्ञापन प्रकाशित होते रहते हैं। अगर आप रेडियो पर अपना हुनर दिखाना चाहते हैं तो इस क्षेत्र में भी अपने कैरियर की शुरुआत कर सकते हैं। रेडियो पत्रकारिता के लिए अलग से कोई संस्थान शिक्षा प्रदान नहीं करता, लेकिन पत्रकारिता की ही एक विधा होने के कारण प्रत्येक उस संस्था से रेडियो पत्रकारिता की शिक्षा प्राप्त की जा सकती है जहाँ पर पत्रकारिता व जनसंचार से संबंधित प्रशिक्षण कार्यक्रम चलाए जा रहे हैं।

सामान्यतः रेडियो समाचार लेखक व पत्रकार को वेतन चार की संख्या में ही मिलता है। वैसे अपनी प्रतिभा के बल पर आप चाहें तो मन-मुताबिक वेतन भी प्राप्त कर सकते हैं।

रेडियो पत्रकारिता को अपने कैरियर के रूप में अपनानेवाले लोगों को प्रशिक्षण व अनुभव प्राप्त करने के बाद नौकरी के अवसर ज्यादा उपलब्ध होते हैं। आपको वॉइस टेस्ट से गुजरना होता है और उत्तीर्ण होने के बाद आपको आपका पद दे दिया जाता है। चूँकि आज भी गाँवों तक रेडियो ही आसानी से पहुँच सका है, इस कारण रेडियो समाचार वाचक व लेखक को अन्य कार्य करने तथा सीखने के भी अवसर मिल जाते हैं। अपनी योग्यता का मूल्यांकन करते हुए इस क्षेत्र में कैरियर बनाने का सपना आप देख सकते हैं तथा उसे साकार कर सकते हैं।

□

4

टेलीविजन

विज्ञान की सर्वश्रेष्ठ नियामतों में से एक नियामत स्वयं टेलीविजन है। टेलीविजन ने अपनी लोकप्रियता एवं महत्ता का घर-घर में डंका बजवा दिया है। आज हमारे जीवन को सर्वाधिक प्रभावित करनेवाली वस्तुओं में टेलीविजन शीर्ष स्थान पर है। टेलीविजन हमारे आचार-विचार एवं व्यवहार को सूक्ष्म अर्थों में प्रतिसंवेदित करता है। टेलीविजन के प्रभाव का जादू हर समय दर्शकों को लुभाता रहता है। परिणामस्वरूप टी.वी. पर प्रदर्शित चीजें अत्यंत तीव्रता के साथ हमारे जीवन में अपना स्थान बना लेती हैं। टेलीविजन के क्षेत्र में कैरियर बनाने का जितना क्रेज आज से पच्चीस साल पहले था उससे कई गुना अधिक आज है। टेलीविजन की दुनिया में शानदार भविष्य की संभावनाएँ प्रतिभाशाली युवाओं का स्वागत करने को तत्पर हैं।

सन् 1839 में जब फ्रांस के लुई डागे ने फोटोग्राफी का आविष्कार किया तो लोग इसे एक बहुत बड़ा चमत्कार समझते थे कि कैमरे का बटन दबाते ही सामने का दृश्य हूबहू चित्र कागज पर छप जाता है। सन् 1831 में फ्रांस के ही हेनरी क्रेटिन ने सिनेमा का आविष्कार किया तो यह देखकर लोगों के आश्चर्य का ठिकाना नहीं रहा कि फोटो के चित्र अब परदे पर चलने-फिरने,

नाचने-कूदने और उड़ने भी लगे हैं। लेकिन शुरू-शुरू में वे बोलते और गाते नहीं थे। सन् 1835 में इटली के मारकोनी पहले से ही रेडियो का आविष्कार कर चुके थे।

जब रेडियो की तरह सिनेमा में भी दूर से गाने-बजाने और बातें करने की आवाज सुनाई देने लगी तब दर्शक इसे भी एक बहुत बड़ा चमत्कार समझने लगे। लेकिन चमत्कारों का चमत्कार तो तब हुआ जब ब्रिटेन के जॉन एल. बेयर्ड ने टेलीविजन का आविष्कार किया।

यह कितना कमाल है कि सैकड़ों और हजारों मील दूर कोई कार्यक्रम नाच, गाना या खेल-कूद हो रहा हो तो वह उसी क्षण हमें टेलीविजन के परदे पर वैसे-का-वैसा होता दिखाई दे जाता है। यहाँ तक कि धरती के लोगों ने अंतरिक्ष के दृश्य भी टेलीविजन पर ऐसे देखे जैसे उनके केवल दो हाथ की दूरी पर सबकुछ हो रहा हो। वस्तुत: टेलीविजन में तीनों चमत्कार शामिल हैं—फोटो का चमत्कार, सिनेमा का चमत्कार और रेडियो का चमत्कार। इसीलिए टेलीविजन को चमत्कारों का चमत्कार कहते हैं।

टेलीविजन का यह अनोखा आविष्कार वस्तुत: किसी ने नहीं किया, यह अपने आप हो गया। आकस्मिक घटना कहिए या संयोग की बात, सन् 1886 में आयरलैंड के तारघर में श्री बेयर्ड नामक एक तार अधिकारी दफ्तर में बैठे तार संदेश ग्रहण कर रहे थे। कुछ देर तक वे इस यंत्र को घूरते रहे कि सहसा यंत्र की सुई स्वयं ही कुछ देर तक हिली और फिर स्वयं ही रुक गई। बेयर्ड चौकन्ने होकर बैठ गए और ध्यान से सुई की ओर देखने लगे। फिर बिना छेड़े, बिना छुए वह सुई हिली और फिर रुक गई। ऐसा एक बार नहीं, बार-बार हुआ। बेयर्ड का माथा ठनका। वे तुरत खड़े हो गए और लगे यहाँ-वहाँ देखने कि सुई क्यों हिलती है ?

सहसा उन्होंने देखा कि सुई पर सूर्य की किरणें पड़ रही हैं। किरणें एक पेड़ की डाल से छनकर भीतर आ रही थीं, अत: श्री बेयर्ड ने देखा कि जब सुई पर किरणें पड़ती हैं तभी छाया हिलती है और जब छाया हिलती है तो सुई रुक जाती है। उन्होंने सोचा, हो न हो, किरणों का सुई से कोई सूक्ष्म संबंध है। किंतु यह कैसा संबंध है, यह उन्हें पहली नजर में दिखाई न दिया। ध्यान से देखने पर उन्हें पता चला कि सुई के पास यंत्र में एक सिलेनियम सैल लगा है और उसी पर सूर्य की किरणें पड़ने से कुछ ऐसा चमत्कार हो रहा है कि सुई अपने आप हिलती-रुकती है।

श्री बेयर्ड यह देखकर खुशी से उछल पड़े। सोचने लगे कि यह सिलेनियम तो बड़े कमाल की चीज है। इसके द्वारा तो दूर-दूर तक चित्र भी भेजे जा सकते हैं, क्योंकि सिलेनियम में यह विशेषता है कि इस प्रकार प्रकाश डालने से बिजली की लहरें उत्पन्न की जा सकती हैं। बस, यह बात पता चलते ही बेयर्ड इस नए काम में जुट गए और उन्होंने टेलीविजन का आविष्कार कर डाला।

टेलीविजन के द्वारा दूर-दूर तक चलते-फिरते चित्र भेजना एक बड़ा मनोरंजक काम है। कितनी चमत्कारपूर्ण बात है कि बीच में न तारें, न खंभे और न ही कोई परदा आदि। फिर भी खाली आकाश के रास्ते पूरे-के-पूरे चित्र टेलीविजन तक जा पहुँचे।

यह कैसे होता है ?

यह ऐसे ही होता है जैसे रेडियो स्टेशन पर कोई गाता है तो वही आवाज आकाश से होती हुई हमारे रेडियो सेट में सुनाई देती है। वहाँ भी न कोई तार का संबंध है और न खंभे आदि का। फिर रेडियो की आवाज और टेलीविजन के चित्रों को दूर-दूर तक कौन ले जाता है और कैसे ?

रेडियो की आवाज और टेलीविजन के चित्र को आकाश की बिजली दूर-दूर तक ले जाती है। हम समझते हैं कि आकाश बिलकुल खाली है, किंतु बात ऐसी नहीं। आकाश में हर जगह बिजली की लहरें बड़ी तेजी से चलती हैं। यह बिजली हमें आँखों से दिखाई नहीं देती। लेकिन यदि आवाज को या किसी चित्र के छोटे-छोटे भागों को आकाश की बिजली पर सवार कर दिया जाए तो यह बिजली दुनिया के कोने-कोने तक उसे मिनटों-सेकेंडों में पहुँचा देती है। वैज्ञानिक लोग अपने चित्रों को आकाश की इसी बिजली के द्वारा दूर-दूर तक भेजते हैं। इसे 'प्रसारण करना' कहते हैं।

टेलीविजन में किसी भी दृश्य की समूची तसवीर प्रसारित नहीं की जाती अपितु उसे छोटे-छोटे टुकड़ों में प्रसारित किया जाता है। सामान्य सी बात है कि किसी भी चित्र को हम नन्हे बिंदुओं से बना सकते हैं। ये बिंदु जितने छोटे होंगे चित्र उतना ही स्पष्ट बनेगा। टेलीविजन में भी दूर भेजने के लिए चित्र को छोटे-छोटे बिंदुओं के रूप में बदल लिया जाता है। अनुमानतः एक पूरे चित्र को ऊपर-नीचे सदा पाँच सौ पंक्तियों में और लाखों बिंदुओं में बाँट लिया जाता है। इस क्रिया को 'स्कैनिंग' कहते हैं। इन बिंदुओं को बिजली के आवेगों में बदलकर 'आइकाना-स्कोप' नामक यंत्र द्वारा आकाश की विद्युत् तरंगों द्वारा

प्रसारित किया जाता है अर्थात् दूर-दूर फेंका जाता है। इनमें कुछ बिंदु बड़े होते हैं। कुछ छोटे-मोटे बिंदुओं के मिलने से सफेद क्षेत्र बनता है और बहुत से बड़े बिंदुओं के मिलने से काला क्षेत्र।

उधर ग्राहक यंत्र या टेलीविजन रिसीवर में इससे उलटी क्रिया होती है। इसमें 'कैथोड रे ट्यूब' के द्वारा बिजली रूप के बिंदु पुनः चित्र के रूप में बदल दिए जाते हैं। लाखों बिंदु इतनी तेजी से परदे पर एक-एक करके चमकते और बुझते हैं कि हमारी आँखों को यह भी प्रतीत नहीं होता है कि ये बिंदु अलग-अलग चमक रहे हैं। हमें ऐसा दिखाई पड़ता है जैसे समूचा चित्र ही परदे पर एक साथ बन रहा है।

टेलीविजन के अनेक लाभ हैं। इसका पहला लाभ यह है कि इसके द्वारा हमारा मनोरंजन होता है। आकाशवाणी से प्रसारित होनेवाले नाटक, नृत्य और संगीत आदि हम घर बैठे ही टेलीविजन के परदे पर देख सकते हैं। इसी प्रकार क्रिकेट और फुटबॉल आदि के मैच भी टेलीविजन पर आते हैं। अब तो सिनेमा देखने के लिए सिनेमाघर जाने की आवश्यकता भी नहीं रही, क्योंकि सिनेमा के चित्र भी टेलीविजन पर दिखाए जाते हैं।

टेलीविजन का दूसरा लाभ यह है कि इससे हमारा ज्ञान बढ़ता है। टेलीविजन पर देश-विदेश के समाचार प्रसारित किए जाते हैं। आजकल स्कूलों के लिए विज्ञान, गणित, हिंदी, अंग्रेजी और संस्कृत आदि सभी विषयों के पाठ भी टेलीविजन पर प्रसारित होते हैं। कक्षा में उन अध्यापकों के मुख से कोई विषय सुनकर उतनी अच्छी तरह समझ में नहीं आता जितना कि टेलीविजन के परदे पर देखकर। इसीलिए गाँव के अनपढ़ किसानों को खेतीबाड़ी के नए-नए तरीके भी टेलीविजन पर सिखाए जाते हैं।

टेलीविजन अंग्रेजी का शब्द है। 'टेली' का अर्थ है—दूर और 'विजन' का अर्थ है—देखना, अर्थात् दूर की वस्तु देखना। इसीलिए हिंदी में टेलीविजन को 'दूरदर्शन' कहते हैं। लेकिन टेलीविजन में केवल दूर-दर्शन ही नहीं होता, दूर-श्रवण भी होता है, अर्थात् दूर की आवाज भी सुनी जाती है।

टी.वी. चैनलों की भीड़ में भाषा

देश में जिस प्रकार से समाचार चैनलों का जाल बिछता जा रहा है उसका स्वागत किया जाना चाहिए। इन चैनलों के जरिए अब आम नागरिकों को नवीनतम खबरें मिलने लगी हैं। चैनलों की प्रतिस्पर्द्धा का फायदा भी दर्शकों

को मिल रहा है। दुनिया भर से खबरें परोसने की होड़ लगी हुई है। ऐसा लगता है कि दुनिया आपके घर के बैठकखाने में सिमट आई है। यह भी अच्छा है कि प्रमुख समाचारों को कई बार दोहराया जाता है। इस कारण जो व्यक्ति एक बार उस समाचार को नहीं देख सका था, उसे देखने-सुनने का अवसर मिल जाता है। तुरंत समाचार प्रसारित करने की होड़ में प्रत्येक चैनल समाचार एजेंसियों पर निर्भर रहने की बजाय स्वयं द्वारा भेजे गए संवाददाताओं की खबरों पर ज्यादा विश्वास करते हैं। इस क्रम में इराक युद्ध को ही लें। लगभग हर भारतीय चैनल का संवाददाता इस युद्ध के ताजा-तरीन समाचार भेजने के लिए वहाँ मौजूद था।

इससे पहले कारगिल युद्ध को भी विभिन्न चैनलों ने दिखाया था। वहीं पाकिस्तानी घुसपैठिए जिस तरह से जम्मू-कश्मीर में आतंकवादी कारखाइयाँ कर रहे हैं और उन्हें पकड़ने के लिए भारतीय सैनिक व पुलिस अपना कर्तव्य किस तरह निभा रहे हैं, ऐसे समाचार भी इलेक्ट्रॉनिक मीडिया के इन चैनलों पर टेलीकास्ट किए जा रहे हैं। केवल समाचार ही नहीं, विशेषज्ञों को आमंत्रित कर और उनसे बातचीत कर जो सामग्री पेश की जाती है, उससे आम दर्शक को भी अपनी राय बनाने में सहायता मिलती है। इन चैनलों पर अचानक ही हिंदी को जो महत्त्व मिला है उससे यह सिद्ध हो गया है कि अंग्रेजीवाले चैनल भी अब हिंदी की अहमियत समझने लगे हैं। उधर केवल हिंदी का सहारा लेने वाले चैनल ने भी अंग्रेजी का हाथ थाम लिया है। दिलचस्प बात यह है कि हर चैनल अपने को दूसरों से तेज और श्रेष्ठ बताने का दावा भी करता है।

वैसे यह निर्णय तो दर्शकों को ही करना है कि उन्हें किस चैनल के समाचार और उनसे संबंधित कार्यक्रम अच्छे लगते हैं। मैं अंग्रेजी चैनल देनेवाले चैनलों की बात नहीं कर रहा, पर हिंदी समाचारों के प्रस्तुतीकरण में कई बार सही उच्चारण, अच्छी आवाज, उपयुक्त शब्दावली आदि की कमी खटकती है। क्लिष्ट हिंदी का उपयोग ही हिंदी चैनलों के लिए काफी नहीं है। दरअसल, प्रसारण की भाषा प्रचलित भाषा होनी चाहिए–अर्थात् बोलचाल की भाषा, जिसे हर वर्ग और हर प्रदेश का दर्शक आसानी से समझ सके। अनेक हिंदी संवाददाता स्टूडियो में बैठे समाचार वाचक के समक्ष जिस तरह से अटक-अटककर या अंग्रेजी के शब्दों की बैसाखियाँ बनाकर अपनी बात बताते हैं, वह बहुत उबाऊ व अटपटा लगता है।

कुछ आवाजें ऐसी भी सुनाई देती हैं, जो माइक्रोफोन के अनुकूल नहीं

कही जा सकतीं। अनेक विकसित देशों में ऐसी संस्थाएँ हैं जो रेडियो, टी.वी. उद्घोषकों, समाचार वाचकों, संवाददाताओं और प्रसारकों आदि को उपयुक्त भाषा, धाराप्रवाह बोलने की क्षमता और सही तरह से प्रस्तुतीकरण का प्रशिक्षण देती हैं। हमारे देश में भी अब समाचार चैनलों में जिस तरह से वृद्धि हो रही है, क्या यह अच्छा नहीं रहेगा कि यहाँ भी इस उद्देश्य से प्रशिक्षण संस्थान या अकादमी स्थापित की जाएँ? किसी भी क्षेत्र में सफलता की प्राप्ति तुरत-फुरत नहीं हो सकती। ऊँचाइयों पर पहुँचने के लिए मेहनत करनी होती है, साधना करनी पड़ती है। निश्चित रूप से प्रसारण भी इसका अपवाद नहीं है।

□

5

दूरदर्शन के कार्यक्षेत्र

टेलीविजन की महत्ता से हर कोई परिचित है, लेकिन टेलीविजन के इस प्रभाव को पैदा करने के पीछे असंख्य लोगों की जी-तोड़ मेहनत छिपी होती है। जिन कार्यक्रमों को देखकर हम पल भर में अपनी प्रतिक्रिया व्यक्त कर देते हैं उन्हें बनाने में संबंधित लोगों को बहुत पापड़ बेलने पड़ते हैं। दूरदर्शन के लोकप्रिय व सफलतापूर्वक प्रसारण के पीछे एक लंबी-चौड़ी टीम खड़ी होती है, जो अलग- अलग मोरचों पर अपने-अपने कर्तव्यों एवं उत्तरदायित्वों का चुनौतीपूर्वक निर्वहण करती रहती है। किसी भी चैनल की सफलता या असफलता उसके लिए निर्मित होनेवाले कार्यक्रमों की गुणवत्ता व दूरंदेशी पर निर्भर करती है। बहुत सारे लोग बहुत सारे पदों पर, बहुत सारे आयामों में दूरदर्शन के लिए अपनी सेवाएँ अर्पित करते हैं। हो सकता है, आपका नाम भी इस फेहरिश्त में शामिल हो जाए।

आधुनिकता के इस दौर में घर-घर की पहचान तथा लोगों की मूलभूत आवश्यकताओं की सूची में शामिल हो चुके टेलीविजन को आज कौन नहीं जानता ! वृद्ध से लेकर बच्चे तक के कार्यक्रमों में उनके प्रिय चैनलों की एक लंबी सूची हर किसी के पास तैयार रहती है।

एक समय था जब गली या मोहल्ले में गिने-चुने टी.वी. सेट हुआ करते थे और वे भी ब्लैक एंड ह्वाइट। लेकिन आधुनिक समुन्नत उपग्रह प्रौद्योगिकी एवं जनसंचार क्रांति ने पूरी दुनिया का भूमंडलीकरण कर एक छोटे से टी.वी. सेट में ही सीमित कर दिया है। आज ड्राइंगरूम या बैडरूम में बैठकर आप देश-विदेश की समस्त नई जानकारी मात्र चैनल बदलकर देख सकते हैं।

भरपूर मनोरंजन तथा फैशन का पर्याय बन चुका टी.वी. अपनी समस्त विविधता के साथ बाजार में उपलब्ध है। आवश्यकता होती है ब्रांड की, पसंद की तथा जेब में रुपए-पैसे की। अगर ये सारी बातें आपके सामने अपने साकार रूप में हैं तो आप अपने पसंदीदा ब्रांड का टी.वी. सेट, रंगीन या ब्लैक एंड ह्वाइट, उचित दामों पर जब चाहे खरीद सकते हैं और अगर खरीदारी त्योहारों के मौसम में की जाए तो अतिरिक्त उपहारों का लाभ भी उठा सकते हैं।

दूरदर्शन के एक छोटे से परदे ने लोगों को उन स्थानों तक की जानकारी उपलब्ध करा दी है जहाँ जाना लोग सपना समझते थे। आज लोग घर में बैठकर टी.वी. सेट पर तरह-तरह के कार्यक्रम, समाचार व घटनाएँ देखते हैं तथा सामान्य ज्ञान बढ़ाने के साथ-साथ मनोरंजन भी करते हैं। संक्षेप में अगर कहें तो थोड़ी सी पूँजी में ढेर सारा मजा लूटा जा सकता है।

भारत में दूरदर्शन का आगमन 15 सितंबर, 1949 को हुआ। सर्वप्रथम देश की राजधानी दिल्ली में दूरदर्शन केंद्र की स्थापना हुई थी। साल-दर-साल अपनी अविराम यात्रा में अथक परिश्रम के कारण टेलीविजन सेट दूरदर्शन के साथ गाँव-गाँव, गली-गली तथा घर-घर में पहुँच चुका है। हालाँकि दूरदर्शन के कार्यक्रम तो फिर भी एक सीमित समय के लिए ही आते हैं, लेकिन टेलीविजन के क्षेत्र में आई केबल क्रांति ने सोते-जागते, चौबीसों घंटे हमें टी.वी. कार्यक्रम दिखाने का जिम्मा ले लिया है। तरह-तरह की फिल्में, धारावाहिक, विज्ञापन, टेलीफिल्म, फीचर तथा ज्ञानवर्द्धक कार्यक्रम लोगों को आकर्षित व अचंभित करने में लगे हुए हैं। आज लोगों को अपने या पड़ोस के घर में क्या हो रहा है, इसकी चिंता कम है, टेलीविजन में दिखाए जा रहे स्टार प्लस चैनल के धारावाहिकों के किरदारों और उनके घरों में क्या हो रहा है, इसकी चिंता ज्यादा है। यही कारण रहा कि 'क्योंकि सास भी कभी बहू थी' का मिहिर नामक किरदार जब मरा हुआ दिखा दिया गया तो लोगों ने स्टार प्लस एवं डायरेक्टर के नाम अनेक पत्र लिख डाले तथा ई-मेल व टेलीफोन कर डाले और अंत में जनता की विजय हुई, मिहिर फिर जीवित हो गया। ऐसे ही न जाने कितने कार्यक्रम हैं, जो लोगों

के बीच परिवार के ही एक अंग के रूप में जगह बना चुके हैं। कसौटी, कहानी घर-घर की, किटी पार्टी, लिपस्टिक, कंगन, शगुन, कसौटी जिंदगी की आदि अनेक टी.वी. कार्यक्रम हैं, लोग जिनके दीवाने रहे हैं। भोजन भले ही छूट जाए, कहीं जाएँ या न जाएँ, सीरियल नहीं छूटना चाहिए।

टेलीविजन पर दिखाए जानेवाले अनेक कार्यक्रम फैशन तथा पसंद को निर्धारित करने में भी अपनी महत्त्वपूर्ण भूमिका निभाते हैं। कैसा दोस्त होना चाहिए, कैसा परिवार होना चाहिए, क्या पहनना ठीक रहेगा, कैसा व्यवहार सही होगा, क्या खाना घर में बनाना अच्छा रहेगा। बेडरूम, ड्राइंगरूम, डाइनिंगरूम कैसे डेकोरेट किया जाए, कौन सा उत्पाद प्रयोग किया जाए, ये सब जानकारी हमें टेलीविजन पर घर बैठे ही उपलब्ध हो जाती है। साथ ही, मनोरंजन होता है अलग। समाज में नया क्या चल रहा है, इसकी जानकारी भी टेलीविजन की सहायता से ही लोगों को हर पल मिलती रहती है।

लोग कई बार टेलीविजन व फिल्मों की कार्यप्रणाली को एक समझने की भूल कर जाते हैं, लेकिन ऐसा नहीं है। ये दोनों अलग-अलग क्षेत्र हैं। हालाँकि इसमें तकनीकी समानताएँ हैं। कुछ मामलों में जानकारी व शिक्षा हासिल करके आप दोनों क्षेत्रों में ही अपना कैरियर बना सकते हैं। टी.वी. कैमरामैन, ऑडियो-वीडियो तकनीशियन, फिल्म संपादन, सिनेमाटोग्राफी, फिल्म निर्देशन, मेकअपमैन तथा ग्राफिक आर्टिस्ट जैसे अनेक व्यावसायिक कोर्स ऐसे हैं, जिन्हें करने के उपरांत आप छोटे या बड़े परदे पर अपना कैरियर बना सकते हैं।

दूरदर्शन से संबंधित कुछ कैरियर इस प्रकार हैं–

उद्घोषक/समाचार वाचक : दूरदर्शन के छोटे परदे पर उद्घोषक, समाचार वाचन, 'एंकरिंग' के क्षेत्र में भी काफी संभावनाएँ हैं। कहा जाता है कि राष्ट्रीय दूरदर्शन तथा विभिन्न चैनलों में अलग-अलग ढंग से कार्यक्रम प्रस्तुति की जाती है। बहरहाल, राष्ट्रीय दूरदर्शन में उद्घोषक, समाचार वाचक, समाचार वाचिका जैसे ग्लैमरस पदों के लिए स्नातक होना अनिवार्य है।

इस पद पर नियुक्ति के लिए आयु सीमा 21 से 35 वर्ष होनी चाहिए। एंकरिंग का प्रशिक्षण प्राप्त होने पर वरीयता मिल सकती है। जिस भाषा का एनाउंसर या समाचार वाचक/वाचिका बनना है उसपर अच्छा अधिकार होना चाहिए। प्रसारण के लिए उपयुक्त आवाज और स्पष्ट उच्चारण क्षमता, दर्शनीय चेहरा, राष्ट्रीय व अंतरराष्ट्रीय घटनाक्रमों की सम्यक् जानकारी होनी चाहिए।

सर्वप्रथम स्वर परीक्षण होता है। योग्य पाए जाने पर स्क्रीन टेस्ट एवं लिखित

परीक्षा में शामिल होना पड़ता है। साक्षात्कार के उपरांत 'मेरिट लिस्ट' के आधार पर नियुक्ति होती है। वैसे समाचार वाचक/ उद्‌घोषक पद के लिए बहाली दो प्रकार की होती है–अनुबंध के आधार पर सुनिश्चित अवधि के लिए यानी अस्थायी पद। ऐसे समाचार वाचकों को समाचार वाचन के लिए 'शिफ्ट' के आधार पर भुगतान किया जाता है। स्थायी नियुक्ति होने पर सरकारी कर्मचारी की भाँति ड्यूटी देनी होती है। स्थायी नियुक्ति बहुत कम होती है, ज्यादातर कैजुअल ही रखे जाते हैं।

दूरदर्शन में अनेक ऐसे क्षेत्र हैं जहाँ तकनीकी शिक्षा प्राप्त युवक-युवतियाँ अपना कैरियर सँवार सकते हैं

सह-समाचार संपादक : यह पद टी.वी. पत्रकारिता में दिलचस्पी रखनेवाले युवक-युवतियों के लिए है। प्रसार भारती में उद्‌घोषक/समाचार वाचकों की नियुक्ति दूरदर्शन प्रबंधन करता है, जबकि सह-समाचार संपादक, संवाददाता तथा उप-संपादकों की नियुक्ति संघ लोक सेवा आयोग करता है। सह-समाचार संपादक अथवा उप-संपादकों को रिपोर्टरों, एजेंसियों और अन्य माध्यमों से आए समाचारों का चयन एवं संपादन करना होता है। यह राजपत्रित (गजेटेड) पद है। संघ लोक सेवा आयोग समय-समय पर बहाली के लिए आवेदन-पत्र आमंत्रित करता है। आवेदन करते समय उम्र सीमा 21 से 36 वर्ष के बीच होनी चाहिए। स्नातक के उपरांत पत्रकारिता, टी.वी. पत्रकारिता में डिप्लोमाधारकों को किसी पत्र-पत्रिका में समाचार संपादक, उप-संपादक या रिपोर्टिंग का अनुभव होना चाहिए। सामान्य ज्ञान, हिंदी व अंग्रेजी का अच्छा ज्ञान होना चाहिए। नियुक्ति लिखित परीक्षा एवं साक्षात्कार के उपरांत ही होती है।

संवाददाता : जो शैक्षिक योग्यता समाचार संपादक के लिए सुनिश्चित की गई है, वही संवाददाताओं के लिए भी है। दोनों पदों पर नियुक्ति चयन-परीक्षा के आधार पर होती है। प्रतियोगी परीक्षा में भाषा ज्ञान, सामान्य ज्ञान एवं अंतरराष्ट्रीय व राष्ट्रीय घटनाक्रमों से संबंधित प्रश्न दिए जाते हैं; लेकिन निजी टी.वी. चैनलों में समाचार संपादक/रिपोर्टर पद के लिए संघ लोक सेवा आयोग नियुक्ति नहीं करता, बल्कि वे स्वयं योग्य उम्मीदवारों का चयन

करते हैं। चैनलों में मान्यता प्राप्त या फिर किसी स्तरीय निजी प्रशिक्षण केंद्र से टी.वी. पत्रकारिता कर चुके लोगों की नियुक्ति की जाती है या फिर प्रिंट मीडिया के पत्रकारों को सह-समाचार संपादक, रिपोर्टर नियुक्त किया जाता है।

कैमरामैन : आजकल फिल्म व दूरदर्शन के क्षेत्र में दो प्रकार के कैमरामैनों की माँग है—न्यूज कैमरामैन तथा फीचर कैमरामैन। न्यूज कैमरामैन का कार्यक्षेत्र है समाचार संकलन (विजुअल) करना। दूरदर्शन (राष्ट्रीय) समाचार, बी.बी.सी., एन.डी.टी.वी. (इंडिया), आज तक, आँखों देखी, टु-नाइट, इंडिया दिस वीक, सिटी चैनल, बी.आई.टी.वी., जी. इंडिया, जी. टी.वी. सहित दर्जन भर से अधिक टी.वी. न्यूज प्रस्तुत करनेवाले चैनल हैं, जहाँ न्यूज कैमरामैनों की आवश्यकता पड़ती है। सभी चैनल नेटवर्क स्वयं अपनी टीम द्वारा तैयार कराई गई खबरों का प्रसारण करते हैं, जिसके लिए कुशल व दक्ष कैमरामैनों की आवश्यकता पड़ती है। न्यूज कैमरामैन को टीम सहित उन स्थानों पर पहुँचना होता है और दृश्यों को फिल्माना पड़ता है, जहाँ कोई घटना घटती है।

इस पद पर नियुक्ति के लिए प्रार्थी को हाई स्कूल/इंटर के उपरांत कैमरा हैंडलिंग का कोर्स किया होना चाहिए और किसी संस्थान में तीन वर्षों का अनुभव होना चाहिए। उम्र 18 वर्ष से 30 वर्ष के बीच होनी चाहिए। कैमरामैन पद के लिए दूरदर्शन तथा उसके विभिन्न चैनलों द्वारा समय-समय पर नियुक्तियाँ की जाती हैं।

फिल्म, वीडियो संपादक : दूरदर्शन में फिल्म, वीडियो संपादक का पद अति महत्त्वपूर्ण है। इनका कार्यक्षेत्र है—मूक एवं सवाक् चित्रों का संपादन, उपस्कारों का अनुरक्षक, लांगबुक में की-नंबर लिखना, स्टॉक शॉट्स ध्वनि प्रभावों को क्रम में रखना, रिकॉर्डिंग के लिए और डबिंग क्यू शीट तैयार करना, निगेटिव प्रिंटों और ध्वनि टैंकों को बिछाने की जाँच करना, कंप्यूटराइज्ड वीडियो एडिटिंग एवं एडिटिंग सीट में टाइम्स कोड का प्रयोग करना।

इस पद पर नियुक्ति के लिए मैट्रिक/इंटर के उपरांत स्तरीय प्रशिक्षण संस्थान से फिल्म-संपादन में डिप्लोमा/सर्टिफिकेट कोर्स होना चाहिए। साथ ही किसी स्टूडियो में तीन वर्षों का फिल्म-संपादन का अनुभव, हिंदी/अंग्रेजी का समुचित ज्ञान तथा आयु 18 से 25 वर्ष के बीच होनी चाहिए।

ऑडियो-विजुअल तकनीशियन : ऑडियो-विजुअल तकनीशियन का कार्यक्षेत्र है—ट्रांसपैरेंसी का इस्तेमाल, ग्राफिक चार्ट निर्माण, पोस्टर, स्लाइड,

मोशन पिक्चर आर्ट वर्क इत्यादि। प्रार्थी को किसी स्तरीय प्रशिक्षण संस्थान से डिप्लोमा/सर्टिफिकेट कोर्स उत्तीर्ण होना चाहिए। साथ ही, किसी स्टूडियो में तीन वर्ष का फिल्म-संपादन का अनुभव, हिंदी/अंग्रेजी का समुचित ज्ञान तथा आयु 18 से 25 वर्ष के बीच होनी चाहिए।

मेकअप सहायक : दूरदर्शन के कार्यक्रमों में हिस्सा लेनेवालों को सजाना-सँवारना मेकअप सहायक का कार्यक्षेत्र है। इस पद पर नियुक्ति के लिए मैट्रिक के उपरांत मेकअप में सर्टिफिकेट/डिप्लोमा कोर्स आदि होना चाहिए तथा तीन वर्ष का अनुभव भी वांछनीय है।

ग्राफिक आर्टिस्ट : दूरदर्शन में ग्राफिक आर्टिस्ट की महत्त्वपूर्ण भूमिका होती है। इंटरमीडिएट के उपरांत किसी मान्यता प्राप्त फाइन आर्ट्स कॉलेज से बी.एफ.ए. अथवा डिप्लोमा की उपाधि होनी चाहिए। कॉमर्शियल आर्ट में डिप्लोमा/डिग्री धारकों की भी नियुक्ति हो सकती है। जिस प्रांत या क्षेत्र में नियुक्ति होती है, उस क्षेत्र का सांस्कृतिक, साहित्यिक एवं भौगोलिक ज्ञान होना चाहिए।

इसके अतिरिक्त साउंड इंजीनियरिंग, प्रोडक्शन, वीडियोग्राफी से संबंधित कई तकनीशियनों तथा इंजीनियरों की आवश्यकता पड़ती है। पेंटर, फ्लोर सहायक, प्रॉपर्टी सहायक आदि की भी नियुक्ति योग्यता के आधार पर की जाती है। इन सभी पदों के लिए तकनीकी योग्यता होनी चाहिए।

तीव्रता से बढ़ती जा रही चैनलों की संख्या के कारण आज टेलीविजन में कैरियर की संभावनाएँ भी बढ़ गई हैं। आज समाचारों पर पूरी तरह से निर्भर स्टार न्यूज, आज तक, डी.डी. न्यूज, जी. न्यूज आदि अनेक चैनल चल रहे हैं और लोगों के द्वारा देखे व सराहे जा रहे हैं। विविध कार्यक्रमों पर आधारित चैनल, जैसे एन.डी.टी.वी., स्टार प्लस, जी. सिनेमा, जी. टी.वी., डिस्कवरी, नेशनल ज्योग्राफिक चैनल, डी.डी. न्यूज, स्टार सिनेमा, सोनी आदि भी लोगों का मनोरंजन तथा ज्ञानवर्द्धन कर रहे हैं। चैनल्स की बाढ़ ने लोगों की पसंद का दायरा बड़ा कर दिया है। साथ-ही-साथ कैरियर की अनेक राहें खोल दी हैं।

मान्यता है कि भारत में सबसे ज्यादा टेलीविजन धारावाहिकों का निर्माण होता है तथा इनके दर्शकों की संख्या भी करोड़ों में है। यदि आपकी सोच मौलिक, कल्पनाशील और रचनात्मक है तो इस क्षेत्र में आपके लिए असीम संभावनाएँ हैं। लेकिन अगर आप प्रशिक्षण के दौर से गुजर चुके हैं तथा कर्मठ, लगन व दृढ़ इच्छाशक्ति के मालिक हैं, कल्पनाओं के सागर में गोते लगाते रहते हैं तथा अपनी कल्पनाओं को रचनात्मक प्रवृत्ति के कारण परदे पर उतारने की

दक्षता रखते हों, कुछ नया व अनोखा कर गुजरने को तत्पर हों, व्यवहार कुशलता जिनका आचरण हो तथा दीर्घकालिक संघर्ष से गुजरने की क्षमता हो तो आप टेलीविजन के क्षेत्र में अपना कैरियर बना सकते हैं। उत्थान एवं पतन तो सामान्य बात है, लेकिन जरूरत होती है समय व दर्शकों की पसंद को परखने की तथा स्वयं को संतुलित रखने की।

टेलीविजन के कार्यक्रम कम बजट में भी तैयार हो जाते हैं तथा घर-घर तक पहुँच भी जाते हैं। रामानंद सागर द्वारा निर्मित धारावाहिक 'रामायण' तथा बी.आर. चोपड़ा द्वारा निर्मित 'महाभारत' ने इन निर्देशकों को घर-घर में प्रसिद्ध कर दिया है। अब तो निर्माता-निर्देशकों की भी बाढ़-सी आ गई है। फलस्वरूप प्रतियोगिता भी बढ़ गई है। लेकिन अपनी काम करने की निराली प्रवृत्ति तथा समय की परख करनेवाला व्यक्ति टी.वी. के क्षेत्र में कैरियर बना भी सकता है और सफल भी हो सकता है।

इलेक्ट्रॉनिक मीडिया के क्षेत्र में आए आश्चर्यजनक परिवर्तन व टी.वी. और फिल्म निर्माण क्षेत्र में आई क्रांति ने अभिनय क्षेत्र की स्थिति को पूर्ण रूप से बदल दिया है। वर्तमान दशक में इस क्षेत्र को नया अर्थ मिला है तथा यह एक ऐसे उद्योग के रूप में उभरकर आया है, जहाँ काम के अत्यधिक अवसर हैं, उम्र की कोई सीमा नहीं है और न ही बहुत शिक्षा की जरूरत है।

अब मनोरंजन का क्षेत्र भी सिर्फ सिनेमा तक सीमित नहीं रहा बल्कि धारावाहिकों ने भी अपनी पहचान कायम की है तथा इनके पात्र भी दर्शकों में लोकप्रिय हो रहे हैं। अब वह जमाना नहीं रहा, जब लोगों की जुबान पर सिर्फ 'शोले' फिल्म का गब्बर सिंह छाया रहता था।

अब वक्त बदल गया है। अब लोग मात्र टी.वी. पर 'रामायण', 'महाभारत' तथा 'हम लोग' जैसे धारावाहिकों के लिए ही काम छोड़कर नहीं बैठते। इससे भी आगे टेलीविजन धारावाहिकों की ओर दर्शकों का रुझान है। कार्टून नेटवर्क पर आनेवाले कार्यक्रम, सारा दिन केबल पर आती फिल्में, घटनाओं की पल-पल की जानकारी तथा घर-घर की कहानी, क्योंकि सास भी कभी बहू थी, कंगन, कसौटी जिंदगी की, श्रीकृष्ण, सी.आई.डी. तथा लिपस्टिक जैसे धारावाहिक लोगों को अपनी ओर आकर्षित करने में पूर्ण सफल रहे हैं। यह सब कमाल है अभिनय तथा निर्देशन का। इसके अतिरिक्त किसी भी धारावाहिक व कार्यक्रम को लोकप्रिय बनाने में अपनी महत्त्वपूर्ण भूमिका निभाता है विज्ञापन विभाग। टी.वी. प्रोग्राम में दिखाए जानेवाले सुख-दुःख से आज

घर-घर में लोग प्रभावित होते नजर आते हैं। लगता है जैसे सबकुछ टी.वी. मय हो गया है।

पिछले दशकों की तुलना में इस दशक में अभिनय क्षेत्र में व्यापक विस्तार हुआ है और कैरियर के रूप में लोग अभिनय क्षेत्र को गंभीरता से ले रहे हैं। जहाँ पहले इस क्षेत्र में काम का अभाव दिखाई देता था, वहीं अब लगभग तीन दर्जन नए चैनलों के आगमन से काम की अधिकता हो गई है। इन चैनलों के प्रसार ने न सिर्फ मनोरंजन को रुचिकर बनाया है बल्कि अभिनय क्षेत्र को सिर्फ अभिनेता-अभिनेत्री की कैद से मुक्त कर दिया है। अब कोई भी व्यक्ति बिना किसी उम्र सीमा के अभिनय के किसी भी क्षेत्र में अर्थात् अभिनेता, अभिनेत्री, प्रस्तुतकर्ता, उद्घोषक आदि के रूप में अपना जौहर दिखा सकता है।

शेक्सपियर ने भी कहा है, ''सारा संसार एक रंगमंच है और हम सब इसमें कलाकार हैं।'' परंतु दर्शकों के सामने प्रभावपूर्ण अभिनय करना एक बड़ी कला है, जो लगातार मेहनत और प्रयत्न से सीखी जा सकती है। अब सिर्फ नैसर्गिक प्रतिभा के लोग ही इसमें पदार्पण नहीं करते बल्कि प्रशिक्षित व्यक्ति भी इस क्षेत्र में कूद सकते हैं। इन दिनों जब फिल्म, धारावाहिक आदि के निर्माण में अत्यधिक पैसा लगाया जाता है तो इतना समय किसी के पास नहीं होता है कि एक कलाकार को स्थिति के अनुसार ढाला जाए बल्कि ऐसे प्रशिक्षित लोगों की तलाश होती है, जो हर स्थिति के अनुरूप ढलकर अभिनय कर सकें। इसलिए इस उद्योग में प्रशिक्षित कलाकारों की माँग निरंतर बनी रहती है और यहीं पर काम शुरू होता है एक्टिंग स्कूलों का, जो अभिनय में प्रशिक्षण प्रदान करते हैं।

इस दिशा में सरकार द्वारा संचालित नई दिल्ली स्थित 'नेशनल स्कूल ऑफ ड्रामा' एक प्रमुख संस्थान है, जो अभिनय में प्रशिक्षण देता है। इस संस्थान की प्रवेश-परीक्षा में तीन चरण सम्मिलित हैं। यहाँ प्रवेश के लिए प्रत्याशी का स्नातक होना आवश्यक है। इसमें सीटों की संख्या लगभग 20 है, इसलिए देश के हर राज्य से केवल एक प्रत्याशी प्रवेश पाता है। यह संस्थान खासकर अभिनय व रंगमंच कला में तीन वर्ष का प्रशिक्षण प्रदान करता है। अभिनय क्षेत्र में काम के अवसरों के बारे में इस संस्थान के प्रबंध निदेशक कहते हैं कि अब अभिनय क्षेत्र जिस प्रकार से विस्तृत हो रहा है, उससे काम के अवसर निरंतर बढ़ रहे हैं।

आज एक कलाकार आठ हजार रुपए से एक लाख रुपए प्रतिमाह तक

कमा रहा है। जहाँ तक सरकारी नौकरी का सवाल है, इस क्षेत्र के छात्रों को निर्माता, प्रोग्राम एक्जीक्यूटिव, प्रस्तुतकर्ता, सांस्कृतिक अधिकारी, उद्घोषक आदि के रूप में रेडियो, टी.वी., रंगमंच, सिनेमा आदि में काम करने का उचित अवसर मिलता है। इस क्षेत्र को कैरियर के रूप में अपनानेवालों से वे कहते हैं कि इसमें पैसा और प्रसिद्धि के साथ काम के मौके बहुत हैं, परंतु व्यक्ति में अभिनय करने की दृढ़ इच्छा तथा इसे कैरियर के रूप में चुनने के लिए संकल्प होना चाहिए।

भारतवर्ष में प्रतिवर्ष लगभग आठ सौ फिल्मों का निर्माण होता है। देश में बड़ी संख्या में सेटेलाइट चैनल उपलब्ध हैं। प्रत्येक चैनल प्रति वर्ष आठ हजार घंटे कार्यक्रम प्रसारित करता है। इस कारण देश में बड़ी संख्या में टेलीविजन कार्यक्रम का निर्माण करना होता है। गत पचास वर्षों में अभूतपूर्व तकनीकी विकास के चलते इस सशक्त माध्यम के प्रभावशाली उपयोग की पूर्ति प्रशिक्षित एवं प्रतिभाशाली व्यक्तियों से ही की जाती है। कार्यकुशल अभिनेताओं, निर्देशकों एवं अन्य कर्मियों के अभाव से चिंतित फिल्म उद्योग के एक वर्ग के अनुरोध पर उत्तर भारत की फिल्म नगरी स्थित विख्यात फिल्म निर्माण गृह 'मारवाह स्टूडियोज' के प्रबंधकों ने देश के निजी क्षेत्र में सर्वप्रथम फिल्म एवं टेलीविजन प्रशिक्षण संस्थान स्थापित करने का ऐतिहासिक निर्णय लिया। जुलाई 1993 में इस संस्थान को, जिसे एशियन एकेडमी ऑफ फिल्म एंड टेलीविजन (ए.ए.एफ.टी.) नाम दिया गया था, का औपचारिक रूप से उद्घाटन किया गया। ए.ए.एफ.टी. का एक अन्य उद्देश्य राजकीय फिल्म संस्थानों द्वारा दिए जा रहे लंबी अवधि के प्रशिक्षण का विकल्प प्रस्तुत करना था, जिससे इस उद्योग से जुड़ने के इच्छुक व्यक्ति अपने बहुमूल्य समय व व्यय की बचत कर सकें।

फिल्म एवं टेलीविजन कार्यक्रम निर्माण एक सामूहिक कार्य है, जिसे प्रतिभावान् विशेषज्ञों का दल मिल-जुलकर संपन्न करता है। अनेक अनुभवी व्यक्तियों के परामर्श से इस कार्यक्षेत्र में प्रशिक्षण को पाठ्यक्रमों में विभाजित किया गया, जो इस प्रकार है—प्रोडक्शन डायरेक्शन एंड टी.वी. जर्नलिज्म, कैमरा एंड लाइटिंग टेक्निक्स, वीडियो एडिटिंग एंड साउंड रिकॉर्डिंग तथा एक्टिंग एंड प्रेजेंटेशन। संस्थान द्वारा उपलब्ध कराए जानेवाले प्रशिक्षण में फिल्म एवं टेलीविजन कार्यक्रम निर्माण के समस्त पक्षों का भली-भाँति बोध तथा एक क्षेत्र में विशेष दक्षता सुनिश्चित किए जाने का प्रावधान है। भारतीय फिल्म एवं टेलीविजन उद्योग ने ए.ए.एफ.टी. के प्रशिक्षण कार्यक्रम को पर्याप्त ठहराया है।

नोएडा के नयनाभिराम एवं हरित फिल्म नगरी में स्थित इस संस्थान के प्रशिक्षार्थी मारवाह स्टूडियोज के शूटिंग फ्लोर्स तथा विविध उपकरणों की सहायता से प्रायोगिक कार्य कर फिल्म एवं टेलीविजन कार्यक्रम निर्माण की जटिलता को भली-भाँति समझते हैं। इस संस्थान की विलक्षण क्षमता का स्रोत इस क्षेत्र में अनुभवी एवं कार्यरत प्रशिक्षक गण हैं। अनेक विख्यात फिल्म एवं टेलीविजन अभिनेता, निर्देशक, अन्य कार्मिक, लोक हितैषी तथा बुद्धिजीवी इस संस्थान के सलाहकार अथवा संरक्षक हैं।

ए.ए.एफ.टी. द्वारा दी जा रही उच्च कोटि के प्रशिक्षण की विश्वव्यापी ख्याति के फलस्वरूप देश के कोने-कोने तथा अमेरिका सहित एशियाई, अफ्रीकी, यूरोपीय देशों से युवक-युवतियाँ इस संस्थान में प्रवेश लेते हैं। देश-विदेशों के राजकीय विभागों के अनुरोध पर उनके अधिकारियों को आवश्यकतानुसार प्रशिक्षण की भी व्यवस्था की जाती है। यह एकमात्र प्रशिक्षण संस्थान है, जिससे फिल्म निर्माण-गृह संलग्न है। समय-समय पर संस्थान के पूर्व छात्रों को व्यावसायिक टेलीविजन कार्यक्रम निर्माण में कार्य करने का अवसर प्राप्त होता है।

यह प्रशिक्षण संस्थान इंटरनेशनल फिल्म एंड टेलीविजन रिसर्च सेंटर तथा इंटरनेशनल फिल्म एंड टेलीविजन क्लब से भी संबंधित है। रिसर्च सेंटर देशी और विदेशी फिल्म, टेलीविजन, रंगमंच एवं अन्य कलाओं से जुड़े व्यक्तियों को आमंत्रित करता है। फिल्म क्लब के तत्त्वावधान में फिल्मों का प्रदर्शन किया जाता है। इन दोनों संस्थानों के कार्यकलाप और क्षमता से प्रशिक्षार्थी लाभान्वित होते हैं। एशियन एकेडमी द्वारा प्रशिक्षित लगभग दो हजार छह सौ युवक-युवतियों में से अधिकतर विभिन्न निर्माण-गृहों सेटेलाइट टेलीविजन चैनलों में अथवा स्वतंत्र रूप से अपने मनोवांछित क्षेत्रों में कार्यरत हैं।

फिल्म व टेलीविजन कार्यक्रम निर्माण हेतु प्रशिक्षण अपने में एक जटिल एवं महँगा कार्य है। अनेक कठिनाइयों का सामना करते हुए यह संस्थान निरंतर समाज एवं देश निर्माण का कार्य कर रहा है। इस क्षेत्र में सराहनीय योगदान के लिए इस संस्थान को अनेक पुरस्कारों से सम्मानित किया जा चुका है। प्रो. संदीप मारवाह इस संस्थान के निदेशक हैं।

संदीप मारवाह एक जाने-माने रंगमंच, फिल्म और टेलीविजन कलाकार हैं तथा संभवतः विश्व भर के प्रशिक्षण संस्थानों में सबसे कम आयु के निर्देशक हैं। नोएडा फिल्म सिटी परियोजना व्यावहारिक रूप देने का श्रेय संदीप

मारवाह को जाता है। आप निरंतर फिल्म सिटी स्थित मारवाह फिल्म्स एंड वीडियो स्टूडियोज परिवार में फिल्म तथा टेलीविजन निर्माताओं को उनके काम-काज में सहयोग प्रदान कर रहे हैं। इस प्रकार उन्हें दो हजार पाँच सौ से भी अधिक फीचर फिल्मों तथा टेलीविजन कार्यक्रमों के निर्माण का अनुभव प्राप्त है, जो पचास से भी ज्यादा चैनलों पर दिखाए जा चुके हैं। संदीप मारवाह ने फिल्म तथा टेलीविजन निर्माण हेतु प्रशिक्षण के क्षेत्र में अग्रगामी कार्य कर नवीन दिशा प्रदान की है। आपके द्वारा स्थापित एशियन एकेडमी ऑफ फिल्म एंड टेलीविजन ने थोड़े ही समय में विश्व ख्याति प्राप्त कर ली है। अमेरिका सहित छत्तीस एशियाई, अफ्रीकी तथा यूरोपीय देशों के दो हजार छह सौ से भी ज्यादा नागरिक इस संस्थान में प्रशिक्षण प्राप्त कर चुके हैं। आपको गत नौ वर्षों का फिल्म एवं टेलीविजन प्रशिक्षण प्रदान करने का तीस हजार घंटों से भी अधिक तथा लगभग तीन हजार प्रशिक्षण फिल्मों के निर्माण का अनुभव प्राप्त है। संदीप मारवाह इंटरनेशनल फिल्म एंड टेलीविजन रिसर्च सेंटर के नेशनल चेयरमैन और इंटरनेशनल फिल्म एंड टेलीविजन क्लब के नेशनल प्रेसीडेंट हैं।

संस्थान की उपलब्धियाँ

★ भारत का सर्वप्रथम तथा एकमात्र ISO 9001-2000 प्रमाणित फिल्म एवं टेलीविजन प्रशिक्षण संस्थान।

★ सिटी एंड गिल्ड्स ऑफ लंदन इंस्टीट्यूट द्वारा स्वीकृत भारत में उनका सर्वप्रथम फिल्म एवं टेलीविजन प्रशिक्षण संस्थान।

★ लघु अवधि के प्रशिक्षण के क्षेत्र में विश्व के दस उत्कृष्ट फिल्म एवं टेलीविजन प्रशिक्षण संस्थानों में से एक।

★ फिल्म एवं टेलीविजन निर्माण-गृह से संलग्न विश्व का एकमात्र फिल्म एवं टेलीविजन प्रशिक्षण संस्थान।

★ सिंगल कैमरा और मल्टी कैमरा प्रोडक्शन टेक्नीक पर आधारित प्रशिक्षण उपलब्ध करानेवाला देश का एकमात्र फिल्म एवं टेलीविजन प्रशिक्षण संस्थान।

★ सबसे कम लागत एवं प्रभावशाली प्रशिक्षण उपलब्ध करानेवाला विश्व का एकमात्र फिल्म एवं टेलीविजन प्रशिक्षण संस्थान।

★ देश के सभी प्रदेशों में ख्याति प्राप्त तथा लोकप्रिय फिल्म एवं टेलीविजन प्रशिक्षण संस्थान।

★ इंटरनेशनल फिल्म एंड टेलीविजन रिसर्च सेंटर और इंटरनेशनल फिल्म एंड टेलीविजन क्लब से संबंधित एकमात्र भारतीय फिल्म एवं टेलीविजन प्रशिक्षण संस्थान।

इसके अलावा दिल्ली में कुछ निजी प्रशिक्षण संस्थान भी अभिनय में प्रशिक्षण प्रदान कर रहे हैं, जिनमें से एक है 'पद्मिनी कोल्हापुरे इंस्टीट्यूट ऑफ एक्टिंग'।

इस संस्थान की प्रबंध निदेशक ऋचा का कहना है कि हमारा मुख्य उद्देश्य ऐसे लोगों को प्रशिक्षण देना है, जो अभिनय जगत्, रंगमंच, दूरदर्शन, सिनेमा आदि में अपनी पहचान बनाना चाहते हैं। वे बताती हैं कि प्रशिक्षण के दौरान छात्रों के रचनात्मक कौशल को निखारने के साथ-साथ उनमें वैयक्तिक संतुष्टि व आत्मविश्वास का भी विकास किया जाता है। इस क्षेत्र में आनेवाले लोगों को वे सलाह देती हैं कि इस क्षेत्र में किसी भी उम्र में प्रवेश किया जा सकता है, परंतु इसमें आने से पहले व्यक्ति को खुद को अनुशासित करना होगा तथा उसके अंदर एक जुनून व कुछ नया सीखने और कर दिखाने का प्रयास होना चाहिए। यह संस्थान अभिनय में तीन महीने का प्रशिक्षण देता है। छात्रों का चयन साक्षात्कार द्वारा किया जाता है तथा कक्षा में छात्रों की संख्या 15 होती है। यहाँ बच्चे के लिए भी एक विशेष वर्कशॉप चलाई जाती है, जिसकी अवधि भी तीन महीने की है।

यूसुफ सराय स्थित 'ड्रामा सिने लिंक' भी एक निजी संस्थान है, जो अभिनय में तीन महीने का प्रशिक्षण देता है। इस संस्थान के प्रबंध निदेशक श्री राजीव गौतम का कहना है कि आज के परिवेश में अभिनय एक पूर्ण कैरियर के रूप में खुद को विकसित कर चुका है। आज इस लाइन में रोजगार की जितनी संभावनाएँ उत्पन्न हो रही हैं, उनकी गिनती करना कठिन है और इन अवसरों का लाभ वही उठा रहे हैं, जिनमें कुछ कर दिखाने की इच्छाशक्ति है और जो संघर्ष से नहीं घबराते। इस संस्थान का प्रशिक्षण भरतमुनि के 'नाट्यशास्त्र' के सिद्धांत पर आधारित है, जिसके अनुसार अभिनय में एक प्रक्रिया द्वारा व्यक्ति को अभिनय के आवश्यक तत्त्व व उनका उपयोग सिखाया जाता है। उनका कहना है कि अभिनय का प्रशिक्षण लेने का कतई यह अर्थ नहीं है कि वह सिर्फ अभिनेता या अभिनेत्री ही बनेगा। वह अभिनय के किसी भी क्षेत्र में जाकर अपनी पहचान बना सकता है। इस संस्थान में प्रवेश के लिए साक्षात्कार की प्रक्रिया से गुजरना पड़ता है।

अब जब हर क्षेत्र में प्रशिक्षण लेना अनिवार्य है तो अभिनय का क्षेत्र भी इससे अलग नहीं है। प्रशिक्षित कलाकारों की इस क्षेत्र में निरंतर माँग है। अभिनय का प्रशिक्षण प्राप्त कर आजकल तुरंत काम मिलने लगा है। कैरियर के लिहाज से अभिनय एक ऐसा क्षेत्र है, जहाँ यश, मान और धन तीनों चीजें शामिल होती हैं, बशर्ते आप में कैरियर के प्रति सजगता हो, दृढ़ संकल्प, प्रतिस्पर्धा तथा प्रतियोगिता के युग में निरंतर आगे बढ़ने की ऊर्जा-शक्ति हो तो मंजिल दूर नहीं। अधिक जानकारी के लिए निम्नलिखित पतों पर संपर्क किया जा सकता है–

★ नेशनल स्कूल ऑफ ड्रामा, मंडी हाउस, दिल्ली।

★ पद्मिनी कोल्हापुरे इंस्टीट्यूट ऑफ एक्टिंग, 29, हौजखास विलेज, नई दिल्ली-110016, फोन : 26510150, 26516800

★ ड्रामा सिने लिंक, जी.एल. हाउस, इंडियन ऑयल भवन के पीछे, यूसुफ सराय, नई दिल्ली-110049, फोन : 652442, 6524748

★ यूनिवर्सिटी ऑफ मीडिया आर्ट्स (एशियन एकेडमी ऑफ फिल्म एंड टेलीविजन) मारवाह स्टूडियो कॉम्प्लेक्स, एफ.सी. 14/15, फिल्म सिटी, सेक्टर-16 ए, नोएडा-201301, उ.प्र.
टेलीफोन : 0120-2515254-55-56, फैक्स : 0120-2515246
ई-मेल : marwah@del2.vsnl.net.in

★ फिल्म टेलीविजन ट्रेनिंग इंस्टीट्यूट (एफ.टी.टी.आई.), पुणे

★ पंजाब यूनिवर्सिटी, पंजाब

★ भारतेंदु एकेडमी, लखनऊ

पिछले एक दशक में टेलीविजन पर दिखाए जानेवाले कार्यक्रमों के दर्शकों की संख्या में तेजी से वृद्धि हुई है। इसका कारण है कि आज दर्शकों के पास बेहतर विकल्प मौजूद हैं। यानी चैनलों की भीड़ में वे अपने मनपसंद कार्यक्रमों को ही देखते हैं। यहाँ यह बताना उचित होगा कि हर बेहतर कार्यक्रम को तैयार करने में उसके निर्माता की भूमिका काफी महत्त्वपूर्ण होती है।

□

6

टी.वी. तकनीशियन

टेलीविजन चूँकि तकनीकी कार्यकुशलता का केंद्र-बिंदु है, अतः उसके कार्यकलाप काफी हद तक यांत्रिकी पर निर्भर करते हैं। इस यांत्रिकी का पूर्णरूपेण एवं यथोचित उपयोग ही हमें श्रेष्ठ कार्यक्रम प्रदान करता है। गत अध्यायों में हमने टेलीविजन के प्रादुर्भाव से लेकर उसके सांगठनिक ढाँचे के बारे में चर्चा की। जबकि इस अध्याय में हम दूरदर्शन के विस्तृत फलक में व्याप्त टेक्नोलॉजी के महत्त्व व उपयोगिता के बारे में चर्चा करेंगे। हो सकता है, आप में से कोई निकट भविष्य में ऐसे ही टी.वी. तकनीशियन के रूप में अपनी बुलंद मौजूदगी दर्ज करे।

टी.वी. धारावाहिकों की बढ़ती लोकप्रियता ने तकनीकी पदों की माँग बढ़ा दी है। कितनी भी सुंदर पटकथा हो, कितना भी बढ़िया उसका निर्देशक हो या फिर कलाकारों का अभिनय, धारावाहिक तब तक देखने योग्य नहीं बनता जब तक कि वह तकनीकी स्तर पर बढ़िया न हो। बढ़ते टी.वी. चैनलों ने दर्शकों को यह छूट दे दी है कि यदि एक चैनल पर प्रोग्राम ठीक नहीं आ रहा हो तो वे दूसरा चैनल लगा लें। इसीलिए प्रत्येक चैनलवाले अपने यहाँ तकनीकी स्तर पर उच्च कार्यक्रमों को प्रसारित करने को प्राथमिकता देते हैं।

टी.वी. तकनीशियनों के पदों को मुख्यतौर पर तीन भागों में बाँट सकते

हैं—कैमरा ऑपरेटर, साउंड (आवाज) तकनीशियन और ट्रांसमीशन अधिकारी। इसके अतिरिक्त कई छोटे-छोटे पद भी होते हैं, जैसे—ग्राफिक आर्टिस्ट, पेंटर, मेकअप सहायक, फ्लोर सहायक, प्रोपर्टी सहायक आदि।

एक कार्यक्रम बनाने के लिए दर्जनों कैमरे एक साथ काम कर रहे होते हैं। महँगे लैंसवाले इलेक्ट्रॉनिक कैमरों को सँभालने के लिए विशेषज्ञ कैमरा टीम होती है। इसीलिए कैमरामैन की माँग टी.वी. में बहुत रहती है। कैमरामैन का कार्यक्षेत्र बहुत विस्तृत होता है। निर्देशक से पूरी बात अच्छी तरह समझकर उसका मनचाहा काम इन्हें कैमरे द्वारा दिखाना होता है। इसमें कैमरामैन का सौंदर्यबोध, निपुणता और कौशल कार्यक्रम में निखरकर सामने आना चाहिए। एक बार स्थापित हो जाने पर प्रसिद्धि, ग्लैमर और पैसा इनके कदम चूमने लगता है। इस क्षेत्र के लिए तकनीकी प्रशिक्षण प्राप्त करने के लिए उच्च शिक्षित होने की आवश्यकता नहीं है। हाई स्कूल या बारहवीं के बाद किसी मान्यता प्राप्त संस्थान से प्रशिक्षण प्राप्त कर इस क्षेत्र में कैरियर बनाया जा सकता है। आजकल तो लड़कियाँ भी इस क्षेत्र में नाम कमा रही हैं। इसे अंशकालिक या पूर्णकालिक, दोनों रूपों में किया जा सकता है। स्वतंत्र रूप से भी इसमें कैरियर बनाया जा सकता है।

किसी कार्यक्रम को उच्च स्तर प्रदान करने के लिए साउंड का भी बहुत महत्त्व होता है। साउंड तकनीशियन न केवल आवाज की रिकॉर्डिंग करते हैं बल्कि एडीटिंग, डबिंग और मिक्सिंग भी करते हैं।

प्रसारण के समय कार्यक्रम के स्तर को उच्च रखने के लिए ट्रांसमीशन अधिकारी की जरूरत होती है जो ऑडियो विजुएल ट्रांसमीशन पर अपनी पैनी नजर रखता है। तकनीकी निदेशक भी इसी तरह का पद है।

इन क्षेत्रों में कैरियर बनाने के इच्छुक कैंडिडेट निम्नलिखित प्रसिद्ध संस्थानों से प्रशिक्षण प्राप्त कर आसानी से रोजगार प्राप्त कर सकते हैं। टी.वी. तकनीशियन का प्रशिक्षण देनेवाला सबसे प्रसिद्ध

टेलीविजन की तकनीकी दक्षता आपके लिए रोजगार के नए द्वार खोलती है

संस्थान है–भारतीय फिल्म एंड दूरदर्शन संस्थान, लॉ कॉलेज रोड, पुणे। यहाँ पर दो साल का मोशन पिक्चर फोटोग्राफी में डिप्लोमा कोर्स है, जिसके एक सत्र में सामान्य प्रशिक्षण होता है और तीनों सत्रों में इस विषय की विशेष ट्रेनिंग दी जाती है। इसमें प्रवेश के लिए 10+2 भौतिकी और रसायन विषयों से उत्तीर्ण होने के साथ ग्रेजुएट होना आवश्यक है।

इस संस्थान में ऑडियोग्राफी का पाठ्यक्रम भी है, जिसके लिए कैंडिडेट का भौतिकी या इलेक्ट्रॉनिक्स विषय के साथ बी.एस–सी. होना आवश्यक है। चेन्नई का फिल्म और दूरदर्शन संस्थान 'सिनेमेटोग्राफी' में डिग्री कोर्स तथा साउंड रिकॉर्डिंग और इंजीनियरिंग में डिप्लोमा कोर्स उपलब्ध कराता है। कैमरामैन के लिए इंटर उत्तीर्ण होना आवश्यक है। सभी कोर्स तीन वर्ष के हैं।

दिल्ली का जामिया मिल्लिया इसलामिया कॉलेज मास कम्युनिकेशन के एम.ए. कोर्स में ऑडियो विजुएल, प्रोडक्शन का प्रशिक्षण देता है।

जयपुर में 'रूपम नेशनल इंस्टीट्यूट ऑफ इलेक्ट्रॉनिक कम्युनिकेशन' के अंतर्गत वीडियोग्राफी, फिल्म संपादन तथा स्क्रिप्ट राइटिंग का प्रशिक्षण उपलब्ध है।

नोएडा स्थित 'एशियन एकेडमी ऑफ फिल्म एंड टेलीविजन' के अंतर्गत भी तीन माह का कैमरामैन कोर्स कराया जाता है। इसके अतिरिक्त प्रोडक्शन, वीडियो संपादन, टी.वी. पत्रकारिता कोर्स भी यहाँ उपलब्ध हैं। आयु 16 से 35 वर्ष के बीच है। दिल्ली का 'थर्ड चैनल इंस्टीट्यूट ऑफ टी.वी. ट्रेनिंग' और 'फिल्म एंड टी.वी. इंस्टीट्यूट' (वर्ल्ड ट्रेड सेंटर) भी ये कोर्स उपलब्ध करवाते हैं। कोलकाता का 'सत्यजित रे फिल्म एंड टी.वी. इंस्टीट्यूट' भी मोशन पिक्चर फोटोग्राफी, साउंड रिकॉर्डिंग और फिल्म संपादन में द्विवर्षीय पाठ्यक्रमों का प्रशिक्षण देता है।

इनके अतिरिक्त दिल्ली और अन्य बड़े–बड़े शहरों में कई निजी संस्थान छोटे–बड़े स्तर पर ये प्रशिक्षण कार्यक्रम चला रहे हैं।

इन संस्थानों से प्रशिक्षण प्राप्त कर तकनीशियन शुरू में आठ से पंद्रह हजार रुपए प्रतिमाह तक कमा लेते हैं, उसके बाद अनुभव और कार्यकुशलता से पदोन्नति प्राप्त करते हुए तीस हजार तक कमा सकते हैं। स्वतंत्र रूप से काम करते हुए आप अपनी क्षमतानुसार अधिक–से–अधिक कमा सकते हैं।

इस कैरियर में पेशे के साथ–साथ प्रसिद्धि और सम्मान भी है। युवक–युवतियाँ इस उज्ज्वल एवं रोमांचक कैरियर को अपनाकर अपना भविष्य सँवार सकते हैं। □

7

स्पेशल इफेक्ट्स

बहुत सी फिल्मों व टी.वी. धारावाहिकों में दिखाए जानेवाले विशेष प्रभावोत्पादक दृश्य लोगों को दाँतों तले अँगुली दबाने के लिए विवश कर देते हैं। ऐसे दृश्यों को देखकर एक ओर जहाँ दर्शक ठगे से रह जाते हैं, वहीं दूसरी ओर उनके मन में सहसा ही यह सवाल कौंधता है कि आखिर यह सब कैसे संभव हुआ होगा? 'महाभारत' धारावाहिक में भीष्म की माँ गंगा का पानी पर चलते हुए आना, 'रामायण' में हनुमानजी का हवा में उड़ना, राम-रावण युद्ध के समय सजीव युद्ध दृश्यों का चित्रण, जुरासिक पार्क, गोडजिला, स्टुअर्ट लिटिल, ईविल डैड, ड्रैकुला आदि फिल्मों का सजीव फिल्मांकन स्पेशल इफेक्ट्स की महत्ता का प्रमाण है। भारत में स्पेशल इफेक्ट्स के नाम के साथ ही श्री बाबूभाई मिस्त्री का नाम भी स्वतः ही जेहन में कौंध जाता है।

डिजिटल ऐनिमेशन के क्षेत्र में भारतीय आर्टिस्टों के बढ़ते कैरियर ग्राफ के साथ ही पेशेवरों की एक नई जमात ने तेजी से उभरते मल्टीमीडिया सेक्टर को अपने प्रभाव में ले लिया है।

मनोज नाइट श्यामलान एकमात्र 'स्पेशल इफेक्ट्स विजार्ड' नहीं हैं

जिन्होंने अपनी फिल्म 'सिक्स्थ सेंस' के माध्यम से दस मिलियन डॉलर अर्जित किए और 'ऑस्कर पुरस्कार' पाने में थोड़े अंतर से चूके बल्कि एक दूसरे डायरेक्टर तरसेम सिंह धंधवार की जेनिफर लोपेज अभिनीत 'द सेल' भी अपने अद्भुत डिजिटल इफेक्ट्स के साथ सिल्वर स्क्रीन पर जादू बिखेरने के लिए पूरी तरह तैयार हैं।

इन एन.आर.आई. व्यक्तियों द्वारा अपनाई जा रही सेल्स प्रोमोशन 'टू एंड थ्री-डी एनिमेशन' और डिजिटल तकनीक के प्रति जुनून ही है जिसने 'जुरासिक पार्क' और 'टर्मिनेटर वन और टू' के हैरतअंगेज दृश्यों को पुनर्रचना संभव बनाई और वह भी कम लागत पर।

इंडस्ट्री

बिजनेस वर्ल्ड रिपोर्ट के मुताबिक एनिमेशन इंडस्ट्री ने वर्ष 2003 के 220 करोड़ के लक्ष्य को बढ़ाकर 400 करोड़ रखा है। यही नहीं बल्कि 'नैसकॉम' का आकलन है कि मल्टीमीडिया स्पेशलिस्ट 'कन्वरजेंस मार्केट' में अग्रणी भूमिका निभाएँगे। अगर इंडस्ट्री के स्रोतों पर भरोसा करें तो 'ए लॉयन किंग', 'एंटज', 'बग्स लाइफ', 'स्टुअर्ट लिटल' आदि फिल्मों को बनाने में जितना खर्च हुआ है अगर उसके लिए भारत के स्टूडियो मालिकों से सहायता ली जाती और विशेष रूप से 'बैंक एंड जॉब्स' के संदर्भ में, तो खर्च को लगभग आधा किया जा सकता था।

संभावनाएँ

भारत में कई एनिमेशन कंपनियाँ हैं और इनकी संख्या दिन-पर-दिन बढ़ती जा रही है। जैसे चेन्नई की पेंटामीडिया ग्राफिक्स, ग्राफिक डिजाइनरों को नए 'इंटरएक्टिव मीडियम' में प्रशिक्षण देती है और फिर प्रशिक्षण के पश्चात् उन्हें अपने यहाँ स्टूडियो में नौकरी दे देती हैं और फिर उनसे यू.एस., यूरोप एवं जापान के स्टूडियो मालिकों के 'बैक एंड' कार्यों को निबटाते हैं।

ट्रेनिंग सुविधाएँ

इस क्षेत्र की प्रमुख संस्था है नेशनल इंस्टीट्यूट ऑफ डिजाइन, अहमदाबाद। यहाँ दो वर्षीय कोर्स-ऐनिमेशन फिल्म डिजाइन में, जिनमें ललित कला एवं कॉमर्शियल आर्ट के छात्रों को दाखिला मिलता है। एन.आई.डी. भारत सरकार के

साइंस एंड टेक्नोलॉजी डिपार्टमेंट द्वारा मान्यता प्राप्त संस्थान है जहाँ डिजाइन हेतु रिसर्च एवं डेवलपमेंट की बेहद अच्छी सुविधा है।

स्पेशल इफेक्ट्स से किसी भी दृश्य में आश्चर्यजनक सजीवता उत्पन्न की जा सकती है

एन.आई.डी. के दिल्ली कोऑर्डिनेटर श्री एन.वी.आर.के. मूर्ति कहते हैं, "हमें प्रति वर्ष लगभग 300 आवेदन-पत्र प्राप्त होते हैं।" एन.आई.डी. छात्रों के 'इन हॉउस' प्रोडक्शन को जापान, शिकागो एवं कोरियाई एनिमेशन फिल्म प्रदर्शनियों में कई पुरस्कार प्राप्त हो चुके हैं जिनमें 'लिसनिंग टू शैडोज', 'लुकिंग फ्रॉम दि अदर साइड' आदि प्रमुख हैं।

दूसरी तरफ एप्टेक का एरीना मल्टीमीडिया डिवीजन डेढ़ वर्षीय डिप्लोमा कोर्स (मल्टीमीडिया) करवाती है। एप्टेक के जोनल एकेडेमिक हैड टी. महीधरन कहते हैं कि इस कोर्स में मुख्य रूप से 'एनिमेशन' पर ध्यान केंद्रित किया गया है। चार सेमेस्टरों के इस एरीना कोर्स के अंतर्गत लेटेस्ट 2-डी, 3-डी, सीडी-रोम के साथ-साथ वेब आधारित एनिमेशन पर पृथक् मॉड्यूल शामिल किया गया है। स्क्रिप्ट राइटिंग, ऑडियो एडिटिंग, वीडियो एडिटिंग, मार्फिंग, वार्पिंग इत्यादि विषयों को भी लिया गया है।

एरीना मल्टीमीडिया प्रति वर्ष लगभग 400 ग्रेजुएट्स को प्रशिक्षित करती है। ट्रेनिंग के लिए एरीना ने मैक्रोमीडिया, एडोब सिस्टम आदि कंपनियों से साझेदारी की है। प्लेसमेंट हेतु रामोजी राव स्टूडियो (हैदराबाद) से भी अनुबंध किया है।

दिल्ली स्थित एनिमेशन कंपनी 'बर ब्राउन इंडिया लि.' के संदीप बलसारिया कहते हैं, "वर्तमान समय में प्रतिभावान् ग्राफिक डिजाइनरों एवं विजुअलाइजरों की बेहद माँग है जिन्हें सॉफ्टवेयर की भी अच्छी जानकारी हो।"

वहीं चेन्नई स्थित पेंटासाफ्ट (पहले पेंटाफोर) कंपनी लघु अवधि के दो पाठ्यक्रम भी आयोजित करती है–

15 सप्ताह का 3-डी एनिमेशन डिप्लोमा और 10 सप्ताह का इंटरएक्टिव मल्टीमीडिया डिप्लोमा कोर्स, जिसमें एनिमेशन भी है। दाखिले के लिए न्यूनतम 10+2 के साथ-साथ फाइन आर्ट्स में गहरी रुचि होनी चाहिए।

कंपनी की प्रवक्ता अनिंदिता बैनर्जी कहती हैं, ''हमारे यहाँ सभी बैच भरे होते हैं।'' कुछ अन्य कंपनियाँ जो बहुत ज्यादा लोकप्रिय तो नहीं हैं, लेकिन यहाँ से निम्न कोर्स किए जा सकते हैं–डिजिटल निर्माण, स्पेक्ट्रानेट, इंटरनेशनल रिमोट डिजाइनिंग, चैंपियन वोएजर, इनोवेशंस आदि।

संदीप बलसारिया इस संबंध में कहते हैं, ''हालाँकि डिजाइन सॉफ्टवेयर की पूर्व जानकारीवालों को हम प्राथमिकता देते हैं, लेकिन मूलतः हमें ऐसे लोगों की तलाश रहती है जिनमें रचनात्मकता हो और विजुअलाइजेशन की अच्छी समझ हो।''

□

8

समाचार वाचन

टेलीविजन की दुनिया में समाचार वाचन हमेशा से ही ग्लैमर एवं आकर्षण का केंद्र रहा है। टी.वी. के कार्यक्रमों की लोकप्रियता तथा किसी भी कार्यक्रम की सफलता के पीछे प्रसारित होनेवाले समाचारों की प्रस्तुति का भी महत्त्वपूर्ण हाथ है। बहुत से चैनल व कार्यक्रम सिर्फ उनके प्रस्तुतकर्ताओं की वजह से ही लोकप्रियता को प्राप्त होते हैं। जैसे-जैसे नए-नए टी.वी. चैनल्स आ रहे हैं वैसे-वैसे समाचार वाचकों के लिए काम की संभावनाओं का ग्राफ भी उत्तरोत्तर प्रगति की ओर अग्रसर है। आज समाचार वाचन के कार्य में सक्रिय युवक-युवतियाँ न सिर्फ घर-घर में लोकप्रिय हैं अपितु पर्याप्त मात्रा में प्रतिष्ठा व धन भी उपार्जित कर रहे हैं। समाचार वाचन के क्षेत्र में आप भी प्रगति व सफलता की नूतन ऊँचाइयों को स्पर्श कर सकते हैं।

समाचारों के प्रति लोगों के बढ़ते उत्साह ने समाचारों के नए-नए चैनल्स स्थापित कर दिए हैं। कुछ समय पूर्व तक मात्र दूरदर्शन व डी.डी.-2 पर दिखाए जा रहे समाचारों के कार्यक्रमों ने लोगों को नवीन-से-नवीन जानकारी तुरंत प्राप्त करने व प्रत्यक्ष देखने का आदी बना दिया। इसी का परिणाम रहा

कि डी.डी. न्यूज, स्टार न्यूज, जी. न्यूज, आज तक आदि अनेक चैनल मात्र समाचारों की जानकारी देने के बावजूद सर्वप्रिय व सर्वग्राह्य बने हुए हैं।

आज न्यूज चैनल्स की स्थिति यह है कि प्रत्येक के पास अपने-अपने समाचार वाचक हैं तथा अपने-अपने पत्रकार व कैमरामैन भी हैं, जो तुरत नई सूचना अपने चैनल्स को भेजते रहते हैं। इसी कार्य के लिए उन्हें समाचार-पत्रों व रेडियो के लिए कार्य करनेवाले पत्रकारों से कई गुना ज्यादा पारिश्रमिक मिलता है। साथ-ही-साथ प्रत्येक चैनल के मालिक इस बात का भी ध्यान रखते हैं कि कौन सा नया समाचार वाचक व पत्रकार मीडिया में मौजूद है।

कड़ी प्रतिस्पर्द्धा के दौर से गुजरते समाचार चैनल्स अच्छी व नई जानकारी नए रूप में प्रस्तुत करनेवाले लोगों की तलाश में रहते हैं। यही कारण है कि टी.वी. समाचारों के कार्यक्रमों में लोगों की माँग निरंतर बढ़ती जा रही है। ऐसे ही समाचार कार्यक्रमों के लिए आवश्यकता होती है—समाचार वाचक या न्यूज रीडर की। समाचार वाचक के पद पर कार्यरत व्यक्ति को धन एवं पहचान दोनों मिलते हैं।

कुछ समय पूर्व तक कुछ गिने-चुने लोग ही समाचार वाचन के लिए उपलब्ध होते थे, लेकिन आज की पीढ़ी समाचार वाचक बनने के लिए काफी उत्साहित नजर आ रही है। वास्तव में, समाचार वाचन एक ग्लैमरयुक्त कैरियर के रूप में आज की युवा पीढ़ी को बहुत तेजी से अपनी ओर आकर्षित कर रहा है। समाचार वाचक के लिए यों तो कई खूबियों का होना आवश्यक है, लेकिन कुछ जरूरी बातों का वर्णन नीचे किया जा रहा है—

- ★ समाचार वाचक का चेहरा आकर्षक होना आवश्यक है।
- ★ समाचार वाचक का भाषा पर एकाधिकार होना आवश्यक है।
- ★ समाचार वाचक भाषा का शुद्ध उच्चारण करनेवाला होना चाहिए।
- ★ समाचार वाचन के साथ-साथ समाचार वाचक को नवीनतम जानकारी तथा अच्छे व जरूरी ज्ञान की भी आवश्यकता होती है।
- ★ कैमरे की सामान्य जानकारी होना भी आवश्यक है।
- ★ पत्रकारिता के ही एक भाग के रूप में समाचार वाचन का कार्य करने का गुण आना चाहिए।
- ★ बोलने की कला का ज्ञान होना चाहिए।
- ★ आत्मविश्वास से भरपूर व तुरंत निर्णय लेनेवाले युवा समाचार वाचन के क्षेत्र में अपना कैरियर बना सकते हैं।

- ★ समाचार वाचक को समाचार-संकलन करने की भी जानकारी होनी चाहिए।
- ★ समाचार वाचक की आई साइट (नेत्र दृष्टि) सही होनी चाहिए।
- ★ कुछ हद तक रिकॉर्डिंग की जानकारी होना भी आवश्यक है।
- ★ आवाज के उतार-चढ़ाव को नियंत्रित करनेवाले यंत्र की भी जानकारी होनी चाहिए।
- ★ प्रसारण के दौरान समाचार वाचक को अनुशासित, स्वस्थ व संतुलित दिखना भी जरूरी है।

संक्षेप में अगर कहा जाए तो टी.वी. पर समाचार वाचन कुछ मामलों में कठिन है तो कुछ मामलों में आसान भी। अगर व्यक्ति मन लगाकर कार्य करे तो वह बहुत कुछ सीख सकता है। टेलीविजन पर समाचार वाचन हेतु पत्रकारिता का काफी महत्त्व है।

टी.वी. चैनलों में नियुक्त होनेवाले समाचार वाचकों को समाचार-संकलन हेतु क्षेत्र में भेजा जाता है। दरअसल टेलीविजन पर समाचार पढ़ने हेतु समाचार वाचक के सामने एक मॉनिटर होता है, जिसके स्क्रीन पर समाचार लिखा होता है, इसे ही देखकर पढ़ना होता है। कभी-कभी तकनीकी खराबी के कारण स्क्रीन पर समाचार लिखा हुआ आना बंद हो जाता है। ऐसी स्थिति में ही समाचार वाचक के समसामयिक ज्ञान एवं प्रेजेंस ऑफ माइंड की परीक्षा होती है। दैनिक घटनाक्रम की जानकारी रखनेवाला समाचार वाचक कुशलता से इस प्रकार की विशेष परिस्थितियों में भी सहज भाव से समाचार वाचन कर लेगा। इसके विपरीत, दैनिक घटनाक्रम की जानकारी नहीं रखनेवाला चुप्पी साधकर अपनी हास्यास्पद स्थिति बना लेगा। यही कारण है कि इस क्षेत्र में उन्हीं युवाओं को आने की सलाह दी जाती है, जिनकी पत्रकारिता में स्वाभाविक रुचि हो, न कि सिर्फ ग्लैमर का प्रभाव हो।

टेलीविजन हेतु दोषरहित एवं स्पष्ट उच्चारण के अलावा आकर्षक चेहरा होना अनिवार्य है। यदि प्रकृति ने आपके चेहरे के निर्माण में जल्दबाजी दिखाते हुए आपके साथ अन्याय किया है तो चिंतित होने की कोई आवश्यकता नहीं। आप रेडियो में भी समाचार वाचक के रूप में अपनी प्रतिभा का प्रदर्शन कर सकते हैं। वैसे इस क्षेत्र में कैरियर की शुरुआत रेडियो से ही करनी चाहिए, क्योंकि वहाँ नए लोगों के लिए पर्याप्त अवसर हैं। ऐसा भी देखा गया है कि जो बचपन से ही स्कूल-कॉलेज के सांस्कृतिक कार्यक्रमों

में अपनी सक्रिय भागीदारी दर्ज कराते रहे हैं, उनकी आवाज में अलग तरह का आकर्षण होता है।

स्वाभाविक रूप से आपके मन में यह प्रश्न उठ रहा होगा कि समाचार वाचक को न सिर्फ शुद्ध एवं स्पष्ट उच्चारण का ध्यान रखना होता है, बल्कि प्रसारण के दौरान तरोताजा, सतर्क तथा सजा-सँवरा भी दिखना होता है। समाचार वाचक को अनुशासित, संतुलित एवं स्वस्थ होना भी जरूरी है। समाचार वाचक को हमेशा पूर्वग्रह से मुक्त रहना चाहिए, तभी उसे इस क्षेत्र में सफलता मिल सकती है। समाचार वाचक को हर पल सीखने की जिज्ञासा होनी चाहिए, भले ही वह कितनी भी ऊँचाई पर क्यों न हो। यही जिज्ञासा इस क्षेत्र में स्थिरता प्रदान कर सकती है।

समाचार वाचक को पूर्वग्रह से मुक्त होना चाहिए। साथ ही एक समाचार वाचक को समाचार वाचन करते समय तरोताजा, सतर्क व उपयुक्त साज-सज्जा के साथ ही सेट पर उपस्थित होना चाहिए। साज-सज्जा से यह तात्पर्य कदापि नहीं है कि आप भारी-भरकम मेकअप करें या मॉडर्न व अश्लील वस्त्र पहनें। एक समाचार वाचक के लिए मर्यादायुक्त, आकर्षक व सभ्य ड्रेसेज व मेकअप का प्रयोग करना आवश्यक है। कहने का तात्पर्य यह है कि मेकअप ड्रेस व पद का ध्यान रखकर किया जाए तो आप ज्यादा प्रभावशाली प्रतीत होंगे।

यदि समाचार वाचक हर पल कुछ-न-कुछ करने व सीखने को तत्पर है तो वह शीघ्र ही सफलता अर्जित कर सकता है। लेकिन अपने में ही गुम रहने वाला व्यक्ति तथा कमजोर आत्मविश्वासवाला व्यक्ति कभी भी समाचार वाचन नहीं कर पाएगा। समाचार वाचक को अपना स्क्रीन टेस्ट देना होता है, जिसके अंतर्गत बॉडी लैंग्वेज, Voice, उच्चारण, भाषा, जानकारी आदि के संबंध में टेस्ट होता है। स्क्रीन टेस्ट पास करने के बाद ही कोई व्यक्ति समाचार वाचक बन सकता है।

यों तो प्रभावशाली व्यक्तित्व व अच्छी संतुलित आवाजवाला व्यक्ति समाचार वाचक के पद के लिए तुरंत ही चयनित हो जाता है और न ही इसके लिए किसी विशेष आयु वर्ग का होना आवश्यक है, लेकिन युवा वर्ग को ही इसमें ज्यादा प्राथमिकता दी जाती है। एक बार प्रसिद्ध व स्थापित हो जाने के बाद आप प्रौढ़ावस्था तक भी समाचार वाचन कर सकते हैं।

समाचार वाचन के समय यह ध्यान रखना पड़ता है कि बोलने का प्रवाह बना रहे, किंतु एक शब्द दूसरे शब्द से अलग प्रतिध्वनित हो। वास्तव में कितना

धीमा बोलना है, कितने शब्दों को चबाकर या हलके अथवा भारी आवाज में बोलना है, यह कला है। एफ.एम. चैनल के प्रोग्राम एक्जीक्यूटिव ए.के. बलूनी के अनुसार कोई भी व्यक्ति टेप रिकॉर्डर के समक्ष बोलकर एवं टेप की हुई अपनी आवाज को सुनकर स्वयं अपनी कमियों को दूर कर सकता है। बेहतर आवाज हेतु इस प्रकार का नियमित अभ्यास जरूरी है।

जो व्यक्ति भाषण, वार्ताएँ, कार्यक्रम का संयोजन तथा प्लानिंग करनेवाले होते हैं। वे समाचार वाचन के क्षेत्र में ज्यादा सफल रहते हैं। रचनात्मक प्रवृत्ति-वाला व्यक्ति भी इस क्षेत्र में तुरंत स्थापित हो सकता है। लेकिन इस क्षेत्र में कैरियर बनानेवाले उत्साहित व्यक्तियों को दूसरों से प्रभावित होकर अपनी विशेषताओं को नहीं खो देना चाहिए, वरन् दूसरों की अच्छाइयों को स्वीकार करने के साथ-साथ उन्हें अपने अनुसार ढालकर अपने अंदर समाहित करना चाहिए।

टी.वी. चैनलों हेतु समाचार वाचक का चयन स्वर परीक्षण एवं साक्षात्कार के आधार पर होता है। अभ्यर्थी से सामान्य ज्ञान की अपेक्षा की जाती है। उसे हिंदी व अंग्रेजी का अच्छा ज्ञान होना चाहिए। हालाँकि इस क्षेत्र में प्रवेश हेतु कोई निश्चित उम्र-सीमा नहीं है, लेकिन कुछ टी.वी. चैनलों एवं आकाशवाणी में आयु सीमा पैंतीस वर्ष निर्धारित है, जबकि शैक्षणिक योग्यता स्नातक होना अनिवार्य है। चयनित अभ्यर्थियों को कुछ दिन प्रशिक्षण दिया जाता है, उसके पश्चात् ही समाचार पढ़ने की अनुमति मिलती है।

यदि आपकी आवाज में जादुई आकर्षण है, श्रोताओं को मंत्रमुग्ध करने की क्षमता है तो निश्चित रूप से यह कैरियर आपको समृद्धि, सम्मान और संतुष्टि प्रदान करेगा। आमतौर पर इस क्षेत्र में आठ से दस हजार रुपए प्रतिमाह आसानी से कमाया जा सकता है। दूरदर्शन अपने राष्ट्रीय समाचार का बारह सौ रुपए प्रति बुलेटिन प्रदान करता है, जबकि निजी चैनलों में यह राशि दुगुने-तिगुने से भी ज्यादा है।

तरह-तरह के पूर्णत: समाचारों पर आधारित चैनल्स तो महीने के हिसाब से भी पारिश्रमिक देते हैं और कुछ चैनल्स निर्धारित समय सीमा का बॉण्ड भी भरवाते हैं। हालाँकि एक समाचार वाचक को अलग-अलग चैनल्स पर समाचार वाचन करने की छूट नहीं होती, लेकिन आप दूसरे चैनल्स पर समाचार वाचन न करके किसी अन्य प्रोग्राम की एंकरिंग भी कर सकते हैं।

समाचार वाचन के क्षेत्र में अपना कैरियर बनाने के लिए उत्सुक युवा अगर प्रशिक्षण प्राप्त हैं तो उन्हें प्राथमिकता दी जाती है। आप प्रशिक्षण प्राप्त

करने के पश्चात् समाचार वाचक तो बन सकते हैं, इसके अतिरिक्त आप किसी संस्थान में समाचार वाचन का प्रशिक्षण देनेवाले अध्यापक के रूप में भी कार्यरत हो सकते हैं। या फिर एक अन्य रास्ता और है कि आप अपना प्रशिक्षण संस्थान ही खोल लें तथा बच्चों को प्रशिक्षण प्रदान कर अपने हुनर का सदुपयोग करें।

कुछ प्रशिक्षण संस्थानों के विषय में जानकारी यहाँ प्रदान की जा रही है–

1. चैटर-मैटर, एस, 350-ए, ग्रेटर कैलाश, पार्ट-1, दिल्ली–इस संस्थान का स्वरूप गैर-सरकारी है तथा इसके संचालक स्टार टी.वी. के जाने-माने एंकर शमसीर राय लूथरा हैं। यह प्रशिक्षण संस्थान लोगों को समाचार वाचन से संबंधित संपूर्ण जानकारी प्रदान करता है तथा परीक्षाओं में उत्तीर्ण युवाओं को सर्टिफिकेट प्रदान करता है। इनके संस्थान की तथा संस्थान द्वारा प्रदत्त सर्टिफिकेट की समाचार वाचन के क्षेत्र में काफी मान्यता है।

2. जामिया मिल्लिया इसलामिया, जामिया नगर, नई दिल्ली-110025–इस संस्थान में प्रवेश लेने के इच्छुक युवाओं का कम-से-कम 50 प्रतिशत के साथ स्नातक की परीक्षा उत्तीर्ण होना आवश्यक है। सामान्यत: अभ्यर्थी की आयु बीस से तीस वर्ष के बीच होनी चाहिए। इस संस्थान में प्रवेश लेने के लिए पहले प्रवेश परीक्षा के दौर से गुजरना होता है। प्रवेश परीक्षा दो रूपों में संचालित होती है–लिखित परीक्षा व साक्षात्कार।

लिखित परीक्षा में उत्तीर्ण युवाओं को साक्षात्कार के लिए आमंत्रित किया जाता है और साक्षात्कार में उत्तीर्ण युवाओं को ही संस्थान में प्रवेश दिया जाता है। यह संस्थान भी प्रशिक्षण पूर्ण होने के पश्चात् परीक्षाएँ संचालित करता है तथा उत्तीर्ण छात्रों को सर्टिफिकेट प्रदान करता है। इस संस्थान से प्रशिक्षण प्राप्त व्यक्ति समाचार वाचक हेतु पूर्णत: योग्य बनकर ही बाहर निकलता है और उसे नौकरी की समस्या से ज्यादा दिन तक परेशान भी नहीं होना पड़ता। साथ ही उसे पारिश्रमिक भी अच्छा मिलता है।

3. भारतीय जनसंचार संस्थान, अरुणा आसफ अली मार्ग, जे.एन.यू. कैंपस, नई दिल्ली-110067–इस संस्थान में भी प्रवेश हेतु न्यूनतम योग्यता स्नातक है तथा आयु सीमा पच्चीस वर्ष है। इस संस्थान में प्रवेश के इच्छुक अभ्यर्थियों को लिखित परीक्षा एवं साक्षात्कार रूपी प्रवेश परीक्षा दोनों चरणों से गुजरना पड़ता है। इन दोनों चरणों को क्वालिफाई करनेवाले व्यक्तियों को ही इस संस्थान में प्रवेश दिया जाता है। इस संस्थान से समाचार वाचन का प्रशिक्षण

जनसंचार के पाठ्यक्रम के अंतर्गत ही प्राप्त किया जा सकता है।

4. एशियन एकेडमी ऑफ फिल्म एंड टेलीविजन, एफ.सी. 14/15, फिल्म सिटी, सेक्टर-16-ए, नोएडा-201301 (उ.प्र.)–इस संस्थान में टी.वी. एवं फिल्मों के क्षेत्र में कैरियर बनाने संबंधी प्रशिक्षण दिया जाता है। इसी के एक पार्ट के रूप में समाचार वाचन का भी प्रशिक्षण दिया जाता है। इस संस्थान को आई.एस.ओ. 9001-2000 से प्रमाणित प्रथम भारतीय संस्थान होने का गौरव प्राप्त है। इस संस्थान को सिटी एंड गिल्ड्स ऑफ लंदन इंस्टीट्यूट ने अपनी स्वीकृति प्रदान की है तथा भारत के इस संस्थान को ही सर्वप्रथम लंदन के इंस्टीट्यूट ने अपने स्वीकृत संस्थान के रूप में मान्यता प्रदान की है। संस्थान के निदेशक श्री संदीप मारवाह हैं, जो कि समाचार वाचन की पूर्ण जानकारी देने के लिए थ्योरिटिकल तथा प्रैक्टिकल दोनों प्रकार का प्रशिक्षण अभ्यर्थियों को प्रदान करते हैं। संस्थान में व्यक्ति को पूर्ण रूप से प्रशिक्षित करने का प्रयास किया जाता है तथा फाइनल परीक्षाओं में उत्तीर्ण छात्र व छात्राओं को ही सर्टिफिकेट प्रदान किया जाता है।

इन संस्थानों के संबंध में अन्य जानकारी प्राप्त करने के लिए संबंधित संस्थानों से पत्र व्यवहार कर सकते हैं या स्वयं संपर्क किया जा सकता है। □

9

एंकरिंग

टेलीविजन तथा चैनल के कार्यक्रमों में समाचार वाचक जहाँ सीमाओं के अंतर्गत समाचारों की प्रस्तुति का कार्य करता है वहीं उससे इतर एंकरिंग करनेवाला व्यक्ति विभिन्न भाव-भंगिमाओं, लच्छेदार भाषा-शैली व विविध मुद्राओं के प्रयोग से अपने कार्यक्रम को रोचक व दर्शनीय बनाता है। 'रंगोली' का प्रस्तुतीकरण करती हेमामालिनी हों या फिर 'कहीं न कहीं कोई है' की एंकर माधुरी दीक्षित, 'क्लोज अप अंत्याक्षरी' के एंकर अन्नू कपूर हों या 'मूवर्स एवं शेकर्स' के शेखर सुमन, 'कौन बनेगा करोड़पति' के अमिताभ बच्चन हों या 'किसमें कितना है दम' के सोनू निगम-इनका अंदाजे बयाँ देखनेवालों पर बिजलियाँ गिराता है। नए-नए उपग्रह चैनल्स के विस्तार व कार्यक्रमों के निर्माण में क्रांतिकारी प्रगति के चलते एंकरिंग के क्षेत्र में रोजगार की संभावनाओं के नए सूर्य उदित हुए हैं।

चेहरा व्यक्तित्व की पहचान है। इस भ्रांति को तोड़ने का कार्य किया सूचना के क्षेत्र में हो रहे तीव्र परिवर्तन ने। एक समय था जब व्यक्ति का चेहरा देखे बिना उसे पहचानना लगभग मुश्किल होता था। लेकिन आज वक्त बदल गया है। फोन उठाते ही अब फोनकर्ता को देखने की आवश्यकता नहीं पड़ती

और मात्र उसकी आवाज सुनकर आपकी आँखों में उसकी तसवीर तैर जाती है। ऐसे ही अपनी मोहक आवाज व आकर्षक अदाओं के कारण आज टेलीविजन व रेडियो जगत् में एक नया रोजगार उपलब्ध हो रहा है, जिसे एंकरिंग के नाम से जाना जाता है।

'रंगोली' का प्रस्तुतीकरण करती हेमामालिनी हों या फिर 'कहीं न कहीं कोई है' की एंकर माधुरी दीक्षित, 'क्लोज अप अंत्याक्षरी' के एंकर अन्नू कपूर हों या 'मूवर्स एंड शेकर्स' के शेखर सुमन, 'कौन बनेगा करोड़पति' के एंकर एंग्री यंग मैन अमिताभ बच्चन हों या 'किसमें कितना है दम' के सोनू निगम–इन्हें व इनकी आवाज को कौन भूल सकता है! कुछ लोगों का मानना है कि एंकरिंग करना कोई खास मुश्किल काम नहीं है। हर वह व्यक्ति जो कि आकर्षक दिखता है और सही तरीके से बातचीत कर लेता है, एंकर बन सकता है। लेकिन वास्तव में ऐसा है नहीं। एंकरिंग करना उन दर्शकों को प्रभावित करना है जिनके चेहरे आप नहीं देख सकते। अत: आप उनके हाव-भाव भी नहीं देख पाते।

हालाँकि इसमें कोई शक नहीं है कि टी.वी. पर एंकरिंग करनेवाला व्यक्ति तुरंत प्रसिद्ध भी हो जाता है और उसे यश व धन भी मिलता है। साथ ही, अगर वह सही से एंकरिंग कर पाते हैं तो उनकी माँग भी फिल्म जगत् में बढ़ जाती है। कैमरे का सामना करते समय व्यक्ति को अपने शरीर व स्वर का ज्ञान होना आवश्यक होता है। अगर आपके उच्चारण में कोई दोष है तो उसकी जानकारी भी आपको पहले से ही होनी चाहिए, ताकि दर्शकों के सामने आपको हीन भावना का शिकार न होना पड़े।

एंकरिंग करनेवाले व्यक्ति को साधारण बोलचाल की भाषा का प्रयोग करना चाहिए तथा बोलते समय मर्यादा व गति का ध्यान रखना चाहिए। साथ ही वाक्य में शब्दों के उतार-चढ़ाव का भी ध्यान रखना चाहिए। शब्दों का चयन यह सोचकर करना चाहिए कि आपको सुननेवाले प्रत्येक वर्ग, धर्म, जाति, लिंग व आयु के लोग हो सकते हैं। यद्यपि आवाज कुदरती देन है, लेकिन क्षणिक प्रयासों व प्रशिक्षण के माध्यम से आवाज को और खूबसूरत व आकर्षक बनाया जा सकता है।

आप क्या बोल रहे हैं, श्रोता या दर्शक इसके प्रति काफी संवेदनशील हैं। हालाँकि टी.वी. के दृश्यों की वजह से थोड़ी-बहुत अशुद्धियाँ कई बार पकड़ में नहीं आती हैं, लेकिन सतर्क रहना आवश्यक है। फिर आपको किसी अन्य

एंकर की नकल न करके अपना एक अलग स्टाइल विकसित करना चाहिए, ताकि लोग आपको आपके स्टाइल से पहचानें न कि दूसरे व्यक्ति के नकलकर्ता के रूप में।

किसी भी कार्यक्रम की प्रभावशाली एंकरिंग उसकी लोकप्रियता में इजाफा करती है

एंकरिंग की दुनिया में आवाज व स्टाइल दोनों की ही काफी माँग है। आवाज एक ऐसी कुदरती देन है, जिसका व्यावसायिक उपयोग आज धड़ल्ले से हो रहा है। यद्यपि आवाज पर आपका वश नहीं होता, लेकिन कोशिश व संयम से आप अपनी आवाज को आकर्षक बना सकते हैं। फिल्मों में गाने से लेकर रेडियो व टेलीविजन पर समाचार वाचन एवं कार्यक्रम प्रस्तुति, मंच-संचालन से लेकर विज्ञापन की दमकती दुनिया तक आप कहीं भी अपनी आवाज का इस्तेमाल कर धन और प्रतिष्ठा दोनों प्राप्त कर सकते हैं।

वर्षों से आकाशवाणी, दिल्ली में प्राइम समाचार पढ़नेवाले राजेंद्र चुग मानते हैं कि इसके लिए आपकी आवाज जोरदार होनी चाहिए। आप चाहे समाचार वाचक बनें या अन्य कार्यक्रम प्रस्तुत करना चाहें, आपकी आवाज की यह विशेषता दोनों जगह काम आएगी। इसके साथ-साथ आपको अपने उच्चारण की शुद्धता पर निरंतर ध्यान देते रहना पड़ेगा। आप क्या बोल रहे हैं, श्रोता या दर्शक इसके प्रति काफी संवेदनशील होता है।

आज कई वी.जे. व एफ.एम.आर.जे. अपने खास स्टाइल के कारण घर-घर में जाने-पहचाने जाते हैं। आखिर रेडियो चलाते ही आप थोड़ी देर में यह कैसे पकड़ लेते हैं कि किस रेडियो जॉकी का कौन सा कार्यक्रम आ रहा है। कार्यक्रम-प्रस्तुति का आपका तरीका लोगों को आपके स्वभाव और मिजाज से भी अवगत कराता है। आखिरकार, आज भी लोग अमीन सायानी को उनके 'सिबाका' कार्यक्रम अदायगी के लिए याद करते हैं।

यहीं पर आवाज का महत्त्व चेहरे से भी ज्यादा हो जाता है, लेकिन आप

किसी स्टाइल की नकल न करके खुद अपनी स्टाइल विकसित करें। इससे आप आवाज की दुनिया में अपनी अलग पहचान बनाने में कामयाब हो पाएँगे। दूरदर्शन पर समाचार पढ़नेवाले और राजधानी कॉलेज, दिल्ली में अर्थशास्त्र के प्राध्यापक जे.बी. रमण आवाज के आरोह-अवरोह पर खासा ध्यान देने की बात बतलाते हैं। उनके अनुसार, "आपकी आवाज में शब्दों के निहित अर्थ को सही तरीके से संप्रेषित करने और अलग-अलग भावों को उनके स्वतंत्र रूप में पढ़ने की क्षमता होनी चाहिए। एक-एक शब्द पर चौकन्ना रहने के बावजूद आपके पूरे शब्द में एक स्वाभाविक गति व लय का होना आवश्यक है। इसके लिए आपको अपनी साँसों की गति पर नियंत्रण रखना होगा, क्योंकि संवेदनशील माइक्रोफोन क्षीण-से-क्षीण आवाज को भी पकड़कर कार्यक्रम की गुणवत्ता को बाधित कर सकता है। साथ ही आपको इसका भी ध्यान रखना पड़ेगा कि कहाँ कितना विराम देना है, किस शब्द पर जोर देना है और आवाज की 'पिच' (बनावट) आवश्यकतानुसार कैसे अलग-अलग रखनी है।"

'एंकरिंग' भी दो तरीके से की जाती है—एक में तो एंकर को स्क्रिप्ट तैयार मिलती है, दूसरे में व्यक्ति को लाइव टेलीकास्ट देना होता है। हालाँकि मुश्किल तो दोनों ही कार्य हैं, लेकिन सबसे ज्यादा मुश्किल होता है लाइव टेलीकास्ट देना; क्योंकि इसमें एंकर को स्वयं स्टेज सँभालना होता है। ऐसी परिस्थितियों में एंकर को काफी सजग, आत्मविश्वास से परिपूर्ण, अपने क्षेत्र का महारथी, विषय का पूर्ण जानकार तथा तुरंत निर्णय लेनेवाला और स्थिति को सँभालनेवाला होना आवश्यक है। साथ ही, एंकर का निर्भीक, वाक्पटु व व्यवहार-कुशल होना भी जरूरी है। स्टेज पर जाने से पूर्व प्रोग्राम से संबंधित पूर्ण व जरूरत से ज्यादा तैयारी करनी भी आवश्यक है। कम समय में ज्यादा कवरेज करना तथा ज्यादा समय में कम मैटर को एडजस्ट करना ही एक कुशल और सफल एंकर का सबसे बड़ा गुण है।

एफ.एम. के लोकप्रिय एंकर राजीव सक्सेना मानते हैं कि किसी कार्यक्रम प्रस्तुतकर्ता में सामान्य जानकारी व विनोदशीलता के गुण अवश्य होने चाहिए। अगर किसी कार्यक्रम का सीधा प्रसारण हो रहा हो, तब इनकी आवश्यकता और बढ़ जाती है। किसी मनचले श्रोता से कैसे निबटना है, कोई बहुत देर से बोले चला जा रहा है और अन्य श्रोताओं को भी मौका देना है तो उसे किस तरह चुप कराएँ कि उसे बुरा न लगे आदि कई छोटी-छोटी, किंतु महत्त्वपूर्ण बातों का तत्काल समाधान करना पड़ता है।

राजीव सभ्यता, संस्कृति, इतिहास जैसे विषयों पर भी एक मोटी समझ विकसित करने की राय देते हैं। जब आप टी.वी./रेडियो पर लोगों के बीच हैं तो आपको हर तरह के लोगों से मिलने, बात करने का मौका मिलता है। अतः अपनी अज्ञानता की वजह से कोई झेंप की स्थिति न आए, इसका ध्यान रखें। अगर कोई 'कच्ची घोड़ी' की बात कर रहा है तो आपको पता होना चाहिए कि यह राजस्थान का लोक-नृत्य है। इसके अतिरिक्त किसी कार्यक्रम की बेहतर प्रस्तुति के पीछे गहन शोध एवं गंभीर योजना की भी महत्त्वपूर्ण भूमिका होती है। मतलब यह कि आप अपनी तैयारी से किसी चूक की गुंजाइश न रखें, चूँकि किसी भी कार्यक्रम को तैयार करने में संपादन, स्क्रिप्ट लेखन, कैमरे से लेकर गीत-संगीत तक कई लोगों को साथ रखना होता है, अतः आपको समूह में काम करने का गुण अवश्य आना चाहिए।

जब आप विज्ञापन, फैशन-शो, रोड-शो, डबिंग, वृत्तचित्रों, कॉरपोरेट, लाइव कार्यक्रमों आदि क्षेत्रों में अपनी आवाज को भुनाते हैं तो आपको निरंतर इसके लिए आप-टू-डेट रहना पड़ता है। जहाँ ऐसी जगहों पर अपेक्षाकृत आमदनी अधिक है, वहीं कई तरह के व्यावसायिक दबावों को भी सहना पड़ता है। आप अपने कार्य के दौरान कई बड़ी-बड़ी हस्तियों से मिलते हैं। जहाँ यह एक रोमांचकारी अनुभव होता है वहीं आपके जनसंपर्क कौशल की परीक्षा भी हो जाती है। आप चूँकि स्टेज पर होते हैं, हजारों लोग आपको सुन रहे होते हैं, उन सभी को सँभाले और बाँधे रखने का जिम्मा आप पर होता है। किसी अशुभ घटना के घटने पर उसे सँभालने की क्षमता भी आप में होनी चाहिए।

चूँकि इस क्षेत्र में स्थायी नौकरी की जगह ज्यादातर कांट्रेक्ट आधारित काम ही मिलता है, अतः आप इसे पूर्णकालिक कैरियर के रूप में न लें। अपनी आवाज की कमाई के साथ-साथ अगर आप कुछ और भी करते हैं तो आपके जीवन में किसी अनिश्चितता का संकट नहीं रहेगा।

यद्यपि यहाँ काम करने के लिए किसी विशेष डिग्री की आवश्यकता नहीं होती, लेकिन फिर भी आपको कम-से-कम स्नातक होना चाहिए। हिंदी-अंग्रेजी के अतिरिक्त अगर आप अन्य भाषाएँ भी जानते हैं तो यह आपको अतिरिक्त लाभ देगा। सिर्फ आवाज के व्यावसायिक उपयोग हेतु भारत में कोई विशेष प्रशिक्षण संस्थान नहीं है, हालाँकि अब यहाँ भी इस दिशा में कुछ गैर-सरकारी प्रयास शुरू होते दिख रहे हैं। कुछ निजी संस्थानों द्वारा इसपर सघन कार्यशाला चलाई जाती है।

व्यक्ति अगर चाहें तो कोई कार्य कठिन नहीं है। तेजी से बदलते सामाजिक परिदृश्य के चलते व्यक्ति से स्पेशलाइजेशन की माँग की ही जाती है। अगर आपने कभी विद्यार्थी जीवन में मंच संचालन किया है, भाषण या वाद-विवाद प्रतियोगिता में भाग लिया है या फिर नाटक आदि कार्यक्रमों में आपकी सक्रिय सहभागिता रही है तो आप एंकर बन सकते हैं। लेकिन प्रशिक्षण व आवश्यक जानकारी के अभाव में यह कार्य थोड़ा कठिन दिखाई पड़ता है। इसके लिए आप पुराने एंकर्स से मिल सकते हैं। एम टी.वी., स्टार टी.वी., जी. टी.वी. आदि पर प्रसारित होनेवाले कार्यक्रमों में अच्छे एंकर्स की काफी माँग है। साथ ही निरंतर नए चैनल्स के मीडिया के क्षेत्र में प्रवेश करने से रोजगार मिलना और भी आसान हो गया है।

अगर आप अपनी आवाज और अपने शरीर के प्रति सजग व जागरूक हैं तथा सोचते हैं कि आप सफलतापूर्वक कैमरे को फेस कर लेंगे एवं अच्छी तरह से कार्यक्रम संचालित कर पाएँगे तो एंकरिंग के क्षेत्र में स्वर्णिम कैरियर आपके लिए अनेक अवसरों के साथ मौजूद है।

□

10

टी.वी. पत्रकारिता

एक समय था जब प्रिंट मीडिया द्वारा उपलब्ध समाचारों व सूचनाओं से ही पाठकों को संतोष करना पड़ता था, लेकिन मौजूदा परिदृश्य में सूचना पाने और सूचना देने दोनों ही आयामों में हैरतअंगेज बदलाव आए हैं। आज टेलीविजन पर प्रसारित समाचार चैनलों ने सूचना व ज्ञान की जिन उपलब्धियों को छुआ है वे किसी चमत्कार से कम नहीं हैं। चैनल्स पर प्रसारित खाड़ी युद्ध, न्यूयॉर्क के वर्ल्ड ट्रेड टावर का विध्वंस तथा इराक पर बमबारी के लोमहर्षक दृश्य आज भी लोगों को जड़वत् कर देते हैं। टी.वी. पत्रकारिता के माध्यम से यह चमत्कार संभव हो पाया है। अत्याधुनिक संसाधनों से लैस टी.वी. पत्रकारों की टीमें किसी भी बड़ी या छोटी घटना को पलक झपकते ही दुनिया भर में प्रसारित करने की क्षमता रखती हैं। वर्तमान परिदृश्य में टी.वी. पत्रकारों की भारी खपत की गुंजाइशें तेज हुई हैं।

प्राचीन काल से ही मानव समाचार देने व लेने के लिए उत्सुक रहता आया है। समाचारों से अवगत होने की उसकी भूख कुछ हद तक शांत हुई समाचार-पत्रों के आगमन से। लेकिन समाचार-पत्र चूँकि पहले छपकर अगले दिन लोगों तक पहुँचते थे, अतः व्यक्ति को धीरे-धीरे समाचार-पत्रों के ऊपर

अपनी निर्भरता कम करनी पड़ी। फिर दौर आया दूरदर्शन समाचारों का। दूरदर्शन समाचारों के प्रति व्यक्तियों का क्रेज देखते ही बनता था। सुबह, दोपहर, शाम व रात को निर्धारित समय पर प्रसारित होनेवाले समाचारों के कारण व्यक्तियों के खाने-पीने का समय भी निर्धारित होता था। एक समाचार वाचक द्वारा टी. वी. पर पढ़ी जानेवाली खबरों से अशिक्षित वर्ग भी लाभान्वित होता था।

धीरे-धीरे इलेक्ट्रॉनिक जगत् में क्रांति आई और टी.वी. सेट के साथ-साथ तरह-तरह के लगभग अस्सी चैनल लोगों के घर पहुँचने लगे। मगर दूरदर्शन के समाचारों की महत्ता तब तक बरकरार रही जब तक कि अन्य चैनलों ने अपने समाचार वाचन के समय को निर्धारित नहीं किया। और आज तो स्थिति यह है कि स्टार न्यूज, सहारा समय, एन.डी.टी.वी., जी न्यूज जैसे चैनलों ने और 'आज तक', 'आँखों देखी' जैसे समाचार से संबंधित कार्यक्रमों ने लोगों की जिज्ञासाओं को शांत करने का जहाँ एक ओर बीड़ा उठा लिया है वहीं दूसरी तरफ दूसरे चैनल से जल्दी समाचार देने की होड़ में भी ये चैनल शामिल हो गए हैं। इस स्वस्थ स्पर्द्धा का फायदा आम नागरिक को हुआ है।

चाहे वर्ल्ड ट्रेड सेंटर के ध्वस्त होने का नजारा हो या फिर किसी बड़े नेता या अतिथि का भाषण, किसी अपराधी के आत्मसमर्पण की बात हो या किसी नई शुरुआत से आम जनता को अवगत कराने की, किसी नए प्रोडक्ट के लॉञ्च होने का नजारा दिखाना हो या किसी घोटाले का विवरण, लोग अपनी पसंद के चैनल पर विस्तार से समाचार देखते व लाभान्वित होते हैं। हालाँकि वर्तमान पीढ़ी समाचारों के प्रति कुछ मायनों में उदासीन दिखती है, लेकिन वह भी फैशन, वाहन, सिनेमा पर्सन आदि के प्रति जागरूक रहती है। अत: यह कहना गलत है कि नई पीढ़ी समाचारों पर ध्यान नहीं देती। बस फर्क है तो टेस्ट का और च्वॉइस का।

मौजूदा दौर इलेक्ट्रॉनिक मीडिया में परिवर्तनों का दौर है। अनंत आकाश में बिछी इलेक्ट्रॉनिक तरंगों की सड़कों पर चैनलों की परस्पर मैराथन दौड़ चल रही है। आज भारत में लगभग अस्सी चैनल चल रहे हैं। सन् 2010 तक इनकी संख्या में क्रांतिकारी वृद्धि की संभावना है। इलेक्ट्रॉनिक मीडिया का इतना जबरदस्त प्रभाव देखने में आया है कि हम अपने रोजमर्रा के कार्य तथा अपनी दिनचर्या भी प्रमुख चैनल्स पर प्रसारित होनेवाले कार्यक्रमों के अनुसार ही बनाने लगे हैं।

एक समय था जब इन चैनलों पर मनोरंजन कार्यक्रमों की ही तूती बोलती

थी। समाचारों के लिए जनता दूरदर्शन के न्यूज बुलेटिनों का इंतजार करती रहती थी, लेकिन आज दृश्य बदल चुका है। अब सभी प्रमुख चैनलों ने समाचारों के लिए अपने खास पैकेज बनाए हैं। यही नहीं, समाचार-प्रधान चैनलों की भी जोर-शोर से शुरुआत हुई है। स्टार व जी चैनलों के बाद दूरदर्शन ने भी अपना अलग से न्यूज चैनल लॉन्च किया, जो काफी लोकप्रिय रहा। जैन टी.वी. व अन्य चैनल्स पर समाचारों की गंगा पहले से ही बह रही है।

खबरों की दुनिया में चैनल्स का पदार्पण घटनाओं व सूचनाओं से रू-बरू रहनेवाले लोगों को खूब भाया है। सी.एन.एन. ने खाड़ी युद्ध की सजीव रिपोर्टिंग दर्शकों के लिए प्रस्तुत करके जो क्रांतिकारी शुरुआत की थी, वह कदम दर कदम और आगे बढ़ती जा रही है। मोनिका लेवंस्की प्रकरण हो या इंडियन एयरलाइंस के विमान का अपहरण, बिल क्लिंटन का भारत दौरा हो या चुनाव की जीती-जागती कवरेज, हर मोरचे पर टी.वी. पत्रकारिता ने अपनी प्रामाणिकता व विश्वसनीयता का लोहा मनवाया है। चैनलों की दुनिया में खबरों का यही विस्तार आज कैरियर की स्वर्णिम संभावनाओं के रूप में प्रकट हुआ है। खबरों तथा विश्लेषणों पर आधारित आज अनेक कार्यक्रम देश-विदेश के दर्शकों की पहली पसंद हैं। टी.वी. पत्रकारिता में कैरियर निर्माण तथा धन व यश कमाने की असीम संभावनाएँ छिपी हैं। इलेक्ट्रॉनिक मीडिया से जुड़े विशेषज्ञों की राय है कि टी.वी. जर्नलिज्म में 'नॉन वरबल कम्युनिकेशन' 70 फीसदी होता है, जबकि शब्दों का महत्त्व 30 फीसदी। समय का अभाव होने के कारण इंटरव्यू के दौरान परफैक्ट सवाल ज्यादा अहमियत रखते हैं। टी.वी. पत्रकारिता के क्षेत्र में एक तरफ जहाँ रोमांच तथा जोखिम है, वहीं ग्लैमर व पैसा भी भरपूर है। टी.वी. पत्रकारिता के क्षेत्र में अपने सुखद भविष्य की संभावनाएँ तलाश रहे युवक-युवतियों को तुरंत निर्णय लेने की क्षमता, अच्छी

टी.वी. पत्रकारिता को अपना कार्यक्षेत्र बनाना आज के युवाओं का ख्वाब है

कल्पना-शक्ति, तकनीकी तथा भाषागत व्याकरण की अच्छी जानकारी तथा प्रीशूट कंसेप्ट के अलावा विजुअल पावर का विकास करते रहना चाहिए।

सूचना तंत्र के अति विकसित एवं अत्याधुनिक इस युग में 'इलेक्ट्रॉनिक मीडिया' से जुड़े तकनीकी पदों के लिए कार्यकुशल व दक्ष टी.वी. पत्रकारों की माँग लगातार बढ़ रही है। बढ़ते चैनलों व बढ़ते प्रसारण घंटों को देखते हुए तो यही कहा जा सकता है कि इस वक्त इलेक्ट्रॉनिक मीडिया में व्यापक संभावनाएँ हैं। निजी चैनलों में हिंदी, अंग्रेजी व क्षेत्रीय भाषाओं में समाचार बुलेटिन प्रसारित करने की होड़-सी लगी है, ऐसे में टी.वी. पत्रकारों की माँग बढ़ना सर्वथा स्वाभाविक है।

इलेक्ट्रॉनिक मीडिया, जैसे-रेडियो, दूरदर्शन, वीडियो, पत्रिकाओं में कैरियर का यह नया क्षेत्र '90 के दशक से अस्तित्व में आया और देखते-ही-देखते देश में इलेक्ट्रॉनिक सूचना-तंत्र का जाल-सा बिछ गया। इससे जुड़ी उत्पादन एजेंसियाँ व कॉरपोरेट जगत् ने कई ऐसे चैनल प्रायोजित किए हैं, जिनकी लोकप्रियता तेजी से बढ़ रही है, साथ ही बढ़ रहा है टी.वी. जर्नलिज्म के प्रति ग्लैमर व आकर्षण भी। यकीनन आज के युग को कंप्यूटर युग के साथ-साथ टी.वी. युग भी कहा जाए तो शायद कोई अतिशयोक्ति न होगी, क्योंकि दूरदर्शन संस्कृति का उत्तरोत्तर विकास हो रहा है और इस क्षेत्र में कई प्रकार के कैरियर स्थापित होने की पूरी संभावनाएँ हैं।

वैसे तो दूरदर्शन के क्षेत्र में कई प्रकार के कैरियर स्थापित हो सकते हैं, जैसे-ग्राफिक आर्टिस्ट, पेंटर, तकनीकी निर्देशक, फिल्म धारावाहिक निर्देशक, फिल्म वीडियो संपादक, मेकअप सहायक, फ्लोर सहायक, कैमरामैन जैसे दर्जन भर से अधिक पद हैं; लेकिन टी.वी. पत्रकार (संवाददाता, समाचार संपादक) बनना चुनौती भरा कैरियर है। प्रिंट मीडिया की तरह इलेक्ट्रॉनिक मीडिया के पत्रकारों के लिए भी यह जोखिम भरा कैरियर है।

इस क्षेत्र में सबसे बड़ा फायदा यह है कि सामाजिक व मानवीय सरोकारों से जुड़ने का अच्छा अवसर मिलता है। शासन-प्रशासन व समाज में व्याप्त बुराइयों के खिलाफ आवाज उठाने का यह अच्छा माधयम है। सच पूछिए तो टी.वी. पत्रकारिता ऑलराउंडर किस्म का कैरियर है। इस क्षेत्र में समाचार ढूँढ़ने, विश्लेषण करने, तहकीकात करने, खोजबीन करने के अतिरिक्त कैमरा हैंडलिंग, फिल्म संपादन तथा प्रोडक्शन आदि से संबंधित तकनीकी दक्षता हासिल करना अनिवार्य शर्त है। चूँकि प्रिंट मीडिया के पत्रकारों को दूरदर्शन के विभिन्न चैनलों

में आने पर नए सिरे से तकनीकी बारीकियों, सूक्ष्मताओं से अवगत होना पड़ता है, इसलिए उनकी बहाली पर अब लगभग रोक-सी लगा दी गई है। दरअसल टी.वी. पत्रकारिता को कैरियर बनाने के लिए अब सार्वजनिक व निजी क्षेत्र में अनेक प्रशिक्षण केंद्र खुल चुके हैं जो इससे संबंधित डिप्लोमा, सर्टिफिकेट कोर्स करा रहे हैं, इसलिए विभिन्न चैनलों तथा टी.वी. कंपनियों को सहजता से प्रशिक्षित टी.वी. पत्रकार मिलने लगे हैं। शायद इसलिए अब प्रिंट मीडिया से कदाचित् ही किसी पत्रकार को लिया जाता है, क्योंकि उन्हें नए सिरे से टी.वी. पत्रकारिता सीखनी पड़ती है। टी.वी. पत्रकारिता से संबंधित सर्टिफिकेट व डिप्लोमा कोर्स कर चुके प्रशिक्षुओं को विभिन्न चैनलों में इसलिए अधिक अहमियत दी जा रही है, क्योंकि वे प्रसारण संबंधी सभी बारीकियों व सूक्ष्मताओं से अवगत होते हैं।

आजकल इलेक्ट्रॉनिक मीडिया काफी आगे बढ़ चुका है और यह क्षेत्र लगातार विकसित हो रहा है। इलेक्ट्रॉनिक मीडिया के अंतर्गत कई दृश्य-श्रव्य माध्यम हैं, जैसे—दूरदर्शन, रेडियो, वीडियो पत्रिकाएँ आदि। इन सभी क्षेत्रों में कभी-कभी कार्यकुशल पत्रकारों को ऑन द जॉब भी कार्य करने का अवसर मिलता है। तात्पर्य यह है कि टी.वी. चैनलों के अंतर्गत कार्य करते हुए नए पत्रकारों के लिए प्रशिक्षण की भी सुविधा है, लेकिन आजकल अधिकतर उन्हीं पत्रकारों की नियुक्ति हो रही है जो टी.वी. पत्रकारिता कोर्स कर चुके हैं और रिपोर्टिंग से लेकर तकनीशियन तक की भूमिका निभाने में समर्थ हैं। नित नए-नए चैनलों की शुरुआत हो रही है, जिसमें प्रशिक्षित पत्रकारों की आवश्यकता पड़ रही है।

टी.वी. पत्रकारिता कोर्स संचालित कर रहे कई संस्थानों के डायरेक्टरों का कहना है कि इस समय कोई भी प्रशिक्षित पत्रकार बेरोजगार नहीं है, क्योंकि यह कार्यक्षेत्र तकनीकी योग्यता से जुड़ा है। मालूम हो कि आजकल नौकरी के अलावा कांट्रेक्ट के आधार पर टी.वी. कार्यक्रम, फीचर प्रोग्राम, धारावाहिक, टी.वी. फिल्में बनाने के लिए भी प्रशिक्षु टी.वी. पत्रकारों की सेवा खूब ली जा रही है। दूरदर्शन व वीडियो पत्रिकाओं में फ्री-लांसिंग भी मुनाफे का व्यवसाय सिद्ध हो रहा है। जाहिर है कि यदि प्रशिक्षण के उपरांत नौकरी न करना चाहें तो बतौर फ्री-लांसर पर्याप्त धन अर्जित कर सकते हैं।

टी.वी. पत्रकारिता के क्षेत्र में कैरियर की संभावनाएँ तलाश रहे युवक-युवतियों को ऐतिहासिक-सामयिक जानकारियों पर भी अच्छी पकड़ रखनी चाहिए।

पत्रकारिता के मिशन को समझने के लिए उन्हें मानसिक रूप से पूर्णतया तैयार रहना चाहिए। उम्मीदवार में प्रस्तुति की क्षमता, भाषा पर पकड़, उच्चारण में निपुणता आदि गुण उन्हें कदम-दर-कदम कामयाबी की ओर ले जानेवाले गुर हैं। टी.वी. पत्रकारिता के क्षेत्र में विधिवत् पदार्पण के पूर्व प्रशिक्षण खास महत्त्व रखता है। आज देश के अनेक विश्वविद्यालय पत्रकारिता और जनसंचार में स्नातकोत्तर डिप्लोमा करा रहे हैं। उनके पाठ्यक्रम में एक विषय 'इलेक्ट्रॉनिक मीडिया' का भी होता है। इतना ही नहीं, आज देश में अनेक संस्थान बाकायदा टी.वी. पत्रकारिता के लिए प्रशिक्षण पाठ्यक्रम संचालित कर रहे हैं।

इस क्षेत्र के विशेषज्ञों की राय है कि प्रशिक्षण सोने पे सुहागा वाला कार्य करता है। यह व्यक्ति में निहित प्रतिभा को सँवारने, उभारने तथा तराशने में मददगार साबित होता है। प्रशिक्षण के दौरान निर्माण-निर्देशन की भी समझ आ जाती है। चूँकि टी.वी. जर्नलिज्म में तकनीक का भी बड़ा भारी रोल है, अतः प्रशिक्षण उसकी समझ, परख व दक्षता पैदा करता है।

टी.वी. पत्रकारिता को अपना कैरियर बनाने के इच्छुक व्यक्तियों में भाषा की स्पष्टता, सरलता तथा प्रासंगिकता होनी आवश्यक है। साथ ही उसमें आत्मविश्वास व गलती को तुरंत सुधारने का हुनर भी होना चाहिए। शब्दों का सरलीकरण करना आवश्यक है। टी.वी. पत्रकार को इस बात का विशेष रूप से ध्यान रखना चाहिए कि प्रारंभ में महत्त्वपूर्ण समाचार न दे, क्योंकि श्रोताओं व दर्शकों को समाचारों से जुड़ने में थोड़ा समय लगता है। साथ ही, समाचार कार्यक्रम की समाप्ति से पहले प्रसारित किए गए सारे महत्त्वपूर्ण समाचारों को संक्षिप्त में दोहरा देना चाहिए।

चूँकि टी.वी. पत्रकार मात्र एक पत्रकार न होकर समाचार वाचक भी होता है, अतः उसका आकर्षक चेहरे तथा आवाज का प्रभावशाली ढंग से प्रयोग करनेवाला होना भी आवश्यक है। साथ ही, एक टी.वी. पत्रकार को माइक या माइक्रोफोन के इस्तेमाल की पूरी प्रक्रिया से वाकिफ होना भी जरूरी है। सेट पर कैमरा कहाँ-कहाँ लगा है, उसे किस तरह बैठना है तथा कैसे अपना कार्यक्रम प्रस्तुत करना है—इसकी भी पूर्ण जानकारी होनी चाहिए। हर वाक्य के अंत में आपकी आवाज अगर थोड़ी कम हो जाए तो आप शीघ्र सफलता प्राप्त कर सकते हैं। दर्शकों को न तो आपके कागज इधर-उधर करने की आवाज आनी चाहिए और न ही आपका कागज दर्शकों को दिखना चाहिए। साथ ही, अपनी स्क्रिप्ट को पहले एक बार पढ़कर देख लेना चाहिए, ताकि आपको बाद

में शब्दों को समझने में परेशानी न हो। इसके अलावा लगातार कागजों पर आपकी निगाह होना भी सही नहीं है। दर्शकों को यह एहसास होना आपकी सफलता की गारंटी है कि आपने सारे समाचार अपने दिमाग में फीड कर रखे हैं और आप व्यक्तिगत रूप से उन्हें समाचार सुना रहे हैं। लेकिन ऐसा भी न हो कि आप समाचार गलत पढ़ें, अतः बीच-बीच में अपने समाचार की हेडलाइन भी देखते रहना चाहिए। सार यह है कि टी.वी. पत्रकार को अपने कार्यक्रम के दौरान सतर्क, आत्मविश्वास से भरपूर, शांत, प्रभावशाली तथा तुरंत निर्णय लेनेवाला होना चाहिए।

अगर आप जुझारू प्रवृत्ति के हैं तथा सीखने में विश्वास रखते हैं तो आप अपनी कमियों को सुधारते हुए शीघ्र ही सफलता की ओर अग्रसर हो जाएँगे। वैसे भी टी.वी. समाचार वाचक का खुद किसी से प्रभावित होने की जगह दूसरों को प्रभावित करना ज्यादा जरूरी है।

टी.वी. पत्रकारिता कोर्स संचालित कर रहे कई संस्थानों के डायरेक्टरों का कहना है कि इस समय कोई भी प्रशिक्षित पत्रकार बेरोजगार नहीं है, क्योंकि यह कार्यक्षेत्र तकनीकी योग्यता से जुड़ा है। मालूम हो कि आजकल नौकरी के अलावा कांट्रेक्ट के आधार पर टी.वी. कार्यक्रम, फीचर प्रोग्राम, धारावाहिक, टी. वी. फिल्में बनाने के लिए भी प्रशिक्षु टी.वी. पत्रकारों की सेवा खूब ली जा रही है। दूरदर्शन व वीडियो पत्रिकाओं में फ्री-लांसिंग भी मुनाफे का व्यवसाय सिद्ध हो रहा है। जाहिर है कि यदि प्रशिक्षण के उपरांत नौकरी न करना चाहें तो बतौर फ्री-लांसर पर्याप्त धन अर्जित कर सकते हैं।

तकनीकी सूक्ष्मताओं, बारीकियों से अवगत होने के उपरांत फिल्म जगत् में भी कैरियर स्थापित कर सकते हैं। मुंबई में लगभग सभी प्रोड्यूसरों, निर्देशकों, निर्माताओं के यहाँ जनसंपर्क अधिकारी (पी.आर.ओ.) होते हैं। इस पद पर भी नियुक्ति संभव है। चूँकि प्रशिक्षण संस्थानों में फिल्म संपादक, कैमरा हैंडलिंग, निर्देशन व प्रोडक्शन का कार्य प्रमुखता से सिखाया जाता है, अतः फिल्म निर्माता-निर्देशकों, प्रोड्यूसरों के सहयोगी, जैसे-असिस्टेंट डायरेक्टर, असिस्टेंट प्रोड्यूसर, असिस्टेंट कैमरामैन आदि भी बन सकते हैं। तेज-तर्रार, कुशल व दक्ष तकनीशियनों की हमेशा माँग रहती है, चूँकि टी.वी. पत्रकारिता की हमेशा माँग रहती है, वैसे टी.वी. पत्रकारिता का क्षेत्र ही व्यापक संभावनाओं से भरा है, इसलिए प्रशिक्षण के उपरांत विभिन्न चैनलों में नियोजित होना सुनिश्चित है। अच्छे प्रशिक्षण संस्थानों में तो प्रशिक्षण के दौरान ही टी.वी. चैनल

कैंपस इंटरव्यू करते हैं और प्रशिक्षुओं को नियुक्ति-पत्र थमा देते हैं। लेकिन सरकारी व निजी क्षेत्र के संस्थानों में प्रशिक्षण शुल्क इतना अधिक है कि आम छात्र चाहकर भी टी.वी. पत्रकारिता कोर्स नहीं कर पाते हैं। गरीब व निर्धन युवक-युवतियों को यह व्यावसायिक कोर्स करने में आर्थिक दिक्कतें आ रही हैं, क्योंकि चर्चित प्रशिक्षण संस्थान पच्चीस-तीस हजार रुपए बतौर प्रशिक्षण शुल्क ले रहे हैं, इसलिए केवल धनी छात्र ही टी.वी. कोर्स कर सकते हैं।

मालूम हो कि प्रिंट मीडिया के मुकाबले इलेक्ट्रॉनिक मीडिया में अधिक पैसा है। लगभग सभी टी.वी. चैनलों में अखबार-पत्रिकाओं से कहीं अधिक वेतन मिल रहा है। राष्ट्रीय दूरदर्शन में तो रिपोर्टर व समाचार संपादक को राजपत्रित अधिकारी माना जाता है। टी.वी. चैनलों में स्थायी नियुक्ति भी हो सकती है और कांट्रेक्ट के आधार पर भी निश्चित समय सीमा के लिए रखा जाता है। अधिकांश निजी चैनलों में संवाददाता तथा समाचार संपादक को सात-आठ हजार रुपए प्रतिमाह से अधिक वेतन मिल रहा है। किसी-किसी चैनल में पंद्रह-बीस हजार रुपए भी प्रतिमाह वेतन दिया जा रहा है। भारतीय जनसंचार संस्थान (नई दिल्ली) के अंतर्गत रेडियो और टेलीविजन पत्रकारिता में स्नातकोत्तर डिप्लोमा कोर्स संचालित हो रहा है। यह सरकारी संस्थान है, इसलिए यहाँ प्रशिक्षण प्राप्त करने की होड़ मची है। यहाँ प्रवेश के लिए उम्मीदवार को किसी भी संकाय में स्नातक होना चाहिए। जिन्होंने स्नातक अंतिम वर्ष की परीक्षा दी है या देने जा रहे हैं, वे भी आवेदन कर सकते हैं। मालूम हो कि यहाँ प्रवेश के लिए नियमानुसार आरक्षण की सुविधा मिल सकती है। अनुसूचित जाति/जनजाति/अन्य पिछड़े वर्ग के छात्रों को प्रशिक्षण शुल्क में भी छूट दी जाती है और इनके लिए सीटें भी आरक्षित होती हैं। भारतीय जनसंचार संस्थान में प्रशिक्षण शुल्क पच्चीस हजार रुपए है। कोर्स की अवधि एक वर्ष। अधिक जानकारी के लिए संपर्क करें–कुलसचिव, इंडियन इंस्टीट्यूट ऑफ मास कम्युनिकेशन, अरुणा आसफ अली मार्ग, जे.एन.यू. परिसर, नई दिल्ली-110067

इसी प्रकार दिल्ली स्थित जामिया मिल्लिया इसलामिया यूनिवर्सिटी के अंतर्गत दो वर्षीय मास कम्युनिकेशन कोर्स संचालित है। टी.वी. पत्रकारिता के समकक्ष इस कोर्स में प्रवेश के लिए स्नातक में न्यूनतम 50 प्रतिशत अंक तथा स्नातकोत्तर में 45 प्रतिशत अंक प्राप्त करना अनिवार्य शर्त है। इसके कोर्स हर वर्ष सितंबर में शुरू होते हैं। प्रशिक्षण शुल्क दस हजार रुपए है।

सोफिया पॉलिटेक्निक, मुंबई के अंतर्गत टी.वी. पत्रकारिता के समकक्ष 'सर्टिफिकेट' इन कम्युनिकेशन मीडिया कोर्स संचालित हो रहा है। इस संस्थान को केंद्रीय तकनीकी शिक्षा निदेशालय से मान्यता मिली हुई है। यहाँ कुल चालीस सीटें महिला अभ्यर्थियों के लिए आरक्षित हैं। प्रशिक्षण शुल्क मात्र पाँच हजार रुपए है।

पटना स्थित बिहार इंस्टीट्यूट ऑफ फिल्म एंड टेलीविजन, 105, गांधी पथ, दक्षिणी नेहरू नगर, पटना के अंतर्गत भी टी.वी. पत्रकारिता पाठ्यक्रम संचालित है। निजी क्षेत्र के इस संस्थान में निर्देशन, टी.वी. पत्रकारिता, फिल्म एडिटिंग, एक्टिंग आदि पाठ्यक्रमों में प्रवेश के लिए बारहवीं कक्षा उत्तीर्ण होना अनिवार्य शर्त है। आयु सीमा का कोई बंधन नहीं है। प्रवेश परीक्षा और साक्षात्कार के आधार पर नामांकन संभव है।

मैक अकादमी ऑफ पी.सी. इंडिया, चेन्नई के अंतर्गत टी.वी. पत्रकारिता के समकक्ष 'तकनीकी मल्टीमीडिया' कोर्स संचालित हो रहा है। छह माह के इस पाठ्यक्रम के लिए प्रशिक्षण शुल्क है तेईस हजार रुपए। इसी प्रकार जयपुर स्थित रूपम नेशनल इंस्टीट्यूट ऑफ इलेक्ट्रॉनिक कम्युनिकेशन के अंतर्गत वीडियो प्रोडक्शन पर आधारित प्रशिक्षण दिया जा रहा है, जिसके अंतर्गत टी.वी. पत्रकारिता पाठ्यक्रम भी सन्निहित है। प्रवेश चयन परीक्षा व इंटरव्यू के उपरांत संभव है। प्रवेश के लिए प्रत्याशी को न्यूनतम 50 प्रतिशत अंकों सहित स्नातक होना चाहिए। संपूर्ण जानकारी के लिए लिखें–रूपम नेशनल इंस्टीट्यूट ऑफ इलेक्ट्रॉनिक्स, ग्राम–कुंडा, जिला–जयपुर (राजस्थान)।

आजकल निजी क्षेत्र में कई प्रशिक्षण केंद्र अस्तित्व में आ चुके हैं, जो कैरियर के मद्देनजर कारगर प्रशिक्षण दे रहे हैं। इन संस्थानों में ट्रेंड होने के उपरांत खासकर निजी चैनलों में नियोजित होने की संभावनाएँ प्रबल हैं। राष्ट्रीय राजधानी क्षेत्र दिल्ली में स्थित ड्रामा सिने लिंक तीन माह में टी.वी. पत्रकारिता कोर्स करा रहा है। इस प्रशिक्षण संस्थान में मेकअप में डिप्लोमा, मॉडलिंग में सर्टिफिकेट कोर्स, अभिनय में डिप्लोमा, टी.वी. एंकरिंग में डिप्लोमा जैसे अनेक रोजगारोन्मुखी पाठ्यक्रम उपलब्ध हैं। इस प्रशिक्षण संस्थान के संचालक का कहना है कि टी.वी. पत्रकारिता के अंतर्गत पत्रकारिता का इतिहास पढ़ाया जाना आवश्यक है। इसके लिए ड्रामा सिने लिंक में जाने-माने वरिष्ठ पत्रकारों को बतौर सिद्धांत, उद्देश्य, इतिहास आदि से अवगत होने के उपरांत हम छात्रों को टी.वी. पत्रकारिता की तकनीकी बारीकियों, सूक्ष्मताओं से अवश्य अवगत कराते

हैं। स्क्रिप्ट राइटिंग, स्टोरी एडिटिंग, स्टोरी डायलॉग राइटिंग, फिल्म संपादन, कैमरा संचालन, निर्देशन व प्रोडक्शन से संबंधित सभी पहलुओं से विधिवत् अवगत कराते हैं और अंत में प्रैक्टिकल रिपोर्टिंग के लिए फील्ड में भेजते हैं। ड्रामा सिने लिंक में कुल बीस सीटें हैं। प्रशिक्षण शुल्क बीस हजार रुपए मात्र। प्रवेश के लिए उम्र सीमा का कोई बंधन नहीं। आवेदन के लिए शैक्षिक योग्यता 10+2 अथवा स्नातक होना चाहिए। प्रवेश 'पहले आओ, पहले पाओ' के आधार पर संभव है। साक्षात्कार के उपरांत प्रवेश संभव है। अधिक जानकारी के लिए आप यहाँ संपर्क कर सकते हैं–डायरेक्टर, ड्रामा सिने लिंक, बी-55, सोमदत्त चैंबर्स-II, भीकाजी कामा प्लेस, नई दिल्ली-110066।

इसी प्रकार एशियन एकेडमी ऑफ फिल्म एंड टेलीविजन (नोएडा) के अंतर्गत भी टी.वी. पत्रकारिता पाठ्यक्रम तीन माह में कर सकते हैं। यहाँ चार चरणों में कोर्स कराया जाता है। फिल्म मेकिंग, राइटिंग वर्क, प्लानिंग, प्रोडक्शन से लेकर प्रैक्टिकल रिपोर्टिंग तथा प्रशिक्षुओं को जाने-माने टी.वी. पत्रकारों, फिल्म प्रोड्यूसरों, निर्देशकों, निर्माताओं के सान्निध्य में प्रशिक्षण दिया जाता है। फीस है बयालीस हजार रुपए। इसमें चार हजार रुपए प्रोडक्शन शुल्क भी शामिल है।

एशियन एकेडमी में प्रवेश के लिए किसी भी संकाय में स्नातक होना चाहिए तथा टी.वी. जर्नलिज्म के प्रति दिलचस्पी होनी चाहिए। अधिक जानकारी के लिए यहाँ लिखें या संपर्क करें–एशियन एकेडमी ऑफ फिल्म एंड टी.वी., मारवाह स्टूडियो कॉम्प्लेक्स, एफ.सी. 14/15, फिल्म सिटी, सेक्टर-16ए, नोएडा-201301 (उ.प्र.)।

टी.वी. पत्रकारिता का प्रशिक्षण प्राप्त व्यक्ति या तो किसी संस्थान से जुड़कर अन्य लोगों को टी.वी. पत्रकारिता का प्रशिक्षण दे सकता है या फिर स्वयं टी.वी. पत्रकारिता को अपना कैरियर बना सकता है। इसके अतिरिक्त कर्मठ, लगनशील, जुझारू प्रवृत्तिवाला तथा समाज के लोगों से अच्छे संबंध रखनेवाला व्यक्ति अपना स्वयं का प्रशिक्षण संस्थान भी खोल सकता है। एक सफल टी.वी. पत्रकार अगर चाहे तो अपने स्तर पर समाचारों का संकलन करके भी टी.वी. को भेज सकता है तथा अपने पास ही सारे अधिकार सुरक्षित रख सकता है। टी.वी. पत्रकारिता के क्षेत्र में ग्लैमर, पैसा व प्रसिद्धि सभी कुछ है। लेकिन सफलता प्राप्त करने के लिए प्रयास करना आवश्यक हो जाता है। अत: एक नए कैरियर में स्वयं को स्थापित करने के लिए प्रयास करिए तथा सफलता के शिखर पर पहुँचकर अन्य लोगों के लिए आदर्श बनिए।

प्रमुख प्रशिक्षण संस्थान

★ एशियन एकेडमी ऑफ फिल्म एवं टी.वी., मारवाह स्टूडियो कॉम्प्लेक्स, एफ.सी. 14/15, फिल्म सिटी, सेक्टर-16 ए, नोएडा-201301 (उ.प्र.)

★ फिल्म एंड टी.वी. इंस्टीट्यूट, डी.बी.ए. वर्ल्ड ट्रेड टावर, प्रथम तल, न्यू बाराखंभा लेन, नई दिल्ली-110001, फोन : 23362851

★ साउथ दिल्ली पॉलिटेक्निक फॉर वीमेन, लाजपत नगर-4, लेडी श्रीराम कॉलेज के पास, नई दिल्ली-110024, फोन : 26462941

★ फिल्म एंड टी.वी. इंस्टीट्यूट ऑफ इंडिया, पुणे (महाराष्ट्र)

★ भारतीय जनसंचार संस्थान, अरुणा आसफ अली मार्ग, जे.एन.यू. नया परिसर, नई दिल्ली-110067, फोन : 26171352, 26107492

★ सोफिया पॉलिटेक्निक, मुंबई

★ बिहार इंस्टीट्यूट ऑफ फिल्म एंड टी.वी. 105, गांधी पथ, दक्षिणी नेहरू नगर, पटना-800013

★ मैक अकादमी ऑफ पी.सी. इंडिया, चेन्नई

★ रूपम नेशनल इंस्टीट्यूट ऑफ इलेक्ट्रॉनिक कम्युनिकेशन, ग्राम कुंडा, जयपुर-303101 (राजस्थान)

★ एमिटी स्कूल ऑफ जर्नलिज्म एंड कम्युनिकेशन, ए.के.सी. हाउस, ई-27, डिफेंस कॉलोनी, नई दिल्ली-110024

★ एकेडमी 18, स्टूडियो 18 इंडिया प्रा.लि., 8 बालाजी एस्टेट, गुरु रविदास मार्ग, कालकाजी, नई दिल्ली-110019, फोन : 26225901-06

★ फिल्म एंड टेलीविजन इंस्टीट्यूट ऑफ तमिलनाडु, सी.आई.टी. कैंपस, चेन्नई-600113

★ गुलबर्ग यूनिवर्सिटी, जनानागंगा, गुलबर्गा-585106 (कर्नाटक)

★ इंडियन टेलीविजन ट्रेनिंग इंस्टीट्यूट, सी-41, गुलमोहर पार्क, नई दिल्ली-110049

★ सत्यजित रे फिल्म एंड टेलीविजन इंस्टीट्यूट, ई.एम. बाई पास रोड, पंचसायर, कोलकाता-700094

□

11

मल्टीमीडिया

> मल्टीमीडिया के क्षेत्र में प्रशिक्षणार्थियों को अलग-अलग सॉफ्टवेयरों के द्वारा प्रशिक्षण प्रदान किया जाता है तथा अलग-अलग सॉफ्टवेयरों का डिमांस्ट्रेशन भी करके दिखाया जाता है। डिमांस्ट्रेशन करके दिखाने का मुख्य कारण प्रशिक्षणार्थियों के ज्ञान को बढ़ाना तथा सॉफ्टवेयरों को किस तरह प्रयोग किया जाना चाहिए आदि सिखाना होता है। मल्टीमीडिया के क्षेत्र में एनीमो, रेंडर फार्म, यू.एस. एनिमेशन, हुंडानी, माया मैक्स, एडोब फोटोशॉप, ड्रीमवीयर, फ्लैश, सॉफ्ट इमेज तथा मैक्रोमीडिया आदि का प्रशिक्षण प्रदान किया जाता है। सबसे पहले प्रशिक्षणार्थियों को इन सॉफ्टवेयरों की टेक्निकल व थ्योरोटिकल जानकारी प्रदान की जाती है, इसके पश्चात् डिमांस्ट्रेशन होता है तथा अंत में प्रशिक्षणार्थी स्वयं उन्हें प्रयोग करके देखता है।

निरंतर आधुनिकता की ओर अग्रसर समाज में प्रत्येक व्यक्ति अपनी एक अलग पहचान चाहता है। ऐसी स्थिति में वह किसी ऐसे क्षेत्र में अपना कैरियर बनाना चाहता है, जिसमें उसे रोजगार तो मिले ही, साथ ही पैसा व शोहरत भी प्राप्त हो। ऐसा ही एक क्षेत्र 'मल्टीमीडिया' आज युवाओं को काफी आकर्षित कर रहा है। कंप्यूटर तकनीक के लोकप्रिय विकल्प के रूप में यह

क्षेत्र न सिर्फ युवाओं को आकर्षित ही कर रहा है वरन् उन्हें अपने गुणों को पहचानने, सजाने, सँवारने तथा उभारने का मौका भी प्रदान कर रहा है।

'मल्टीमीडिया' के क्षेत्र में कैरियर बनाने को उत्सुक युवाओं को ग्राफिक्स, एनिमेशन, थ्री डी, ऑडियो, वीडियो आदि की जानकारी होना आवश्यक होता है, क्योंकि इन सबके संयोग से ही किसी कार्यक्रम का निर्माण होता है। मल्टीमीडिया के जानकार व्यक्ति की प्रिंट मीडिया, पब्लिसिटी डिपार्टमेंट्स, समाचार, इंटरनेट, स्पेशल इफेक्ट, ग्राफिक्स एवं एनिमेशन, साउंड रिकॉर्डिंग आदि प्रत्येक क्षेत्र में आवश्यकता पड़ती है। मल्टीमीडिया एक ऐसा कार्य क्षेत्र है जिसमें रहकर व्यक्ति अपनी रचनाधर्मिता का लोहा मनवा सकता है तथा अपनी रचनात्मक भूख को शांत भी कर सकता है। इस क्षेत्र में रोजगार की अपार संभावनाएँ हैं, साथ ही कुछ नया व औरों से अलग कर दिखाने की गुंजाइश भी।

जहाँ इस क्षेत्र में पैसा व प्रसिद्धि है वहीं यह क्षेत्र मेहनत, लगन व दृढ़ इच्छाशक्ति की भी माँग करता है। आराम करनेवाले व्यक्ति की इस क्षेत्र में कोई आवश्यकता नहीं है। कंप्यूटर पर निरंतर नई-नई तकनीक की जानकारी प्राप्त करते तथा चुनौतीपूर्ण कार्य करते रहकर ही व्यक्ति इस क्षेत्र में स्वयं को स्थापित कर सकता है। साल-दर-साल सीखते रहना ही इस क्षेत्र का विशेष गुण है।

रोजमर्रा के जीवन को नएपन से जीने की कोशिश में लगे लोग सामान्यतः अपने काम में भी नवीनता लाते रहते हैं। ऐसे युवाओं को अगर मल्टीमीडिया के क्षेत्र में प्रशिक्षित कर दिया जाए तो ऑडियो-वीडियो, संचार एवं प्रसार माध्यमों में नित नए आविष्कार होते नजर आएँगे। मल्टीमीडिया में अपना कैरियर बनाने को उत्सुक युवाओं को समाज में अपनी आँखें, कान व दिमाग को खुला रखना जरूरी है। ऐसा करके ही वे अपने क्षेत्र में किए जानेवाले नए-नए आविष्कार कर सकते हैं। कंप्यूटर की सुविधा के चलते नए ग्राफिक्स व एनिमेशन कार्यक्रम भी तैयार किए जा सकते हैं। इंटरनेट पर आनेवाले विज्ञापन हों, कार्टून हों या फिर किसी कार्यक्रम को आकर्षक व नवीन रूप देना-ये सब मल्टीमीडिया कर्मी के कार्यक्षेत्र में ही आते हैं।

मल्टीमीडिया के क्षेत्र में प्रशिक्षण प्राप्त करने के इच्छुक युवाओं का न्यूनतम 10+2 तक की शिक्षा प्राप्त होना आवश्यक है। इसमें अधिकतर कोर्स लगभग छह माह से एक वर्ष तक के हैं। इस क्षेत्र के प्रशिक्षणार्थी को कंप्यूटर ग्राफिक्स, एनिमेशन सॉफ्टवेयर आदि का प्रशिक्षण प्रदान किया जाता है। फाइन आर्ट से स्नातक किए हुए छात्र को कंप्यूटर ग्राफिक्स और थ्री डी एनिमेशन का

छह महीने का कोर्स करना होता है। इस कोर्स के पश्चात् वह मल्टीमीडिया से जुड़े किसी भी क्षेत्र में अपनी पहचान बना सकता है।

'सर्टिफिकेट इन मल्टीमीडिया वेब इंजीनियर' का तीस माह का कोर्स करने के पश्चात् प्रशिक्षण प्राप्त व्यक्ति इमेज संपादक, ध्वनि संपादक, मल्टीमीडिया प्रोग्रामर, कंटेंट डेवलपर, प्रोडक्ट डिजाइनर आदि पदों पर अपने हुनर दिखा सकता है। चूँकि ये सारे क्षेत्र विचारों, कार्य व रचनात्मक प्रवृत्ति पर आधारित होते हैं, अतः व्यक्ति का अपने क्षेत्र में महारत हासिल होना उसे पैसा, प्रसिद्धि व माँग दिला सकता है।

मल्टीमीडिया के क्षेत्र में प्रशिक्षणार्थियों को अलग-अलग सॉफ्टवेयरों के द्वारा प्रशिक्षण प्रदान किया जाता है तथा अलग-अलग सॉफ्टवेयरों का डिमांस्ट्रेशन भी करके दिखाया जाता है। डिमांस्ट्रेशन करके दिखाने का मुख्य कारण प्रशिक्षणार्थियों के ज्ञान को बढ़ाना तथा सॉफ्टवेयरों को किस तरह प्रयोग किया जाना चाहिए आदि सिखाना होता है। मल्टीमीडिया के क्षेत्र में एनीमो, रेंडर फार्म, यू.एस. एनिमेशन, हुंडानी, माया मैक्स, एडोब फोटोशॉप, ड्रीमवीयर, फ्लैश, सॉफ्ट इमेज तथा मैक्रोमीडिया आदि का प्रशिक्षण प्रदान किया जाता है। सबसे पहले प्रशिक्षणार्थियों को इन सॉफ्टवेयरों की टेक्निकल व थ्योरोटिकल जानकारी प्रदान की जाती है, इसके पश्चात् डिमांस्ट्रेशन होता है तथा अंत में प्रशिक्षणार्थी स्वयं उन्हें प्रयोग करके देखता है। इस तरह प्रशिक्षणार्थी को पूरी तरह अपने क्षेत्र का महारथी बनाने का प्रयास किया जाता है।

मल्टीमीडिया में चूँकि मीडिया से जुड़े हुए प्रत्येक क्षेत्र का अध्ययन किया जाता है, अतः इसमें रोजगार प्राप्त करने के भी कई क्षेत्र हैं। वीडियो इमेजिंग के द्वारा छपाई आदि का कार्य किया जाता है, जो कि काफी बारीकी तथा सफाई की माँग करता है। अतः इस कार्य को करने के लिए विजुअलाइजर तथा लेआउट आर्टिस्टों की आवश्यकता होती है और इस पद के लिए मल्टीमीडिया के क्षेत्र में प्रशिक्षित लोगों को प्राथमिकता दी जाती है। विजुअलाइजर तथा लेआउट आर्टिस्ट बनने के लिए व्यक्ति को एक वर्ष का प्रशिक्षण लेना होता है। इसके अतिरिक्त आप ग्राफिक आर्टिस्ट, कार्टूनिस्ट, डी.टी.पी. विशेषज्ञ आदि के रूप में भी अपना कैरियर बना सकते हैं।

घर-घर में पहुँच चुके कंप्यूटर ने लोगों को इंटरनेट के द्वारा शॉपिंग करना भी सिखा दिया है। अमेरिका जैसे बड़े देशों में तो टेलीफोन बिल, हाउस रेंट आदि जमा करने के लिए तथा घरेलू सामान खरीदने के लिए कहीं भी जाने की

आवश्यकता नहीं होती। इंटरनेट के द्वारा ही शॉपिंग व बिलिंग के सारे कार्य संपन्न हो जाते हैं। इंटरनेट पर प्रसारित होनेवाले विज्ञापनों को तैयार करना भी कम मेहनत का काम नहीं होता। अतः इन विज्ञापनों की तैयारी भी मल्टीमीडिया में प्रशिक्षित व्यक्ति ही करते हैं। इसके अतिरिक्त फोटो सर्फिंग, ऑडियो-वीडियो क्लिप्स तथा ग्राफिक्स आदि का कार्य भी इंटरनेट के द्वारा आराम से कर लिया जाता है। इंटरनेट से किसी चीज को डाउनलोड करना तथा अपनी रचना को दूसरे लोगों तक पहुँचाना कम समय में तथा आसानी से संभव हो जाता है। मल्टीमीडिया में प्रशिक्षित व्यक्ति अनेक प्रकार के खेल व ज्ञानवर्द्धक कार्यक्रम तैयार करके लोगों के बीच लोकप्रियता हासिल कर सकता है।

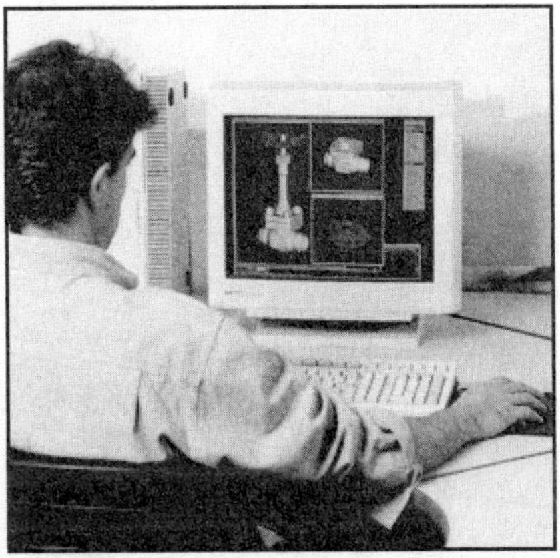

मल्टीमीडिया के क्षेत्र में कंप्यूटर के जानकार नाम व दाम दोनों कमा सकते हैं

ग्लैमरयुक्त रोजगार की तलाश करनेवाले लोगों के लिए मल्टीमीडिया के क्षेत्र में प्रशिक्षण प्राप्त करना काफी लाभदायक है। जैसे-जैसे भौतिकतावादी व दिखावे की संस्कृति का प्रचार-प्रसार हो रहा है वैसे-वैसे मल्टीमीडिया के क्षेत्र में प्रशिक्षण व रोजगार प्राप्त करनेवालों की संख्या भी बढ़ रही है। लेकिन हर प्रशिक्षित व्यक्ति को इस क्षेत्र में रोजगार तभी मिल सकता है जबकि वह कुछ नया व आम जनता की पसंद का बना सके। पुरानी घिसी-पिटी लीक पर चलनेवाले व आरामपसंद लोगों के लिए इस क्षेत्र में कोई जगह नहीं है।

प्रमुख प्रशिक्षण संस्थान

1. एन.आई.आई.टी. (NIIT)। 2. आई.बी.एम. (IBM)। 3. टाटा यूनिसेस। 4. एरेना मल्टीमीडिया। 5. भारतीय प्रौद्योगिकी संस्थान, खड्गपुर। 6. भारतीय विज्ञान संस्थान, बंगलोर। 7. भारतीय प्रौद्योगिकी संस्थान, चेन्नई। 8. भारतीय प्रौद्योगिकी संस्थान, मुंबई 9. भारतीय प्रौद्योगिकी संस्थान, दिल्ली।

□

12

एनिमेशन

> सूचना संचार माध्यमों में हो रहे तीव्र परिवर्तनों के कारण आज प्रत्येक नए उत्पाद के विषय में व्यक्ति टेलीविजन, होर्डिंग तथा समाचार-पत्रों से जानकारी प्राप्त कर लेता है। प्रारंभ से ही भारत में कला का वर्चस्व रहा है। भवनों की दीवारों पर बड़ी-बड़ी पेंटिंग्स लोगों की कलाकारी का स्पष्ट नमूना हैं। ग्राफिक्स आर्ट में भी कैरियर की अपार संभावनाएँ मौजूद हैं। अगर किसी व्यक्ति की कला में रुचि है तथा वह कला के क्षेत्र में कुछ नया करना चाहता है तो ग्राफिक्स एवं एनिमेशन को अपना कैरियर बना सकता है।

स्वप्नों की दुनिया में बहता हुआ मनुष्य अपने स्वप्नों को साकार करने के लिए तरह-तरह के प्रयास व आविष्कार करता ही रहता है। चाहे फिर वह न्यूटन के द्वारा किया गया गुरुत्वाकर्षण शक्ति का आविष्कार हो या फिर मानव क्लोन बनाने का आविष्कार। आज व्यक्ति में सबकुछ प्रत्यक्ष रूप से देखने व पूर्ण रूप से जानने की तीव्र लालसा है। यही कारण है कि हम प्राचीन काल में पाए जानेवाले राक्षसों की, डायनासोरों की या भूत-प्रेत की बात करते हैं अथवा फिर हिम मानव या अंतरिक्ष मानव की। इन पर गढ़ी गई कहानियाँ सबसे ज्यादा प्रभावी व प्रसिद्ध हुईं अपने साकार रूप में। वैसे भी धारणा है कि

देखी गई चीज सुनी-सुनाई बातों से कहीं ज्यादा प्रभावी व यादगार होती है। यही कारण है कि व्यक्ति ने आविष्कार किया चित्रों व ध्वनि को एक साथ जोड़कर दिखाने का और जन्म हुआ एक नई कला का, जिसे ग्राफिक्स व एनिमेशन के नाम से जाना जाता है।

सूचना संचार माध्यमों में हो रहे तीव्र परिवर्तनों के कारण आज प्रत्येक नए उत्पाद के विषय में व्यक्ति टेलीविजन, होर्डिंग तथा समाचार-पत्रों से जानकारी प्राप्त कर लेता है। प्रारंभ से ही भारत में कला का वर्चस्व रहा है। भवनों की दीवारों पर बड़ी-बड़ी पेंटिंग्स लोगों की कलाकारी का स्पष्ट नमूना हैं। ग्राफिक्स आर्ट में भी कैरियर की अपार संभावनाएँ मौजूद हैं। अगर किसी व्यक्ति की कला में रुचि है तथा वह कला के क्षेत्र में कुछ नया करना चाहता है तो ग्राफिक्स एवं एनिमेशन को अपना कैरियर बना सकता है।

विभिन्न उत्पादों के प्रचार-प्रसार के लिए ग्राफिक्स आर्ट का ही प्रयोग किया जाता है। वर्तमान में व्यवसायगत प्रचार पर आधारित प्रतिष्ठानों, विज्ञापन एजेंसियों, अखबार, पत्रिकाओं, सरकारी दृश्य-श्रव्य माध्यमों एवं प्रकाशन के क्षेत्र में व्यावसायिक कलाकारों की बेहद माँग है। स्केचिंग, पेंटिंग, ड्राइंग, डिस्प्ले डिजाइनिंग आदि कॉमर्शियल आर्टिस्ट का ही काम है। साधारणतया कॉमर्शियल आर्टिस्ट, विज्ञापन एजेंसियों, प्रकाशन समूहों, फिल्म स्टूडियो, टेलीविजन केंद्रों, फोटोग्राफी स्टूडियो के क्षेत्र में प्रशिक्षण के बाद उच्च वेतन पर नियोजित हो जाता है। ज्यादातर कॉमर्शियल आर्टिस्ट किसी प्रोजेक्ट की सामग्री को प्रचारित तथा प्रभावी बनाने हेतु नए-नए विचार कल्पित करके उसका आर्ट वर्क तैयार करते हैं। कॉमर्शियल आर्टिस्ट विज्ञापन, बुकलेट, फोल्डर, ब्रोशर, कैटलॉग, काउंटर डिस्प्ले इत्यादि सहित स्लाइड्स, फिल्म स्क्रिप्ट तैयार करने में भी अपना रचनात्मक योगदान प्रदान करता है। काम की प्रकृति कहीं अनुबंध तो कहीं फुल टाइम जॉब के रूप में हो सकती है।

ग्राफिक्स अर्थात् कॉमर्शियल आर्ट का जन्म यों तो भाषा के साथ ही हुआ, तभी से ये विविध रूपों-स्वरूपों में मौजूद हैं। आज के युग में जैसे-जैसे विज्ञापनों व उत्पादों के बेचे जाने के लिए प्रचार माध्यमों की जरूरतों में बढ़ोतरी हुई है वैसे-वैसे कॉमर्शियल आर्ट भी एक शौक से चलकर व्यवसाय के रूप में स्थापित हो गया है। आज दुनिया के अधिकांश देश ललित कला, चित्रकला आदि की तर्ज पर ही ग्राफिक्स आर्ट का भी विधिवत् पाठ्यक्रम संचालित कर रहे हैं।

ग्राफिक्स भी इसी विद्या की एक शाखा है, जो एक फलते-फूलते व्यवसाय के रूप में प्रतिष्ठित है। कॉमर्शियल आर्ट व ग्राफिक्स से संबंधित सर्टिफिकेट कोर्स, डिप्लोमा, डिग्री तथा मास्टर डिग्री जैसे कई पाठ्यक्रम चलाए जा रहे हैं, जिनकी अवधि एक वर्ष से लेकर पाँच वर्ष है। मान्यता प्राप्त संस्थानों से इस विद्या में प्रशिक्षित होने के बाद लेआउट डिजाइनर, ग्राफिक्स आर्टिस्ट, इलस्ट्रेटर, कार्टूनिस्ट, स्पाट इलस्ट्रेटर आदि पदों पर नियुक्ति प्राप्त की जा सकती है। जो लोग नौकरी नहीं करना चाहते वे अपनी विज्ञापन एजेंसी अथवा आर्ट वर्क सेंटर खोल सकते हैं। इसके अलावा स्थानीय स्तर पर प्रशिक्षण देने के लिए इंस्टीट्यूट अथवा संस्थान खोलकर भी अच्छी कमाई करने के लिए स्वतंत्र हैं।

ग्राफिक्स डिजाइनिंग का क्षेत्र बेहद व्यापक है। 'टाइटेनिक' फिल्म में जहाज के डूबनेवाला दृश्य हो, 'अनाकोंडा' का विशालकाय साँप के द्वारा मनुष्यों को निगलनेवाले दृश्य हों या फिर उड़ती हुई गाड़ियों का दृश्य, स्टंट सीन हो या 'टॉम एंड जैरी' जैसे कार्टून–हर जगह कमाल है ग्राफिक्स और एनिमेशन का। हॉरर फिल्मों के अधिकतर दृश्य भी ग्राफिक्स और एनिमेशन के द्वारा ही संभव हो पाते हैं। चूँकि इस तरह के दृश्यों में ध्वनि एवं चित्रों का सही तालमेल जरूरी होता है, अतः इसके लिए पूर्ण रूप से प्रशिक्षित व रचनात्मक प्रवृत्तिवाले व्यक्ति की आवश्यकता होती है, जिसे 'ग्राफिक्स डिजाइनर' कहा जाता है।

एक ग्राफिक्स डिजाइनर को वीडियो गेम, कंप्यूटर गेम, वीडियो चित्रण तथा विज्ञापन आदि को मनोरंजक बनाने का प्रशिक्षण प्रदान किया जाता है। एक ग्राफिक्स डिजाइनर में इन गुणों का होना आवश्यक है–

1. रंगों का सही चुनाव करने की क्षमता।
2. ध्यान केंद्रित करने की क्षमता।
3. लंबे समय तक बैठकर कार्य करने की क्षमता।
4. सरल व तुरंत समझ आनेवाले रेखाचित्रों का निर्माण करना।
5. लीक से हटकर तथा विशिष्ट प्रकार के चित्रों का निर्माण।
6. सौंदर्य-बोध।
7. चित्रों में सौंदर्यता का समावेश।
8. नए चित्रों के साथ अलग-अलग ध्वनियों का मिलान करना।
9. साधारण चीजों को भी विशिष्ट रूप में दिखाने की कला।

10. कल्पनाओं को कागज पर उतारने का गुण।
11. तुरंत निर्णय लेने की क्षमता।
12. कला के लिए प्रयोग में आनेवाले उपकरणों का ज्ञान।
13. कंप्यूटर की जानकारी।
14. बिना स्लोगन के ही चित्रों से बुलवाने की कला।

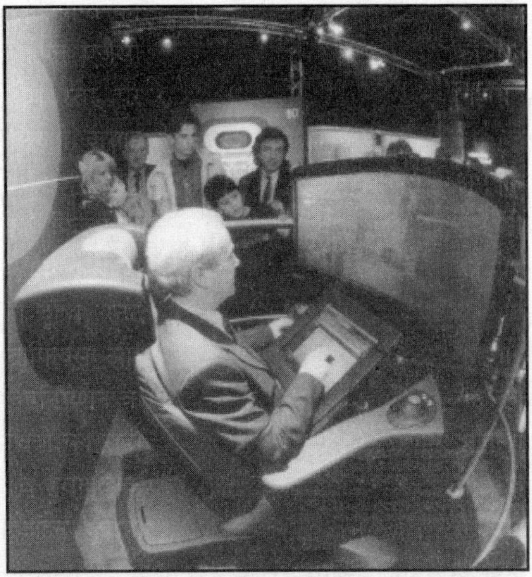

एनिमेशन के क्षेत्र में कल्पना तथा रचनात्मकता की काफी गुंजाइशें हैं

ग्राफिक्स आर्ट का कोर्स करवाने के लिए अनेक सरकारी व गैर-सरकारी संस्थान समाज में मौजूद हैं। ग्राफिक्स डिजाइनिंग के क्षेत्र में ए.पी.जे. डिजाइनिंग संस्थान एक प्रतिष्ठित संस्थान है, जो मुख्यत: दो तरह का प्रशिक्षण पाठ्यक्रम संचालित करता है। पहला कोर्स चार वर्षीय अवधि का है, जिसमें प्रवेश के लिए न्यूनतम अर्हता 10+2 अथवा समकक्ष परीक्षा उत्तीर्ण होना है। दूसरा कोर्स एक साल की अवधि का है, जिसमें किसी भी संकाय से स्नातक उत्तीर्ण अभ्यर्थी प्रवेश की पात्रता रखते हैं। प्रशिक्षित युवाओं के लिए कैंपस इंटरव्यू भी आयोजित किया जाता है, जहाँ काम करते-करते ही रोजगार के द्वार खुलने की संभावनाएँ बनी रहती हैं। नेशनल इंस्टीट्यूट ऑफ एडवरटाइजिंग भी डेढ़ वर्षीय पी.जी. डिप्लोमा कोर्स संचालित करता है। यहाँ से प्रशिक्षण के बाद छह महीने तक किसी एड एजेंसी अथवा कॉरपोरेट सेक्टर में प्रेक्टीकल ट्रेनिंग प्रदान कराई जाती है। यहाँ आवेदन की प्रक्रिया जनवरी माह में शुरू होती है। किसी भी संकाय में स्नातक उत्तीर्ण अभ्यर्थी प्रवेश की पात्रता रखते हैं। सामूहिक परिचर्चा तथा इंटरव्यू के आधार पर चयन किया जाता है।

ग्राफिक्स आर्ट के क्षेत्र में राष्ट्रीय डिजाइनिंग संस्थान साढ़े चार वर्षीय प्रशिक्षण

पाठ्यक्रम संचालित करता है। किसी भी संकाय में स्नातक कर चुके युवक-युवतियाँ यहाँ आवेदन कर सकते हैं। आवेदन संबंधी औपचारिकताएँ अक्तूबर-नवंबर में प्रारंभ होती हैं। प्रवेश परीक्षा जनवरी में तथा नया सत्र प्रत्येक कैलेंडर वर्ष के जून माह में शुरू किया जाता है। यहाँ कुल तीस सीटें हैं, जिनमें से 50 प्रतिशत युवतियों के लिए आरक्षित हैं। छात्रावास की भी सुविधा उपलब्ध है।

ग्राफिक्स डिजाइनर के रूप में कैरियर की शुरुआत करनेवाले लोगों को प्रारंभ में तीन हजार रुपए से लेकर पाँच हजार रुपए तक वेतन प्राप्त होता है। जैसे-जैसे आपकी गुणवत्ता पर लोगों को भरोसा होता जाता है वैसे-वैसे ही आपकी आय व प्रतिष्ठा में भी वृद्धि होती चली जाती है। आवश्यकता है तो धैर्य, निष्ठा और लगन की। अगर आप मेहनत व ईमानदारी के साथ लोगों में अपनी अलग पहचान रखते हैं तो ग्राफिक्स व एनिमेशन के क्षेत्र में अपना कैरियर भी बना सकते हैं और सफलता भी प्राप्त कर सकते हैं।

प्रमुख प्रशिक्षण संस्थान

- ए.पी.जे. डिजाइन संस्थान, 54 तुगलकाबाद संस्थानिक क्षेत्र, महरौली, नई दिल्ली
- नेशनल इंस्टीट्यूट ऑफ एडवरटाइजिंग (आई.आई.एम.सी.), जे.एन.यू. कैंपस, अरुणा आसफ अली मार्ग, नई दिल्ली
- राष्ट्रीय डिजाइन संस्थान, पलड़ी, अहमदाबाद-7 (गुजरात)
- भारतीय विद्या भवन, कस्तूरबा गांधी मार्ग, नई दिल्ली
- सेंट जेवियर इंस्टीट्यूट फॉर मास कम्युनिकेशन, जमशेदपुर (बिहार)
- राजेंद्र प्रसाद इंस्टीट्यूट फॉर कम्युनिकेशन एंड मैनेजमेंट, के.एम. मुंशी मार्ग, मुंबई-7
- सोफिया बी.के.एस., पॉलिटेक्निक, पैडर रोड, मुंबई-26
- कालंदी कॉलेज, जानकी देवी महाविद्यालय, कमला नेहरू कॉलेज, जामिया मिल्लिया इसलामिया, देहली कॉलेज
- विवेकानंद कॉलेज, दिल्ली विश्वविद्यालय, दिल्ली
- ई.आर. एंड डी.सी.आई., नोएडा (उ.प्र.)
- सेंटर फॉर इन्फॉरमेशन टेक्नोलॉजी, कनॉट सर्कस, नई दिल्ली-110001

13

फिल्म निर्माण

फिल्मों का समाज से गहरा संबंध है। फिल्मों में काम करनेवाले सितारों की एक झलक भर पाने को जहाँ दुनिया दीवानी रहती है वहीं निर्माताओं को भी कम लोकप्रियता नहीं मिलती; बल्कि दूसरे शब्दों में कहें तो कई निर्माता ऐसे भी हैं जिनके साथ काम करने के लिए बड़े-बड़े सितारे भी तरसते हैं। फिल्म निर्माण का व्यवसाय आजकल ग्लैमर से परिपूर्ण कैरियर के रूप में विकसित हो रहा है। आज प्रशिक्षण की उच्च स्तरीय व्यवस्थाएँ मुहैया होने के कारण युवाओं का इस क्षेत्र में प्रवेश आसान हो गया है।

चैनलों की बढ़ती भीड़ और उन पर दिखाए जानेवाले कार्यक्रमों की संख्या के कारण इंडस्ट्री में नए निर्माताओं की माँग बढ़ी है। लिहाजा कैरियर के रूप में यह एक बेहतर विकल्प बन चुका है।

निर्माता के अधिकार एवं उसके दायरे की चर्चा करें तो संक्षेप में यही कहना उचित होगा कि वह सर्वेसर्वा होता है। प्रोग्राम के विषय और कलाकारों के चयन से लेकर शूटिंग, रिहर्सल, रिकॉर्डिंग, प्रोडक्शन टीम व बजट का निर्धारण भी निर्माता को ही करना पड़ता है। सच कहें तो फिल्म के साथ-साथ टेलीविजन और रेडियो पर भी कार्यक्रम के निर्माण के लिए निर्माता की जरूरत पड़ती है और आज हर क्षेत्र में अवसरों की कोई कमी

नहीं। जरूरत सिर्फ इस बात की है कि व्यक्ति की अपने फील्ड पर मजबूत पकड़ होनी चाहिए।

फिल्म निर्माण के क्षेत्र में युवाओं का रुझानबढ़ाहै

कुछ लोग निर्माता और निर्देशक के कार्य को एक ही मानते हैं, क्योंकि कई बार एक ही व्यक्ति दोनों भूमिकाएँ निभाते हैं। हालाँकि दोनों का काम अलग–अलग होता है। रही बात इसे प्रोफेशन के रूप में अपनाने की तो अगर आप में अच्छी संगठन क्षमता, निर्णय लेने का कौशल और फील्ड की जानकारी है तो आप एक अच्छे निर्माता साबित हो सकते हैं। इस बिजनेस में सफल होने के लिए आप में दूसरे को प्रोत्साहित करने की भी कला होनी चाहिए।

अच्छे निर्माता बनने के लिए प्रारंभिक कुछ वर्षों में किसी निर्माता के साथ काम करना लाभदायक होता है। इससे आपको इस फील्ड की बुनियादी जानकारी मिलती है, जो आगे आपके लिए लाभकारी साबित हो सकती है।

टेलीविजन प्रोडक्शन का कोर्स करने से आपकी बुनियाद तैयार होती है और प्रोडक्शन से संबंधित जानकारी भी बढ़ती है। किसी निर्माता के साथ बतौर असिस्टेंट काम करना भी चुनौती भरा होता है। कलाकारों और प्रोडक्शन टीम के लोगों को सेट पर समय से पहुँचना, मेकअप, कॉस्ट्यूम की व्यवस्था करना असिस्टेंट का ही काम होता है।

प्रोड्यूसर के तौर पर आप महीने में पैंतीस हजार रुपए प्रति माह तक की आय कर सकते हैं। अगर आप स्वतंत्र रूप में कार्य करते हैं तो पचास हजार से अस्सी हजार रुपए प्रति माह कमा सकते हैं; लेकिन यह इस बात पर निर्भर करता है कि आपके हाथ में कितने प्रोजेक्ट हैं।

दूरदर्शन पर प्रोड्यूसर बनने के लिए आयु इक्कीस से तीस वर्ष के बीच होनी चाहिए। इसके अतिरिक्त स्नातक डिग्री, टेलीविजन प्रोडक्शन/फिल्म डायरेक्शन में डिग्री या डिप्लोमा या लघु फिल्म/वृत्तचित्र बनाने का तीन वर्ष का अनुभव होना चाहिए। साथ ही सामयिक घटनाक्रम, किसी क्षेत्र विशेष की

सांस्कृतिक व सामाजिक जानकारी भी होनी चाहिए। राष्ट्रीय व अंतरराष्ट्रीय घटनाओं में भी रुचि होनी चाहिए।

प्रमुख प्रशिक्षण संस्थान

★ सेंट जेवियर कॉलेज, कोलकाता में एक वर्षीय डिप्लोमा इन फिल्म स्टडीज का कोर्स कराया जाता है।

★ जाधवपुर विश्वविद्यालय, कोलकाता में दो वर्षीय मास्टर इन सिनेमा स्टडीज कोर्स कराया जाता है।

★ सत्यजित रे फिल्म एंड टेलीविजन इंस्टीट्यूट, कोलकाता में दो वर्षीय डिप्लोमा इन डायरेक्शन, मोशन पिक्चर्स, साउंड रिकॉर्डिंग और एडीटिंग (फिल्म/वीडियो) के कोर्स होते हैं।

★ फिल्म एंड टेलीविजन इंस्टीट्यूट ऑफ इंडिया, पुणे में दो वर्षीय डिप्लोमा इन प्रोडक्शन का कोर्स कराया जाता है।

★ मास कम्युनिकेशन रिसर्च सेंटर, जामिया मिल्लिया इसलामिया, नई दिल्ली के मास कम्युनिकेशन में एम.ए. की डिग्री दी जाती है। कोर्स की अवधि दो वर्ष की है।

★ जेवियर इंस्टीट्यूट ऑफ कम्युनिकेशन, मुंबई में डिप्लोमा एंड वीडियो प्रोडक्शन का कोर्स चलाया जाता है।

★ फिल्म एंड टेलीविजन इंस्टीट्यूट ऑफ इंडिया, पुणे-लॉ कॉलेज रोड, पुणे-411004

★ सत्यजित रे फिल्म एंड टेलीविजन इंस्टीट्यूट, कोलकाता, ई.एम. बाइपास रोड, कोलकाता।

★ एशियन एकेडमी ऑफ फिल्म एवं टेलीविजन, मारवाह स्टूडियो कॉम्प्लेक्स, एफ.सी. 14/15, फिल्म सेंटर-16 'ए', नोएडा-201301

★ एस.जे.के. मास कम्युनिकेशन रिसर्च सेंटर, जामिया मिल्लिया इसलामिया, नई दिल्ली।

★ समबोसिस इंस्टीट्यूट ऑफ मास कम्युनिकेशन, सेनापति बापट रोड, पुणे-411004

★ चित्रबानी, सेंट जेवियर कॉलेज, कोलकाता (कोलकाता विश्वविद्यालय से मान्यता प्राप्त)।

यहाँ फिल्म निर्माण से जुड़े विभिन्न पहलुओं पर समय-समय पर प्रशिक्षण दिया जाता है। □

14

वीडियोग्राफी

उपग्रह चैनलों की बाढ़ ने वीडियोग्राफी के क्षेत्र में युवाओं द्वारा काफी कुछ कर गुजरने की संभावनाओं का सूत्रपात किया है। आज का दर्शक सरकारी टेलीविजन पर परोसे जा रहे चाहे-अनचाहे कार्यक्रमों को देखते रहने के लिए बाध्य नहीं है। विभिन्न चैनलों के आ जाने से उसके सम्मुख ढेर सारे विकल्प मौजूद हैं। आज दर्शक अपनी रुचि के विषयों को गहराई से देख व समझ सकता है। इन कार्यक्रमों को दर्शकों तक पहुँचाने का कार्य करनेवाले व्यक्ति वीडियोग्राफर कहलाते हैं। इस क्षेत्र में स्वर्णिम भविष्य के अनेक अवसर तथा ग्लैमर व पैसे की भरमार ने युवाओं के कदम इस ओर मोड़ दिए हैं।

आधुनिकता की चरम पराकाष्ठा की ओर अग्रसर समाज में आज नई-से-नई तकनीकी सुविधाओं का शुभारंभ हो चुका है। इन तकनीकी सुविधाओं के आने से व्यक्ति के लिए कैरियर के भी नए आयाम तैयार होते चले जा रहे हैं। एक वह समय था जब लोगों के पास अपनी स्मृतियों को सँजोने के लिए या तो नाते-रिश्तेदार होते थे या फिर स्वयं उसका मस्तिष्क। लेकिन जैसे-जैसे व्यक्ति आधुनिकता की ओर अग्रसर होता गया वैसे-वैसे स्मृतियों को सँजोने के अनेक नए साधन उसे उपलब्ध होते गए, जिनमें

फोटोग्राफ्स से लेकर वीडियो सी.डी. तक के उपकरण शामिल हैं।

प्राचीन समय में अपनी स्मृतियों को सँजोने के लिए व्यक्ति समारोह में ज्यादा-से-ज्यादा नाते-रिश्तेदारों को बुलाना पसंद करता था तथा इसे अपने सम्मान का प्रतीक मानता था। कैमरे का आविष्कार करके जैसिस ने लोगों की स्मृतियों को सँजोने तथा दूसरों तक बाँटने की दिशा में एक अभूतपूर्व पहल की। और आज जब कि वीडियो सी.डी. का जमाना है तब तो यह कार्य और भी आसान हो गया है। समय बदला और टेलीविजन तथा वीडियो घर-घर में अपनी पहुँच बनाने में कामयाब हो गए। पहले जहाँ टेलीविजन के क्षेत्र में मात्र दूरदर्शन का ही एकाधिकार था, वहीं आज सेटेलाइट चैनलों के विस्तार तथा इलेक्ट्रॉनिक मीडिया के क्षेत्र में हो रहे नित नए परिवर्तनों ने वीडियोग्राफी को भी रोजगार का एक साधन बना दिया है।

टेलीविजन पर प्रसारित होनेवाले विविध कार्यक्रमों के निर्माण का संपूर्ण दारोमदार निर्माताओं, निर्देशकों, वीडियोग्राफरों, साउंड रिकॉर्डिस्टों, एडीटर्स आदि पर होता है। आज वैज्ञानिक क्रांति का दौर है। पूरी दुनिया में प्रतिपल ऐसा कुछ घटित हो रहा है, जिसे समूचा परिवेश टकटकी लगाकर देख रहा है। पुरानी व बासी तकनीकों को अलविदा कहने के बाद आज नई व बेहतर तकनीकों का बोलबाला है। इलेक्ट्रॉनिक मीडिया के विस्तार के बाद केबल टेलीविजन की दुनिया में एक क्रांति सी छिड़ गई है। आज हालात यह हैं कि दर्शकों के पास पचास से अधिक हिंदी, अंग्रेजी तथा दूसरी भारतीय भाषाओं के टी.वी. चैनल चुनने का विकल्प मौजूद है। आज जो चैनल अपने कार्यक्रम प्रस्तुत कर रहे हैं उनमें से कई उच्च तकनीकयुक्त डिजिटल चैनल हैं। इतना ही नहीं, भारत के प्रख्यात व प्रतिष्ठित समूहों द्वारा आगामी पाँच साल में लगभग एक दर्जन चैनल लॉञ्च किए जाने की भी योजना है।

सूचना संसार में क्रांति आ जाने के साथ ही इस कार्य के निष्पादन में जुटे लोगों के दिन भी बहुरे हैं। आज इस क्षेत्र में सर्वाधिक माँग वीडियोग्राफरों अथवा कैमरामैनों की है। एक अनुमान के मुताबिक आज भी विभिन्न टी.वी. चैनलों को चार से भी अधिक कैमरा ऑपरेटरों की आवश्यकता है। इस क्षेत्र में एक ओर जहाँ दबदबा, नाम, दाम, काम सबकुछ है वहीं दूसरी ओर रचनात्मकता तथा कुछ नया कर गुजरने की बेशुमार संभावनाएँ भी हैं।

दरअसल, वीडियोग्राफी दृश्यों को सटीक कोण (एंगिल) तथा उचित प्रकाश समन्वयन के साथ फिल्मांकित करने की कला है। जैसे-जैसे शूटिंग

करने का अनुभव बढ़ता जाता है वैसे-वैसे इसमें निखार व पैनापन आता जाता है। वीडियोग्राफी का परिष्कृत स्वरूप ही 'सिनेमेटोग्राफी' है। इन दोनों विद्याओं के बीच अंतर केवल कैमरों की गुणवत्ता व प्रकार का है। वीडियोग्राफी का उपयोग टी.वी. या वीडियो के कार्यक्रमों को फिल्मांकित करने में होता है, जबकि सिनेमेटोग्राफी का प्रयोग फीचर फिल्में तथा विज्ञापन फिल्मों के निर्माण में होता है। सिनेमेटोग्राफी एक महँगा माध्यम है, जबकि वीडियोग्राफी सहज उपलब्ध तथा सस्ती होती है। इसी कारण आज अधिसंख्य निर्माता-निर्देशक इसी का इस्तेमाल कर रहे हैं।

यों तो कोई भी कार्य अकेले संपादित नहीं किया जा सकता, लेकिन उस कार्य को करने में महत्त्वपूर्ण योगदान किसका है, यह विचारणीय होता है। जिन कार्यक्रमों को हम सब घर-परिवार में बैठकर पूरी दिलचस्पी व तन्मयता से देखते हैं, उन्हें बनानेवाले लोग 'वीडियोग्राफर' कहलाते हैं। दूरदर्शन में क्रांतिकारी परिवर्तन तथा नए-नए चैनल खुलते जाने से सभी जगह वीडियोग्राफर्स की माँग बढ़ी है। टी.वी. पर आनेवाले समस्त कार्यक्रमों को तैयार करने में वैसे तो पूरी टीम का योगदान होता है, परंतु वीडियोग्राफर की भूमिका उन सब में सबसे ज्यादा महत्त्वपूर्ण है। आज दुनिया भर में जो कुछ भी घटित हो रहा है, उसे क्षण भर में हम लोग टी.वी. स्क्रीन पर जीवंत होते देख लेते हैं। आज दर्शकों के लिए एक से एक बेहतर कार्यक्रम तथा अपनी रुचि और पसंद के चैनल चुनने का विकल्प मौजूद है। आज जो चैनल अपने कार्यक्रमों का प्रसारण कर रहे हैं उनमें से कई उच्च तकनीकवाले डिजिटल चैनलों की श्रेणी में आते हैं। भारत के बड़े-बड़े औद्योगिक घराने तथा नामचीन कंपनियाँ अगले दो-तीन सालों में अपने-अपने चैनल लॉञ्च किए जाने की तैयारी कर रहे हैं। जाहिर है कि ऐसे में वीडियोग्राफरों की माँग में निश्चित रूप से वृद्धि होगी।

नए-नए चैनल्स खुलने के कारण, वीडियो तथा सी.डी. के बढ़ते प्रभाव के कारण, विज्ञापनों के द्वारा लोगों को अपनी ओर आकर्षित करने के कारण तथा अपनी स्मृतियों को सँजोने की प्रवृत्ति के चलते आज कुशल, योग्य व प्रशिक्षित वीडियोग्राफरों अथवा कैमरामैनों की काफी माँग है। यूमैटिक कैमरों के मुकाबले अब वीडियोग्राफी के क्षेत्र में 'बीटाकैम' तथा 'डिजिटल बीटाकैम' आदि कैमरों का प्रयोग ज्यादा किया जा रहा है। फलस्वरूप कार्यक्रमों की गुणवत्ता में काफी सुधार आया है।

वी.एच.एस. (Video Home Service) कैमरा सामान्यत: घरेलू या छोटे

कार्यक्रमों में इस्तेमाल किया जाता है। ये कैमरे वजन में काफी हलके तथा सस्ते होते हैं तथा इनका प्रयोग एक व्यक्ति आराम से कर सकता है। अगर वह चाहे तो अपनी सुविधा के लिए दूसरे व्यक्ति को रख सकता है। अन्यथा इस कैमरे का निर्माण किया ही इस दृष्टि से गया है कि एक अकेला व्यक्ति ही इसको सही तरीके से हैंडल कर सके। इसमें प्रयुक्त रील की चौड़ाई आधा इंच होती है तथा इससे तीन घंटे तक की फोटोग्राफी की जा सकती है।

यूमेटिक कैमरा (Umatic Camera) मुख्य रूप से टेलीविजन समाचारों की वीडियोग्राफी करने के लिए प्रयोग किया जाता है। इसमें प्रयोग की जाने वाली रील की चौड़ाई 3/4 इंच होती है तथा इससे 20 मिनट, 60 मिनट और 180 मिनट की शूटिंग की जा सकती है। चूँकि यह कैमरा बिना रिकॉर्डर के बेकार है और रिकॉर्डर का वजन लगभग चौदह किलोग्राम है, अत: सहायता के लिए एक अन्य व्यक्ति की आवश्यकता पड़ती है। बीटाकैम कैमरा सर्वाधिक प्रचलित, सस्ता, सुलभ तथा आकार में छोटा होता है। इसे सस्ता इसलिए माना जाता है, क्योंकि इसे प्रयोग करने में ज्यादा झंझट नहीं होता तथा इससे बड़े कार्यक्रमों की वीडियोग्राफी भी की जा सकती है। इसमें प्रयोग की जानेवाली रील कैसेट के आकार में होती है, अत: इसे फिट करना तथा निकालना आसान होता है। यही कारण है कि अधिकतर टी.वी. केंद्रों पर बीटाकैम कैमरों का ही वर्चस्व है। इसमें अलग-अलग साइज की कम व ज्यादा रीलवाली कैसेट उपलब्ध होती है, अत: समय के अनुसार रील का चुनाव किया जाना आसान होता है।

वीडियोग्राफी दृश्यों को सटीक कोण (एंगिल) तथा उचित प्रकाश व्यवस्था के साथ फिल्मांकित करने की कला है। इस क्षेत्र में आनेवाले लोगों को जैसे-जैसे अधिक काम करने का अनुभव होता जाता है वैसे-वैसे उनके कार्य में निखार व पैनापन आता चला जाता है। वास्तव में फिल्में बनाने का यह प्राथमिक चरण है। क्योंकि वीडियोग्राफी ही परिष्कृत होकर सिनेमेटोग्राफी तक पहुँचती है। इन दोनों विधाओं के बीच का फर्क केवल कैमरों की गुणवत्ता व उनके प्रकार का है। वीडियोग्राफी का प्रयोग टेलीविजन तथा वीडियो के प्रोग्रामों को फिल्मांकित करने के लिए किया जाता है, जबकि सिनेमेटोग्राफी का इस्तेमाल फीचर फिल्मों तथा विज्ञापन फिल्मों को बनाने के लिए होता है। स्टिल कैमरे से प्रिंट मीडिया के लिए फोटोग्राफी करने में काफी सुविधा रहती है। सिनेमेटोग्राफी कई मायनों में महँगा माध्यम है, जबकि वीडियोग्राफी के

अंतर्गत कम बजट में भी बढ़िया व पसंदीदा कार्य किया जा सकता है। यही कारण है कि बड़े-बड़े फिल्मी परदों पर अपना हुनर बिखेरनेवाले लोग आज छोटे परदे की ओर आकर्षित हो रहे हैं तथा सफलता व प्रसिद्धि भी अर्जित कर रहे हैं। सबसे ज्यादा मजे की बात तो यह है कि ये लोग इतनी फिल्में बनाने से आम लोगों के दिलो-दिमाग में अपनी जगह नहीं बना पाए जितना कि छोटे परदे पर अपना हुनर दिखाकर लोगों के बेडरूम-ड्राइंगरूम से उनके दिलों में प्रवेश कर गए। इंतहा तो यह है कि आज लोग किस फिल्म निर्देशन ने सीरियल बनाया, यह ध्यान नहीं रखते, वरन् इस बात पर ज्यादा गौर करते हैं कि किस सीरियल मेकर ने फिल्म बनाई।

वीडियोग्राफी के क्षेत्र में प्रगति व पदोन्नति की अपार संभावनाएँ हैं। वीडियोग्राफर आजकल पाँच हजार रुपए प्रति माह से लेकर पचास हजार रुपए प्रति माह तक कमा रहे हैं। देश में अब इस क्षेत्र में आनेवाले युवक-युवतियों के लिए प्रशिक्षण की अनेक व्यवस्थाएँ संचालित हैं। अनेक सरकारी व निजी क्षेत्र के संस्थान इस बाबत विभिन्न पाठ्यक्रमों में प्रशिक्षण प्रदान कर रहे हैं।

नोएडा फिल्म सिटी में स्थित 'एशियन एकेडमी ऑफ फिल्म एंड टेलीविजन' इस क्षेत्र का एक प्रतिष्ठित संस्थान है। यह पिछले कई वर्षों से निरंतर वीडियोग्राफी तथा इलेक्ट्रॉनिक मीडिया से संबंधित विभिन्न पाठ्यक्रम संचालित कर रहा है। इस संस्थान से प्रशिक्षण प्राप्त करने के बाद आज अनेक युवक-युवतियाँ अपने-अपने क्षेत्रों के सफलतम हस्ताक्षर हैं। संस्थान के निदेशक श्री संदीप मारवाह हैं। श्री मारवाह का कहना है कि उनका संस्थान त्रैमासिक, अर्द्धवार्षिक व अन्य पाठ्यक्रम चलाता है। उनके संस्थान से अब तक लगभग डेढ़ हजार युवक-युवतियाँ प्रशिक्षित हो चुके हैं, जिनमें से 90 प्रतिशत प्रतिष्ठित प्रोडक्शंस के साथ संबद्ध भी हो चुके हैं।

प्रशिक्षण प्राप्त करने के पश्चात् व्यक्ति या तो स्वयं का प्रशिक्षण संस्थान खोल सकता है या किसी प्रशिक्षण संस्थान से जुड़कर अपने ज्ञान को अन्य लोगों में बाँट सकता है अथवा किसी फिल्म, सीरियल, विज्ञापन व कार्यक्रम में वीडियोग्राफर का कार्य कर सकता है या फिर अपना वीडियो पार्लर खोल सकता है। रास्ते अनेक हैं, बस अपनी सुविधानुसार तथा पसंद के हिसाब से निर्णय लेने की आवश्यकता है।

अगर एक वीडियोग्राफर समय व दृश्य का महत्त्व समझता है, थोड़ी सूझ-बूझ से काम लेता है, वाक्पटु है, उसके अच्छे संपर्क हैं तथा अपने काम

के प्रति लगन व मेहनत का भाव है तो उसे सफल होने से कौन रोक सकता है। लेकिन अपनी विश्वसनीयता व विशेषता दरशाने का हुनर उसे आना चाहिए। एक बार स्थापित होने के लिए संघर्ष तो करना ही पड़ता है, लेकिन कुछ नया कर गुजरने की चाह रखनेवाला तथा दृढ़ इच्छा-शक्तिवाला मनुष्य शीघ्र ही सफलता प्राप्त कर लेता है।

वीडियोग्राफी का प्रशिक्षण देनेवाले कुछ और प्रशिक्षण संस्थान नीचे दिए जा रहे हैं–

★ फिल्म एंड टेलीविजन ऑफ इंडिया, लॉ कॉलेज रोड, पुणे (महाराष्ट्र)।

★ सत्यजित रे फिल्म एंड टी.वी. इंस्टीट्यूट, स्ट्रन मैट्रो पॉलीटन, बाइपास रोड, पचसाय, कोलकाता।

★ इंडियन इंस्टीट्यूट ऑफ मास कम्युनिकेशन, अरुणा आसफ अली मार्ग, जे.एन.यू. परिसर, नई दिल्ली।

★ जामिया मास कम्युनिकेशन एंड रिसर्च सेंटर, जामिया मिल्लिया इसलामिया विश्वविद्यालय, नई दिल्ली।

★ श्रीअरविंदो इंस्टीट्यूट ऑफ कम्युनिकेशन, नई दिल्ली।

★ एशियन एकेडमी ऑफ फिल्म एंड टेलीविजन, मारवाह स्टूडियो कॉम्प्लेक्स, एफ.सी. 14/15, फिल्म सिटी, सेक्टर-16 ए, नोएडा।

★ फिल्म एंड टेलीविजन इंस्टीट्यूट, चेन्नई।

★ जेवियर इंस्टीट्यूट ऑफ कम्युनिकेशन, मुंबई।

□

तृतीय खंड

मीडिया से संबंधित अन्य क्षेत्र

1

विज्ञापन

विज्ञापनों के प्रभाव से कोई भी नहीं बच सका है। टी.वी., रेडियो व समाचार-पत्रों में आनेवाले विज्ञापन बरबस ही हमारे दिलो-दिमाग पर छा जाते हैं। इनका ग्लैमरयुक्त खूबसूरत अंदाज हमें अपनी ओर खींच ही लेता है। जाने-अनजाने ही हम इन स्लोगंस को गुनगुनाते रहते हैं। कब ये शब्द हमारी रोजमर्रा की जिंदगी का हिस्सा बन जाते हैं, पता ही नहीं चलता। यह कमाल है विज्ञापन की रुपहली दुनिया के प्रभाव का। बेहतर लेखन क्षमता, कल्पनाशीलता, चुस्त दिमाग तथा आकर्षक व्यक्तित्ववाले युवक-युवतियों के लिए विज्ञापन की दुनिया के दिलफरेब दरवाजे हमेशा ही खुले हैं।

भौतिकतावादी युग तथा उपभोक्तावादी संस्कृति के कारण हर जगह विज्ञापनों का बोलबाला है। कोई दीवार, कोई ऑफिस, कोई गेट यहाँ तक कि ठेले, गाड़ियाँ, बसें, ट्रक, हवाई जहाज, टैंकर, दुपहिया वाहन तक विज्ञापनों से अछूते नहीं रहे हैं। सही मायनों में देखा जाए तो हर चलती-फिरती चीज व प्राणी स्वयं में एक विज्ञापन ही बनकर रह गया है। आप टी.वी. देखते हैं या फिर रेडियो सुनते हैं, अधिकतर समय उत्पादों के प्रचार-प्रसार में ही चला जाता है। आज का व्यक्ति कार्यक्रम से कम विज्ञापनों से ज्यादा लाभान्वित तथा आराम महसूस करता है। विज्ञापनों की दुनिया में विचरते हुए यह भी संभावना

व्यक्त की जा रही है कि एक समय ऐसा भी आएगा जब फैशन के लिए बने एफ.टी.वी. की तरह विज्ञापनों पर आधारित एड चैनल भी देखने को मिलेगा।

विज्ञापनों के बढ़ते प्रभाव के कारण आज के युग को विज्ञापन का युग कहा जाता है। घर की चारदीवारी से बाहर निकलते ही व्यक्ति स्वयं को विज्ञापनों की चकाचौंध से घिरा पाता है। अधिकतर लोगों की सुबह ही चाय की चुस्कियों व अखबार की खबरों के साथ होती है। आप न भी चाहें तो ऑफिस व घर के बीच में पड़नेवाले रास्तों, गलियों व चौराहों, बसों, बिजली के खंभों एवं दीवारों पर होर्डिंग, बैनर, पेंट तथा पोस्टर के जरिए विज्ञापन हमारे सामने आ ही जाते हैं। आलम यह है कि रोज अगर एक ही रास्ते से आना-जाना हो तो स्वाभाविक रूप से नजरें उस विशेष विज्ञापन को तलाशती रहती हैं तथा मन-ही-मन व्यक्ति उस विज्ञापन की पंक्तियाँ दोहराने लगता है।

रेडियो और टेलीविजन पर विज्ञापन, सिनेमाघरों में स्लाइड द्वारा प्रदर्शित विज्ञापन, पत्र-पत्रिकाओं में विज्ञापन, राह चलते किसी के द्वारा हैंडबिल के रूप में थमाया गया विज्ञापन, दुकानों व प्रतिष्ठानों में विंडो डिस्प्ले के जरिए विज्ञापन, रात में चमचमाते नियोन बल्बों के रूप में विज्ञापन, विचारों के आदान-प्रदान के द्वारा विज्ञापन। विज्ञापन-विज्ञापन! हर ओर चाहे-अनचाहे सुनने, देखने व पढ़ने को मजबूर प्राणी। वास्तव में विज्ञापन की दुनिया में आँख खोलने व बंद करने की स्थिति बन गई है।

विज्ञापन दो शब्दों 'वि' तथा 'ज्ञापन' से मिलकर बना है। 'वि' शब्द उपसर्ग रूप में अर्थ देता है—विशेष का और ज्ञापन का तात्पर्य है—सूचना अथवा ज्ञान देना। यानी संयुक्त रूप से किसी वस्तु या तथ्य की विशेष जानकारी या सूचना देना ही विज्ञापन है। विज्ञापन लैटिन के Adverter से अंग्रेजी में Advertising बने शब्द का हिंदी रूपांतरण है। लैटिन में इस शब्द का अर्थ 'टू टर्न टू' अर्थात् किसी ओर मुड़ना यानी किसी के प्रति या किसी की ओर आकर्षित करना या आकर्षित होना है।

'विज्ञापन' शब्द से ऐसे संदेशों का खयाल भी आता है जिनमें से अधिकांश का उद्देश्य किसी वस्तु, सेवा अथवा किसी विचार को बढ़ावा देना होता है। बिक्री हेतु प्रभावपूर्ण ढंग से संदेश देना ही विज्ञापनों का काम होता है। संदेश प्रेषित करने का तरीका इतना प्रभावशाली होता है कि वह जनमानस को किसी निश्चित, किंतु उद्देश्यपूर्ण दिशा में मोड़ने का यत्न करता है। विज्ञापन की महत्ता पर इंग्लैंड के प्रधानमंत्री ग्लेडस्टन का अभिमत था कि "व्यवसाय के लिए विज्ञापन

का वही महत्त्व है जो उद्योग में वाष्प-शक्ति का।'' विंस्टन चर्चिल ने भी विज्ञापन की आर्थिक उपयोगिता को महत्त्व देते हुए कहा था कि ''टकसाल के अतिरिक्त कोई भी बिना विज्ञापन के मुद्रा उत्पन्न नहीं कर सकता।''

हमारी क्रय शक्ति निश्चित रूप से विज्ञापनों से प्रभावित होती है

विज्ञापन कारोबार के फलने-फूलने का दारोमदार विज्ञापन एजेंसियों पर होता है। ये विज्ञापन एजेंसियाँ विज्ञापन तैयार करके रातोरात उत्पादों को लोकप्रियता दिलाती हैं। बहुराष्ट्रीय कंपनियों के प्रवेश में बढ़ोतरी तथा प्रतिस्पर्धा के कारण इस क्षेत्र में नई संभावनाओं ने जन्म लिया है। एक ही क्षेत्र में अनेक प्रतिष्ठित कंपनियों की सक्रियता से होड़ व प्रतियोगिता की एक नई महाभारत छिड़ी है। प्रतिस्पर्धा में बढ़ोतरी के चलते बाजार में माल की खपत एक चुनौती बनकर सामने आई है। उत्पादनों की गुणवत्ता से लेकर पैकेजिंग तक में व्यापक सुधार व नित नए प्रयोग किए जा रहे हैं। विज्ञापन व इससे संबंधित क्षेत्रों में रोमांच, अपार धन, यश तथा ग्लैमर होने के कारण शिक्षित युवक-युवतियों में इसे अपनाने के लिए होड़ सी छिड़ी है।

जीवन से जुड़ी तरह-तरह की उपभोक्ता वस्तुओं या संदेशों को लक्ष्य तक पहुँचाने के लिए विज्ञापनों का इस्तेमाल किया जाता है। हर क्षेत्र में आज विज्ञापनों का दखल है। पत्र-पत्रिकाएँ, टेलीविजन, रेडियो आदि पर आकर्षक विज्ञापनों की भरमार रहती है। आज अनेक बहुराष्ट्रीय कंपनियाँ अपने उत्पादों पर आनेवाले खर्च से कई गुना अधिक विज्ञापनों पर खर्च करती हैं, जिसका उन्हें प्रत्यक्ष-अप्रत्यक्ष रूप से फायदा मिलता है। स्पष्ट है कि भूमंडलीकरण के इस युग में उपभोक्ताओं को आकृष्ट करने के लिए विज्ञापनों की भूमिका बहुत महत्त्वपूर्ण हो गई है। बाजार को तैयार करने और नए-नए उपभोक्ता बनाने के लिए विज्ञापनों का खूब सहारा लिया जाता है।

सृजनशील युवा वर्ग विज्ञापन की दुनिया में अपने उज्ज्वल भविष्य के प्रति आश्वस्त हो सकते हैं। रोजगार के अवसरों की इस क्षेत्र में कमी नहीं है।

आवश्यकता है तो कल्पनाशीलता, जिज्ञासा, उत्साह समस्याओं के संप्रेषण, विश्लेषण तथा योग्यता की। निजी विज्ञापन एजेंसियों के अलावा इस क्षेत्र में केंद्र सरकार के विज्ञापन व दृश्य-प्रचार निदेशालय में संघ लोक सेवा आयोग के द्वारा समय-समय पर नियुक्तियाँ की जाती हैं। इसी तरह राज्य सरकारों के अधीन विज्ञापन विभागों में भी नियुक्ति के अवसर रहते हैं।

सेटेलाइट चैनलों की तेजी से बढ़ती संख्या व लोकप्रियता के कारण टी.वी. विज्ञापन का कारोबार तेजी से बढ़ा है। अधिकतर विज्ञापन 'विज्ञापन एजेंसियों' द्वारा ही बनाए जा रहे हैं। विज्ञापन एजेंसियाँ व उत्पादक विज्ञापन बनाने के लिए 'स्लोगन लिखो' जैसी प्रतियोगिताओं का भी आयोजन करते रहते हैं, ताकि उन्हें उपभोक्ताओं की पसंद का पता चल सके।

'ढूँढ़ते रह जाओगे', 'यही है राइट च्वॉइस बेसी', 'लॉक किया जाए', 'गो एंड गेट इट', 'मिलते हैं ब्रेक के बाद', 'ईट म्यूजिक स्लीप म्यूजिक', 'ड्रिंक ऑनली कोकाकोला', 'ये अंदर की बात है', 'उसकी कमीज मेरी कमीज से सफेद कैसे', 'क्या करें, कंट्रोल नहीं होता', 'पेप्सी के लिए हम बेशर्म हैं', 'दिखावे पर मत जाओ, अपनी अक्ल लड़ाओ', 'मेड फॉर ईच अदर' आदि बहुत से ऐसे स्लोगन हैं, जो बरबस ही हर व्यक्ति के दिमाग पर छा जाते हैं। फिर चाहे वह वृद्ध हो, युवा हो या फिर बालक, जगह-जगह पर यही स्लोगन बोलते, प्रयोग करते व गुनगुनाते मिल जाएँगे। स्लोगन की महत्ता को इसी बात से आँका जा सकता है कि बच्चों को अपने कोर्स से ज्यादा विज्ञापन आसानी से याद होते हैं। विज्ञापनों की ग्लैमरयुक्त खूबसूरत प्रस्तुति के कारण जाने-अनजाने व्यक्ति इनकी ओर आकर्षित हो ही जाता है और इन विज्ञापनों के शब्द कब हमारे रोजमर्रा के जीवन का एक हिस्सा बन जाते हैं, पता ही नहीं चलता।

वैसे तो विज्ञापन का मूल उद्देश्य किसी उत्पाद विशेष के संदेश को उपभोक्ता तक पहुँचाना होता है। विज्ञापन उपभोक्ताओं को शिक्षित करते हैं, उन तक सूचनाएँ पहुँचाते हैं और उन्हें उत्पाद के इस्तेमाल के लिए प्रेरित भी करते हैं। विज्ञापन का जरिया अखबार, पत्रिकाएँ, होर्डिंग, पैंफ्लेट, बैनर, रेडियो और टी.वी. हो सकते हैं। आजकल टी.वी. विज्ञापन का बाजार तेजी से फल-फूल रहा है। अधिकांश विज्ञापन एजेंसियों द्वारा तैयार किए जाते हैं। किसी विज्ञापन एजेंसी में आमतौर पर चार विभाग होते हैं—क्लाइंट सर्विसिंग (उपभोक्ता सेवा), क्रिएटिव (रचनात्मक कार्य), मीडिया और आर्ट प्रोडक्शन। इसके अलावा

एजेंसी में एकाउंट, प्लानिंग, टी.वी. व फिल्म, प्रदर्शनी, इवेंट मैनेजमेंट (आयोजन प्रबंधन), डायरेक्ट मार्केटिंग, फोटोग्राफी, प्रिंट बाइंडिंग, फाइनेंस और एकाउंट विभाग भी होते हैं।

यदि किसी क्षेत्र में पारंगत होना है तो उचित रहता है कि उस क्षेत्र की संपूर्ण जानकारी हासिल कर ली जाए। किसी विशेष एजेंसी की कार्य प्रणाली और कार्य करने के तौर-तरीकों से पूर्ण परिचित होकर अगर आप उस एजेंसी से जुड़ते हैं तो एक तो आपको कार्य समझने व करने में सुविधा रहती है; दूसरे, साथी वर्ग की मानसिकता तथा कार्य करने के ढंग का पता रहता है; तीसरे, स्वयं को उत्तम सिद्ध करने के तरीके आपको मिल जाते हैं और चौथे, सफलता की राह में आप सुव्यवस्थित व क्रमबद्ध तरीके से कदम बढ़ा सकते हैं। विज्ञापन के क्षेत्र में मुख्य रूप से पाए जानेवाले विभागों की संक्षिप्त जानकारी यहाँ प्रस्तुत की जा रही है–

क्लाइंट सर्विसिंग

क्लाइंट सर्विसिंग किसी भी एजेंसी के लिए बहुत ही महत्त्वपूर्ण है। क्लाइंट सर्विसिंग अधिकारी एजेंसी और ग्राहक के बीच के रिश्ते के लिए उत्तरदायी होता है। वह एजेंसी का प्रतिनिधि होता है और ग्राहक के साथ हुई बातचीत या सौदे के आधार पर एजेंसी के विभिन्न विभागों के बीच तालमेल बनाए रखता है। दरअसल, उसका काम ही सभी विभागों और ग्राहकों के बीच तालमेल बैठाना होता है। विज्ञापन की योजना, उसके रचनात्मक पक्ष को ग्राहक की संतुष्टि के अनुरूप बनाने की दिशा में कोशिश करना, ग्राहक के समुचित फायदे के लिए विज्ञापन को कब और कैसे जारी किया जाए आदि कार्य भी क्लाइंट सर्विस विभाग करता है। क्लाइंट सर्विसिंग अधिकारी तेज-तर्रार हो, बातचीत में निपुण हो, अपनी बात से दूसरों को प्रभावित कर सके, मार्केटिंग का अनुभव रखे और अपने काम को पूरी कुशलता व गंभीरता से पूरा करे–ये ही उसके मुख्य गुण होने चाहिए। इस विभाग पर एजेंसी का बहुत कुछ दारोमदार होता है। इसलिए विभाग को पूरी मुस्तैदी से अपना दायित्व निभाना पड़ता है। विभाग के अधिकारियों पर दबाव भी बहुत रहता है। आमतौर पर बड़ी एजेंसियाँ प्रबंधन क्षेत्र या विज्ञापन क्षेत्र की पृष्ठभूमिवाले प्रत्याशियों को ही इस पद पर नियुक्त करना पसंद करती हैं। केवल उपर्युक्त योग्यताएँ रखनेवाले ही इस विभाग में नौकरी कर सकते हैं, ऐसा सोचना ठीक नहीं है।

क्रिएटिव विभाग

किसी भी विज्ञापन को तैयार करने की जिम्मेदारी इसी विभाग की होती है। विभाग में दो तरह के कर्मचारी होते हैं–विजुअलाइजर और कॉपीराइटर। विजुअलाइजर वे कलाकार होते हैं, जो किसी विज्ञापन की कल्पना करते हैं, उसकी ले-आउट या डिजाइन तैयार करते हैं और उसके साथ उत्पाद या संदेश का तालमेल बैठाते हैं। कॉपीराइटर किसी विज्ञापन के लिए संदेश तैयार करते हैं। नया स्लोगन या प्रचार संदेश तैयार करना ही इनका काम होता है। दरअसल, विजुअलाइजर और कॉपीराइटर दोनों एक साथ मिलकर विज्ञापनों की कल्पना करते हैं और उसे तैयार करते हैं।

किसी एजेंसी में ट्रेनी के तौर पर प्रवेश के लिए स्नातक होना जरूरी है। किसी अच्छी एजेंसी में नौकरी मिल जाने पर फिर पीछे देखने की नौबत नहीं आती और तरक्की के तमाम अवसर खुद-ब-खुद आते चले जाते हैं। हाँ, व्यक्ति का मेहनती और लगातार नए की खोज में जुटे रहना जरूरी होता है। आजकल अधिकांश काम कंप्यूटरों से होने लगे हैं, इसलिए कंप्यूटर की थोड़ी-बहुत जानकारी रखना फायदेमंद रहता है।

कॉपीराइटिंग के क्षेत्र में प्रवेश के लिए कोई औपचारिक योग्यता जरूरी नहीं है। पर सभी बड़ी एजेंसियों में इस क्षेत्र में योग्यता प्राप्त छात्रों को वरीयता दी जाती है। कॉपीराइटिंग के लिए हिंदी और अंग्रेजी दोनों भाषाओं का अच्छा जानकार होना आवश्यक है। साहित्यिक जानकारी की जरूरत तो नहीं होती, पर ठीक-ठाक और किसी भी विज्ञापन की अवधारणा को सहज तरीके से प्रस्तुत करने की योग्यता होनी चाहिए।

मीडिया

किसी भी विज्ञापन एजेंसी का यह विभाग योजना बनाने और उसपर अमल करने का काम करता है। ये दोनों काम अलग महत्त्व के होते हैं और पिछले कुछ सालों में इस विभाग का महत्त्व बढ़ा है। मीडिया प्लानर का काम होता है विज्ञापन बजट का विभिन्न संचार माध्यमों (टी.वी., रेडियो, प्रेस आदि) के लिए समुचित वितरण करना। लक्षित उपभोक्ता के लिए किन माध्यमों का इस्तेमाल होगा या फिर किस समय टी.वी. पर कोई विज्ञापन दिखाया जाएगा या फिर किस दिन किसी अखबार में विज्ञापन देने का अत्यधिक फायदा हो सकता है, इन सबकी योजना भी मीडिया प्लानर ही बनाते हैं।

ये सारे फैसले करना बहुत ही धैर्य, सूझ-बूझ और चतुराई का काम होता है। ऐसा करते समय विज्ञापन के रुझान, उद्देश्य और संचार माध्यम के विकल्पों पर गौर किया जाता है। संबंधित आँकड़ों का गहन अध्ययन किया जाता है और बाजार के सर्वेक्षण को भी आधार बनाया जाता है। यदि व्यक्ति को मैनेजमेंट का थोड़ा सा अनुभव हो तो वह बेहतर तरीके से काम कर सकता है। कंप्यूटर की सामान्य जानकारी, अच्छी गणितीय क्षमता और शोध के मामले में कुशल हो तो इस क्षेत्र में तरक्की के अच्छे आसार होते हैं। इस विभाग के दूसरे कर्मचारी 'मीडिया बायर' कहलाते हैं। इनका काम होता है मीडिया प्लान को अमल में लाना।

संचार माध्यमों के प्रतिनिधियों से विज्ञापन के लिए स्थान बुक करना, दरें तय करना, तैयार विज्ञापन भेजना आदि काम मीडिया बायर ही करते हैं। इस क्षेत्र में भी व्यक्ति का बातचीत में कुशल होना और सूझ-बूझ व चुस्ती से अपने काम को अंजाम देना जरूरी होता है।

आर्ट प्रोडक्शन : यह विभाग विज्ञापन की अवधारणा को वास्तविक या व्यावहारिक रूप प्रदान करता है। इसमें आमतौर पर एक प्रोडक्शन मैनेजर होता है और कई कॉमर्शियल आर्टिस्ट होते हैं।

टी.वी. विज्ञापनों को तैयार करने के लिए प्रोडक्शन मैनेजर, डायरेक्टर, एडिटर व अन्य सहयोगी मिलकर काम करते हैं। इस विभाग में पेशेवर योग्यता प्राप्त करने के बाद या फिर अनुभव पाने के लिए बतौर सहयोगी अपने कैरियर की शुरुआत की जा सकती है।

दूसरे विभाग

एकाउंट प्लानिंग : कई एजेंसियों में विज्ञापन की रणनीति तय करना इसी विभाग की जिम्मेदारी होती है। इसमें प्रवेश के लिए विज्ञापन कोर्स उत्तीर्ण होना या फिर एम.बी.ए. की उपाधि होना बेहतर होता है।

टी.वी. व फिल्म : यह विभाग टी.वी. विज्ञापन तैयार करने या कोई छोटी फिल्म आदि तैयार करने संबंधी गतिविधियों में सक्रिय रहता है। इसके लिए बाहरी फिल्म प्रोड्यूसर्स के साथ तालमेल बिठाना पड़ता है। यदि व्यक्ति के पास टी.वी. क्षेत्र का थोड़ा भी अनुभव हो तो काम आसान हो जाता है।

प्रदर्शनी, इवेंट मैनेजमेंट व डायरेक्ट मार्केटिंग : ये विभाग मार्केटिंग विभाग से संबद्ध गतिविधियों को अंजाम देते हैं। तमाम बाहरी कारकों के साथ

विज्ञापन तैयारी का सामंजस्य बिठाना ही इनका मुख्य काम होता है। चुस्त दिमागवाले स्नातक, आकर्षक व्यक्तित्व के युवा इस क्षेत्र में अधिक सफल रहते हैं।

फोटोग्राफी : अधिकांश एजेंसियों में एक फोटोग्राफी विभाग होता है। विज्ञापनों की अवधारणा से संबंधित फोटोग्राफ्स को जुटाने की जिम्मेदारी इनकी होती है। विभाग स्वतंत्र फोटोग्राफरों के साथ लगातार संपर्क में रहता है।

प्रिंट बाइंग : एक तरह से यह आर्ट प्रोडक्शन विभाग का ही एक हिस्सा होता है। यह विभाग प्रिंटरों व पब्लिशिंग हाउसों के संपर्क में रहता है, ताकि किसी भी ग्राहक की जरूरत के हिसाब से प्रिंटिंग आदि का काम कुशलता से समय पर कराया जा सके।

स्पेस सेलिंग : इस विभाग के अंतर्गत विज्ञापनों के लिए अखबारों व पत्रिकाओं आदि में स्थान बुक कराया जाता है या फिर विभिन्न चैनलों तथा रेडियो पर विज्ञापनों के प्रसारण की व्यवस्था की जाती है, जिसके बदले में बतौर कमीशन पारिश्रमिक मिलता है।

कैरियर मॉडलिंग : इस विभाग के अंतर्गत किसी विशेष विज्ञापन के लिए उचित मॉडल्स की जानकारी हासिल करना, उनसे विज्ञापन से संबंधित बात करना, उनका स्क्रीन टेस्ट लेना आदि शामिल हैं। इस विभाग के पास मॉडल्स की नवीनतम जानकारी होना आवश्यक है।

लैब टेक्नीशियन : किसी विज्ञापन को करने में किन-किन चीजों की आवश्यकता होती है, कैसी ड्रेस आवश्यक है, कौन सी लोकेशन सही रहेगी, लाइट, कैमरा व साउंड सर्विस की जानकारी होना आदि इस विभाग का काम है।

कैसे करें तैयारी

प्रवेश परीक्षा के लिए कोई घोषित पाठ्यक्रम नहीं है। आमतौर पर देश-विदेश की वर्तमान राजनीतिक, आर्थिक और खेल जगत् की जानकारी रखना जरूरी होता है। इसके अलावा देश के ज्वलंत मुद्दों की विस्तृत जानकारी होनी चाहिए। तैयारी करने का सबसे अच्छा तरीका है–प्रवेश परीक्षा के छह महीने पहले से राष्ट्रीय स्तर के अखबारों का नियमित रूप से अध्ययन किया जाए। सामान्य ज्ञान व जानकारियोंवाली किताबें मददगार साबित हो सकती हैं। अखबार पढ़ते समय संपादकीय व ज्वलंत मुद्दों को जरूर पढ़ें। साक्षात्कार के लिए भी यही रणनीति अपनाएँ। कोर्स की फीस विभिन्न संस्थानों में दस से बीस हजार रुपए तक है।

इस क्षेत्र में अपना कैरियर बनाने के लिए प्रशिक्षण हेतु न्यूनतम स्नातक डिग्री प्राप्त होना आवश्यक है तथा साथ-ही-साथ हिंदी, अंग्रेजी व प्रादेशिक भाषा की पूर्ण जानकारी होना आवश्यक है। इस क्षेत्र में प्रवेश करने के लिए एम.बी.ए. की डिग्री प्राप्त तथा जनसंपर्क व प्रचार में डिग्री प्राप्त लोगों को प्राथमिकता दी जाती है। साथ ही 'डिप्लोमा इन एडवरटाइजिंग मैनेजमेंट' या 'डिप्लोमा इन मीडिया प्लानिंग एंड मैनेजमंट' का कोर्स करने के बाद भी इस क्षेत्र में पदार्पण किया जा सकता है।

विज्ञापन के क्षेत्र में रोजगार प्राप्त करने के साथ-साथ सफलता व प्रसिद्धि हासिल करने के लिए तीक्ष्ण बुद्धि का मालिक होना, चतुर, व्यवहारकुशल, संयमी, वाक्पटु तथा तुरंत निर्णय लेनेवाला होना आवश्यक है। अगर आप मेहनत व लगन से आगे बढ़ने तथा आनेवाली चुनौतियों का साहस से सामना करने के लिए तैयार हैं तो बड़ी-बड़ी हस्तियों से मिलने का सौभाग्य तो आपको मिलेगा ही, धन व समृद्धि भी आपके कदम चूमेगी।

प्रमुख प्रशिक्षण संस्थान

★ इंडियन इंस्टीट्यूट ऑफ मास कम्युनिकेशंस (आई.आई.एम.सी.), अरुणा आसफ अली मार्ग, जे.एन.यू. कैंपस, नई दिल्ली-110067 (प्रवेश फॉर्म जनवरी-फरवरी में, प्रवेश परीक्षा मई में, साक्षात्कार जुलाई तथा सत्र की शुरुआत अगस्त में)।

★ भारतीय विद्या भवन, मेहता सदन, कस्तूरबा गांधी मार्ग, नई दिल्ली-110001

★ मुद्रा इंस्टीट्यूट ऑफ कम्युनिकेशन, अहमदाबाद।

★ विद्या गौरी, नीलकांत मार्ग, खानपुर, अहमदाबाद।

★ नरसी मुंजी इंस्टीट्यूट ऑफ मैनेजमेंट स्टडीज, वी.एल. मेहता रोड, विले पार्ले, मुंबई।

★ सेंट जेवियर इंस्टीट्यूट ऑफ कम्युनिकेशन, मुंबई।

★ राजेंद्र प्रसाद इंस्टीट्यूट ऑफ मास कम्युनिकेशन एंड मैनेजमेंट, मुंबई।

★ जे.जे. स्कूल ऑफ आर्ट्स, मुंबई।

★ इंडो-अमेरिकन सोसाइटी, मुंबई।

★ निर्मला निकेतन, कॉलेज ऑफ होमसाइंस, मुंबई।

★ गरवारे इंस्टीट्यूट ऑफ कैरियर एजूकेशन एंड डेवलपमेंट, मुंबई।

★ के.सी. कॉलेज ऑफ मैनेजमेंट स्टडीज, मुंबई। □

2

जनसंपर्क

जनसंपर्क समाज में नए परिवेश से परिचित होने की निराली कला है। दूसरे शब्दों में हम कह सकते हैं कि जनसंपर्क जनसंचार की सर्वाधिक महत्त्वपूर्ण कड़ी है। किसी संस्थान, सरकार अथवा दो पक्षों के मध्य बेहतर समझ विकसित करने के लिए जनसंपर्क बेहद आवश्यक तत्त्व है। सेटेलाइट चैनल की संस्कृति तथा इंटरनेट की सभ्यतावाले आधुनिक दौर में सफलता के लिए गुणवत्ता से अधिक छवि मायने रखती है। जनसंपर्क का उद्देश्य व्यक्तियों व संगठनों के बीच अच्छी छवि निर्मित करना है। यह बात सर्वविदित है कि अच्छी छवि वाला संगठन सहजता व स्थिरता के साथ सफलता के मार्ग पर आगे बढ़ता चला जाता है। आज अनेक शिक्षित युवक-युवतियाँ इस क्षेत्र में अपने स्वर्णिम कल को निहार रहे हैं।

आज के भौतिकवादी समाज में एक-दूसरे से संपर्क स्थापित करने के लिए लोग जनसंचार के माध्यमों, जैसे–टेलीफोन, रेडियो, टी.वी. आदि पर निर्भर रहते हैं और यदि ऐसे समय में उपभोक्तावादी संस्कृति से समाज ग्रसित हो तो उत्पादक और उपभोक्ता के बीच एक संवादकर्ता या माध्यम की आवश्यकता

होती है। उत्पादक की बात को उपभोक्ता तक तथा उपभोक्ता की विचारधारा को उत्पादक तक पहुँचाने का महत्त्वपूर्ण कार्य करने के लिए जनसंपर्क अधिकारी की आवश्यकता पिछले कई वर्षों से महसूस की जाने लगी है।

जनसंपर्क एक ऐसा महत्त्वपूर्ण कार्य है जिसका उद्देश्य किसी संगठन और उसके उपभोक्ताओं के बीच सीधा रिश्ता कायम करने तथा उस कंपनी की छवि को उन्नत बनाने में एक सेतु की तरह कार्य करना है। जनसंपर्क अधिकारी अर्थात् पब्लिक रिलेशन ऑफिसर को मान्यता तो लगभग बीस वर्षों से ही मिल सकी है और आज परिस्थिति यह है कि चाहे बैंक हो या सरकारी कार्यालय, कंपनी हो या फैक्टरी, कॉलेज हो या किसी अखबार का दफ्तर, शॉपिंग पॉइंट हो या मीडिया का क्षेत्र, हर जगह जनसंपर्क अधिकारी की जरूरत रहती है। शायद यही कारण है कि बहुत सी कंपनियाँ एवं औद्योगिक संस्थान अपनी कंपनी का विविध माध्यमों से सीधा संबंध जोड़ने के लिए पब्लिक रिलेशंस डिपार्टमेंट (जनसंपर्क विभाग) स्थापित करने लगे हैं।

जनसंपर्क को जनसंचार की सबसे महत्त्वपूर्ण कड़ी माना जाता है। किसी भी संस्थान, सरकार अथवा दो पक्षों के मध्य बेहतर समझ विकसित करने के लिए जनसंपर्क अत्यंत आवश्यक है। वर्तमान समय में जबकि समाज पर सेटेलाइट संस्कृति तथा इंटरनेट की सभ्यता का प्रभाव पूर्णतया परिलक्षित होता है, ऐसे में सफलता के लिए गुणवत्ता के साथ-साथ 'छवि' की भी आवश्यकता होती है और अगर सही मायनों में देखा जाए तो गुणवत्ता से अधिक अच्छी छवि व प्रचार समाज को आकर्षित व प्रभावित करता है।

चूँकि समाज व्यक्तियों से मिलकर बनता है, अतः बिना व्यक्तियों या मनुष्यों के किसी समाज की कल्पना करना सर्वथा निरर्थक है। किसी भी संगठन की स्थापना की पृष्ठभूमि में अनेक उद्देश्य हो सकते हैं। सामाजिक उद्देश्य भी उनमें से एक है। किसी भी उत्पाद की सफलता का पता उसको प्रयोग में लानेवाले उपभोक्ताओं की संख्या से लगाया जा सकता है। संगठन की प्रकृति भले ही कैसी भी हो, वह समाज से कटकर नहीं रह सकता। उसे कहीं-न-कहीं, और विस्तार से कहा जाए तो हर रूप में, समाज की एवं उसकी इकाइयों (मनुष्यों) की आवश्यकता पड़ती है। समाज की संरचना में व्यक्ति एक महत्त्वपूर्ण इकाई है। वास्तव में देखा जाए तो जनसंपर्क का उद्देश्य व्यक्तियों व संगठनों के बीच अच्छी छवि या इमेज निर्मित करना है। यह तो सर्वविदित है कि अच्छी छविवाला संगठन धीरे-धीरे ही सही, लेकिन सफलता

की तमाम सीढ़ियाँ चढ़ने के बाद उपभोक्ताओं व सहयोगियों के दिलों पर राज कर सकता है।

मौजूदा परिवेश में जनसंपर्क एक बेहद संभावनावाला कैरियर बनकर उभरा है। सरकारी कार्यों की उपलब्धियों, मुख्यमंत्री, प्रधानमंत्री, मंत्री तथा विभिन्न विभागों की उल्लेखनीय उपलब्धियों को प्रचारित-प्रसारित करने के लिए सरकार द्वारा राज्य व केंद्र स्तर पर बाकायदा सूचना व जनसंपर्क विभाग स्थापित किया जाता है। इन विभागों में नियुक्त अधिकारी प्रेस, मीडिया, इलेक्ट्रॉनिक मीडिया और अन्य जनसंचार माध्यमों से अपने मधुर रिश्ते बनाकर रखते हैं। यह विभाग समय-समय पर प्रेस कॉन्फ्रेंस, प्रेस विज्ञप्तियों आदि के माध्यम से अपनी वांछित सूचनाएँ जनसाधारण तक पहुँचाने में अहम भूमिका निभाते हैं।

आज के प्रतिस्पर्धात्मक युग में कामयाबी हेतु लोकप्रियता तथा विश्वास एक महत्त्वपूर्ण तथ्य बन गया है। अब पी.आर. शिप का महत्त्व और भी बढ़ गया है। स्थिति यह है कि कॉरपोरेट जगत् हो या फिर सरकारी महकमा, अस्पताल हो अथवा कोई स्वयंसेवी संगठन, टूरिस्ट और ट्रेवल एजेंसी हो अथवा प्रोडेक्ट प्रोटिंग एजेंसी। इतना ही नहीं, स्कूल-कॉलेजों, सांस्कृतिक संगठनों व किसी निश्चित तिथि पर आयोजित होनेवाले कार्यक्रमों के लिए भी अलग से जनसंपर्क व्यवस्था का दायित्व किसी महत्त्वपूर्ण व्यक्ति को सौंपा जाने लगा है।

सफल जनसंपर्क का उद्देश्य किसी संगठन विशेष का उद्देश्य व नीतियों का प्रचार-प्रसार करना भर ही नहीं है अपितु इस बात का भी ध्यान रखना है कि संगठन अथवा संस्था के बारे में लोग क्या और कैसा सोचते हैं ? यही नहीं, जनसाधारण की अपेक्षाओं, आशाओं के बाबत भी सतर्क होना पड़ता है। किसी भी कंपनी या संस्थान के प्रमुख के लिए जनसंपर्क एक ऐसे महत्त्वपूर्ण सूत्र के रूप में भी कार्य करता है जो उसे स्पष्ट रूप से इस तथ्य से अवगत कराता है कि जिन उद्देश्यों व आदर्शों की प्राप्ति का लक्ष्य बनाकर संस्था या संगठन प्रारंभ किया गया था वह उनकी पूर्ति कर भी रहा है या नहीं ? अब तो विज्ञापन की तर्ज पर ही जनसंपर्क के लिए भी बाकायदा एजेंसियाँ कार्य कर रही हैं। ये एजेंसियाँ जिस किसी के लिए भी जनसंपर्क कार्य करती हैं, उससे एक निर्धारित धनराशि वसूल करती हैं।

जनसंपर्क विभाग का कार्य किसी कंपनी अथवा संगठन द्वारा आयोजित

विभिन्न कार्यक्रमों, समारोहों, सेमीनारों आदि का आयोजन करना भी होता है। बहुत बार इन्हीं अवसरों के माध्यम से कंपनी अपने नए उत्पाद तथा सेवाओं को जनसाधारण के लिए प्रस्तुत करती हैं, अतः जनसंपर्क विभाग किसी भी कंपनी या संस्थान हेतु एक महत्त्वपूर्ण विभाग होता है।

स्वस्थजनसंपर्कहमारेसामाजिकवव्यावसायिक विकास का द्योतक है

जनसंपर्क के अंतर्गत जनसंपर्क अधिकारी कंपनी की सहयोगी पार्टियों के साथ तारतम्य बैठाने का कार्य भी करते हैं। जनसंपर्क अधिकारी को किसी भी परियोजना को निर्धारित समय में पूर्ण करने हेतु बजट संबंधी औपचारिकताओं की पूर्ति कर प्रेस विज्ञप्तियाँ तैयार कराना, रिपोर्ट बनाना, फिल्म अथवा वीडियो, सी.डी. तैयार करवाना, कंपनी की उपलब्धियों का लेखा-जोखा तैयार करना जैसे कार्य भी करने होते हैं।

देश-विदेश से जुड़े अनेक मसलों को सही दिशा दिखाने का कार्य भी जनसंपर्क के द्वारा आसानी से किया जा सकता है। यदि भारत-पाक विभाजन के समय, अनेक युद्धों के दौरान सही रूप से जनसंपर्क किया जाता तो न तो विभाजन होने की कोई गुंजाइश रहती और न ही बड़े-बड़े युद्धों की विभीषिका के दौर से गुजरकर जनता आहत होती। सामान्यतः परिवार में भी विवाद, परेशानियाँ या झगड़े काफी हद तक एक-दूसरे से सीधा संपर्क या सही रूप से विचार-विमर्श न हो सकने के कारण ही होते हैं। अगर नेताओं व अधिकारियों के जनता से अच्छे संबंध होंगे तो देश उन्नति की ओर अग्रसर हो सकेगा। और इस सबके लिए आवश्यकता होती है कुशल जनसंपर्ककर्ता की।

लगभग सभी प्रकार के पेशों और लोकसेवाओं में जनसंपर्क के लिए विशिष्ट व्यवस्था की जाने लगी है। समस्त सामाजिक, शैक्षणिक, राजनीतिक, आर्थिक अथवा सरकारी संस्थान अपने उद्देश्यों और लक्ष्य की प्राप्ति के लिए अच्छे जनसंपर्क की मदद लेते हैं। अच्छे जनसंपर्क का लक्ष्य संगठन के

उद्देश्यों का प्रचार करना भर नहीं है। जनसंपर्क के अंतर्गत सदैव इस बात का ध्यान रखा जाता है कि संगठन अथवा संस्था के प्रति लोगों की क्या अपेक्षाएँ हैं। यही नहीं, निदेशक मंडल जनसंपर्क विभाग के माध्यम से यह भी जायजा लेता रहता है कि जिन उद्देश्यों व आदर्शों की प्राप्ति को लक्ष्य मानकर संस्था या संगठन प्रारंभ किया गया था, वह उनकी प्रतिपूर्ति कर भी रहा है अथवा नहीं ? आज अपनी महत्ता एवं विशेषाधिकारों के चलते जनसंपर्क प्रबंधन का अत्यंत महत्त्वपूर्ण अंग बन गया है। जिस प्रकार विज्ञापन व्यवसाय के कुशल संचालन में विज्ञापन एजेंसियों का योगदान रहता है उसी प्रकार जनसंपर्क के लिए भी एजेंसियाँ होती हैं।

ये एजेंसियाँ संगठन विशेष के लिए जनसंपर्क करने के प्रतिफल-स्वरूप एक निश्चित रकम वसूल करती हैं। पिछले कुछ सालों से अधिकांश संगठनों द्वारा अपने आंतरिक जनसंपर्क विभाग स्थापित किए जाने की एक परंपरा सी चल पड़ी है और आज निजी क्षेत्र की प्रत्येक बड़ी या मध्यम व्यवसाय करने वाली कंपनी का अपना जनसंपर्क प्रकोष्ठ अथवा पब्लिक रिलेशन ऑफिसर (पी.आर.ओ.) है। मुख्यत: यह विभाग संगठन के प्रधान अथवा कॉरपोरेट कार्यालय का ही एक अंग होता है।

जनसंपर्क विभाग का प्रमुख कार्य संगठन अथवा संस्था द्वारा सुनिश्चित विभिन्न प्रकार के समारोहों, कार्यक्रमों आदि का आयोजन करना भी है, जिनमें नए उत्पाद व सेवाओं को बाजार में उतारना, एनुअल सेमीनार तथा कंज्यूमर मीटिंग्स आदि का आयोजन करना भी है। यही नहीं, जनसंपर्क विभाग विभिन्न विज्ञापन एजेंसियों तथा मीडिया संगठनों अथवा घरानों से बेहतर तालमेल बनाए रखता है। एक दक्ष जनसंपर्क अधिकारी समस्त प्रकाशन अथवा प्रसारण स्रोतों पर भी ध्यान रखता है कि कहीं कुछ ऐसा तो प्रचारित नहीं हो रहा है जिससे संबंधित संगठन पर प्रतिकूल प्रभाव पड़ता हो अथवा उसकी इमेज खराब हो रही हो। कई बार ऐसा समझे जाने पर जनसंपर्क विभाग अपने संगठन का दृष्टिकोण, पक्ष, स्पष्टीकरण प्रस्तुत करता है या खंडन पेश करता है।

विभिन्न संस्थाएँ व संगठन अपने क्रियाकलापों का उज्ज्वल पक्ष प्रचारित करने या सूचनाओं को विशिष्ट लोगों तक पहुँचाने के उद्देश्य से अपनी गृह-पत्रिकाओं अथवा मुखपत्रों का प्रकाशन करते हैं। ये समस्त कार्य जनसंपर्क विभाग द्वारा ही संपन्न होते हैं। एक ओर जहाँ यह प्रकोष्ठ सरकारी, प्रशासनिक तथा अन्य संबंधित विभागों के बीच बेहतर समन्वय बनाने का काम करता है,

वहीं दूसरी ओर पत्रकार सम्मेलनों तथा विभिन्न मदों के लिए यात्राओं आदि की व्यवस्था का भी प्रबंध करता है। इधर एक नई प्रवृत्ति देखने में आ रही है। पर्यावरण, शिक्षा, स्वास्थ्य और मानवाधिकार जैसे जनोपयोगी मसलों पर जनजागरण अभियानों की सफलता में भी जनसंपर्क का महत्त्वपूर्ण योगदान है। वस्तुतः जनसंपर्क का कार्य एक सलाहकार जैसा है, जो उद्यम विशेष की जरूरतों को ध्यान में रखते हुए संबंधित जनसमुदाय के मत निर्माण का कार्य करता है। जनसंपर्क के क्षेत्र में लगे लोगों से अनेक गुणों की अपेक्षा की जाती है, जिनमें आकर्षक व्यक्तित्व, सामाजिक क्षेत्र में लोकप्रिय होने की प्रवृत्ति, सभी तरह के लोगों से समन्वय बैठाने की क्षमता, विनम्रता, प्रभावी तथा प्रामाणिक लेखन का गुण, अच्छी तरह से विचार अभिव्यक्त करने की क्षमता, बेहतर तथा विस्तृत जानकारी एवं व्यवहारकुशलता आदि प्रमुख हैं।

समुचित आकलन के बाद तुरंत निर्णय लेने की क्षमता, पहल करने की प्रवृत्ति तथा कल्पनाशील मस्तिष्क के बलबूते आप इस क्षेत्र में शीर्षस्थ स्थान तक पहुँच सकते हैं। इस क्षेत्र में कार्य करते हुए कई बार प्रतिकूल परिस्थितियों से भी दो-चार होना पड़ जाता है तथा दबाव की स्थिति में भी काम करना होता है, अतः इस पेशे में धैर्य के साथ-साथ तनावपूर्ण वातावरण में भी प्रभावित व विचलित नहीं होने जैसे गुणों की आवश्यकता होती है। इस क्षेत्र में आनेवाले व्यक्ति को आत्मविश्वासी होना बेहद जरूरी है।

जनसंपर्क अधिकारी के कार्य

जनसंपर्क अधिकारी को मुख्य रूप से सहयोगी पार्टियों के बीच तालमेल बिठाते हुए अपने संस्थान को सफलता की ओर अग्रसर करना होता है। इसके अतिरिक्त विभिन्न परियोजनाओं को निश्चित समय पर तय बजट के अंदर पूरा करने के दौरान आनेवाली आशंकाओं को दूर करना, प्रेस विज्ञप्ति तैयार करना, रिपोर्ट तैयार करना, फिल्म, वीडियो या सी.डी. तैयार करवाना, कंपनी की उपलब्धियों का लेखा-जोखा तैयार करना, कार्य करने के दौरान आनेवाली परेशानियों को दूर करने के रास्ते ढूँढ़ना, विज्ञापनों को आवश्यकतानुसार व समयानुसार विभिन्न पत्र-पत्रिकाओं और टी.वी. पर देने की तैयारी करना आदि कार्य भी जनसंपर्क अधिकारी के ही जिम्मे होते हैं।

कंपनी या प्रतिष्ठान यही चाहते हैं कि उनकी छवि अन्य लोगों के दिमाग में अच्छी बने और उनका संदेश जन-जन तक पहुँचे तथा वे अपने लक्ष्य को

प्राप्त कर सकें आदि। जैसा कि पहले भी बताया गया है कि जनसंपर्क अधिकारी को तरह-तरह के आयोजन भी करने पड़ते हैं। प्रेस कॉन्फ्रेंस से लेकर प्रदर्शनी और ट्रेड फेयर का काम भी जनसंपर्क विभाग को ही सँभालना होता है। जनसंपर्क विभाग के कर्मचारी को प्रेस अधिकारी, प्रचार अधिकारी, सूचना अधिकारी, प्रकाशन अधिकारी या कम्युनिकेशन अधिकारी भी कहा जाता है।

जनसंपर्क अधिकारी के गुण

चूँकि अधिकारी का पत्रकारों, मैनेजरों और कंपनी के दूसरे कर्मचारियों से समान रूप से वास्ता पड़ता है, अतः उसके अंदर यह खूबी होनी चाहिए कि वह सबके साथ संतुलित व्यवहार रख सके। उसका कूटनीति में माहिर होना, हँसमुख होना, दूसरों में जल्दी घुल-मिल जाना और व्यवहारकुशल होना बहुत जरूरी होता है। बातचीत में निपुण तो होना ही चाहिए, साथ ही कई भाषाओं की जानकारी हो तो और भी अच्छा रहता है। उसमें स्पष्ट बात करने और लिखने की योग्यता होनी चाहिए। अत्यधिक दबाव के तहत भी उससे बेहतर कार्य की अपेक्षा की जाती है।

एक जनसंपर्क अधिकारी दिखने में आकर्षक, समाज में होनेवाली अपने क्षेत्र से संबंधित नई व पुरानी सूचनाओं का जानकार, सामनेवाले की मनःस्थिति को भाँप लेने की क्षमता, अपनी बात से दूसरों को सहमत करने की कला का जानकार, अपनी कंपनी या प्रतिष्ठान की खूबियों को जानकर दूसरों के बीच पेश करनेवाला धैर्यवान् प्रवृत्ति का स्वामी होना चाहिए। इन सब गुणों के कारण एक व्यक्ति सफल जनसंपर्क अधिकारी बन सकता है।

कार्यक्षेत्र

चूँकि समस्त विश्व सामान्यतः दो भागों में बँट जाता है—उत्पाद व उपभोक्ता। अतः जनसंपर्क अधिकारी का कार्यक्षेत्र बहुत विस्तृत होता है।

सूचना सेवाओं (इन्फॉर्मेशन सर्विसेज) के तहत बारह विभागों के लिए अधिकारियों का चयन होता है। ये सभी विभाग सूचना व प्रसारण मंत्रालय के अधीन आते हैं। ये हैं—दूरदर्शन, प्रकाशन विभाग, फिल्म डिवीजन, राष्ट्रीय फिल्म विकास निगम (एन.एफ.डी.सी.), प्रेस सूचना ब्यूरो (पी.आई.बी.), फील्ड पब्लिसिटी, रजिस्ट्रार ऑफ न्यूजपेपर्स इन इंडिया, रिसर्च एंड रेफरेंस डिवीजन, ऑडियो एवं विजुअल पब्लिसिटी, फोटो डिवीजन, संगीत व नाट्य

प्रभाग। इसमें मोटे तौर पर दो स्तर हैं—ग्रुप ए, जिसे भारतीय सूचना सेवा (आई. आई.एस.) कहते हैं, जबकि ग्रुप बी को केंद्रीय सूचना सेवा (सी.आई.एस.) की संज्ञा दी गई है।

यू.पी.एस.सी. परीक्षा के एलाइड के जरिए चयनित होनेवाले छात्र सीधे ग्रुप ए में सहायक संपादक के समान पद पर नियुक्ति पाते हैं, जबकि सी.आई. एस. के तहत नियुक्ति पानेवाले उप-संपादक के स्तर पर नियुक्ति पाते हैं। यू. पी.एस.सी. दो तरह की (सीनियर ग्रेड और जूनियर ग्रेड) परीक्षाएँ आयोजित करता है। इन परीक्षाओं में पत्रकारिता या जनसंपर्क में डिप्लोमा या डिग्री हासिल कर चुके छात्र ही बैठ सकते हैं। सीनियर ग्रेड की परीक्षा के लिए कम-से-कम तीन साल का कार्यानुभव होना चाहिए। ये परीक्षाएँ भाषा आधारित होती हैं। भाषाओं के बाद साक्षात्कार में सफल होने पर ही चयन होता है।

जनसंपर्क अधिकारी के संबंध

पी.आर. अधिकारी का ज्यादा समय पत्रकारों और अखबारों के साथ संपर्क में ही बीतता है। प्रेस कॉन्फ्रेंस बुलाना, प्रेस रिलीज भेजना, कंपनी के प्रदर्शन और गतिविधियों से लोगों को अवगत कराना आदि कार्यों को अंजाम देने के तहत अधिकारी को अखबारों के साथ संपर्क में रहना पड़ता है। कंपनी के सिद्धांत और उद्‌देश्यों के बारे में ज्यादा-से-ज्यादा लोगों को अवगत कराना और उद्योग में कंपनी की अच्छी छवि उभारना पी.आर. अधिकारी का मुख्य काम कहा जा सकता है। अब देखा जा रहा है कि राजनीतिज्ञों की छवि दुरुस्त बनाने में भी पी.आर. कंपनी की मदद ली जाने लगी है। चुनावों के दौरान किसी क्षेत्र विशेष में पार्टी की प्रचार रणनीति व प्रचार सामग्री तैयार करने की जिम्मेदारी भी पी. आर. एजेंसियाँ उठाने लगी हैं। खेल के क्षेत्र में भी इनकी अच्छी माँग है।

जनसंपर्क अधिकारी बनने के लिए योग्यता

जनसंपर्क के क्षेत्र में सम्मानजनक ढंग से काम करने के लिए विभिन्न संस्थानों से व्यावसायिक योग्यता अर्जित करना बेहद जरूरी है। जनसंपर्क विषय में पाठ्यक्रम स्वतंत्र रूप से डिप्लोमा इन पब्लिक रिलेशंस या एकाध विषय और जोड़कर जैसे डिप्लोमा इन एडवरटाइजिंग एंड पब्लिक रिलेशंस, डिप्लोमा इन जर्नलिज्म एंड पब्लिक रिलेशंस भी कराए जा रहे हैं। अनेक संगठन केवल पत्रकारिता के क्षेत्र में डिप्लोमा प्राप्त लोगों को भी जनसंपर्क के

लिए चयनित कर लेते हैं। विभिन्न विश्वविद्यालयों और शैक्षणिक संस्थानों में उपलब्ध यह डिप्लोमा आमतौर पर एक साल का होता है। कुछ संस्थान 10+2 के बाद भी जनसंपर्क में डिप्लोमा करवाते हैं। कोर्स की फीस और अन्य खर्च संस्थान पर निर्भर करते हैं। डिप्लोमा पाठ्यक्रम में बोलचाल के तरीके, मार्केटिंग, एडवरटाइजिंग, जनसंपर्क और मास मीडिया की बारीकियाँ शामिल होती हैं। जनसंपर्क हेतु कई बार प्रचार हेतु प्रकाशित सामग्री का सहारा लिया जाता है, अतः लेखन, संपादन, मीडिया प्लानिंग, ग्राफिक्स और प्रोडक्शन के बारे में भी विद्यार्थियों को अवगत कराया जाता है। आमतौर पर जनसंपर्क के कोर्स स्नातकोत्तर स्तर के होते हैं। इसलिए किसी भी संकाय में स्नातक या स्नातकोत्तर प्रत्याशी ये कोर्स कर सकते हैं।

पाठ्यक्रम में व्यावहारिक प्रशिक्षण को भी शामिल किया जाता है। सार्वजनिक क्षेत्र की किसी कंपनी, एडवरटाइजिंग एजेंसी अथवा किसी स्वतंत्र कंपनी के साथ एक माह की इंटर्नशिप के जरिए प्रैक्टिकल ज्ञान कराया जाता है। अनेक संस्थान अल्पकालिक कोर्स भी संचालित कर रहे हैं, ताकि जनसंपर्क के क्षेत्र में कार्यरत व्यक्ति इसका लाभ उठा सकें। भारत में विशेष ख्यातिप्राप्त जवाहरलाल नेहरू विश्वविद्यालय (दिल्ली) परिसर स्थित भारतीय जनसंचार संस्थान दो वर्षीय स्नातकोत्तर पाठ्यक्रम संचालित कर रहा है, जिसे लेकर युवाओं में भारी क्रेज है। भारतीय विद्या भवन के विभिन्न केंद्रों पर पत्रकारिता एवं जनसंपर्क के पाठ्यक्रम संचालित किए जाते हैं। बहुत से ऐसे संस्थान, जो मुख्यतः प्रबंध विज्ञान की शिक्षा देने के लिए जाने जाते हैं, अब जनसंपर्क के पाठ्यक्रम भी चला रहे हैं। इनमें के.सी. कॉलेज ऑफ मैनेजमेंट, मुंबई तथा सोमैया कॉलेज ऑफ मैनेजमेंट, मुंबई के नाम गिनाए जा सकते हैं। देश भर में फैले अनेक विश्वविद्यालय अपने पत्रकारिता के पाठ्यक्रम के तहत जनसंपर्क की भी शिक्षा प्रदान कर रहे हैं।

ऐसे विश्वविद्यालयों में बनारस हिंदू विश्वविद्यालय, कुरुक्षेत्र विश्वविद्यालय, उस्मानिया विश्वविद्यालय, कलकत्ता विश्वविद्यालय, चंडीगढ़ विश्वविद्यालय, पंजाब विश्वविद्यालय, हिमाचल प्रदेश विश्वविद्यालय, शिमला और पटियाला आदि प्रमुख हैं। देश के कुछ विश्वविद्यालय पत्रकारिता/जनसंपर्क में पत्राचार पाठ्यक्रमों का भी संचालन कर रहे हैं। इंदिरा गांधी राष्ट्रीय मुक्त विश्वविद्यालय द्वारा भी अंशकालिक रूप में पाठ्यक्रम चलाए जा रहे हैं। निजी क्षेत्र में टाइम्स स्कूल ऑफ जर्नलिज्म, नई दिल्ली द्वारा भी पाठ्यक्रम चलाया जा रहा है। यही

नहीं, प्रसिद्ध विज्ञापन एजेंसी 'मुद्रा' ने भी पोस्ट ग्रेजुएट प्रोग्राम इन कम्युनिकेशन शुरू किया है। दो वर्षीय यह पाठ्यक्रम उन प्रत्याशियों का चयन करता है जो कॉमन एडमिशन टेस्ट (एम.बी.ए. पाठ्यक्रमों में प्रवेश हेतु आयोजित) में प्राप्त अंकों के आधार पर मैरिट पाते हैं।

संभावनाएँ

जनसंपर्क अधिकारी से संबंधित व्यावसायिक एवं व्यावहारिक योग्यता प्राप्त करने के पश्चात् व्यक्ति मुख्य रूप से तीन तरह से कार्य कर सकता है–एक तो किसी संस्थान में जनसंपर्क अधिकारी के रूप में; दूसरा, अपना प्रशिक्षण संस्थान आरंभ करके; तीसरा, किसी संस्थान में शिक्षक बनकर। चूँकि आज कॉरपोरेट कंपनियों, सरकारी उपक्रमों, सरकारी सूचना विभागों, होटल, पर्यटन उद्योग, निजी कंसल्टेंसी, बैंक, वित्तीय संस्थान, राजनीतिक पार्टी या राजनीतिज्ञ, खेल हस्ती आदि को पी.आर. की जरूरत पड़ने लगी है। कोर्स पूरा करने के बाद व्यक्ति किसी भी क्षेत्र में आ सकता है। कार्य की मूल प्रकृति कमोबेश एक जैसी ही रहती है। कहने का आशय यह है कि पी.आर. का कोर्स पूरा करने के बाद नौकरी पाने में कोई खास दिक्कत नहीं आती। कुशलता और अनुभव के साथ ही वेतन व अन्य भत्ते बढ़ते जाते हैं। शुरुआती दौर में चार से पाँच हजार रुपए के बीच की नौकरी ही मिलेगी।

प्रशिक्षण देने के लिए अपने संस्थान भी खोले जा सकते हैं। उस संस्थान को किसी मान्यता प्राप्त संस्थान से मान्यता भी मिल सकती है बशर्ते आपकी थोड़ी-बहुत पहुँच हो तथा आपके पास लगाने के लिए पूँजी व स्थान हो। इसके अतिरिक्त स्टाफ, फर्नीचर आदि की भी आवश्यकता पड़ती है।

तीसरा माध्यम है शिक्षक के रूप में कार्य करने का। आप अपनी योग्यता के बल पर किसी संस्थान में एक प्रशिक्षक के रूप में भी कार्यरत हो सकते हैं। इसके लिए रोजगार कार्यालय से संपर्क करके या समाचार-पत्रों में प्रकाशित विज्ञापनों के आधार पर अपना बायोडाटा भेजा जा सकता है और साक्षात्कार में सफल होने के पश्चात् एक शिक्षक के रूप में कार्य आरंभ किया जा सकता है।

मनुष्य के लिए कोई भी कार्य असंभव नहीं है, बस आवश्यकता है दृढ़ निश्चय, लगन व आत्मविश्वास के साथ कदम बढ़ाने की। एक नया कैरियर आपके सामने है, प्रयास कीजिए और देखिए, सफलता के द्वार आपके लिए कैसे खुलते जाते हैं!

प्रमुख प्रशिक्षण संस्थान

- ★ ग्रेजुएट डिप्लोमा इन एडवरटाइजिंग एंड पब्लिक रिलेशन, इंडियन इंस्टीट्यूट ऑफ मास कम्युनिकेशन, जे.एन.यू. कैंपस, नई दिल्ली–110067
- ★ डिप्लोमा इन पब्लिक रिलेशंस, भारतीय विद्या भवन, कस्तूरबा गांधी मार्ग, नई दिल्ली, शाखाएँ–मुंबई, कलकत्ता, चेन्नई, हैदराबाद, बंगलौर
- ★ डिप्लोमा इन एडवरटाइजिंग एंड पी.आर., ऑल इंडिया इंस्टीट्यूट ऑफ मैनेजमेंट स्टडीज, नं. 29, लाजारस चर्च रोड, आर.ए. पुरम, चेन्नई–600028
- ★ डिप्लोमा इन पब्लिक रिलेशंस, वाई.एम.सी.ए. इंस्टीट्यूट ऑफ मीडिया स्टडीज, जयसिंह रोड, नई दिल्ली–110001
- ★ डिप्लोमा इन पब्लिक रिलेशंस, नई दिल्ली पॉलिटेक्निक फॉर वूमेन, ए–3, साउथ एक्सटेंशन, पार्ट 1, नई दिल्ली–110049
- ★ डिप्लोमा इन पब्लिक रिलेशंस, सेंट जेवियर्स कॉलेज ऑफ कम्युनिकेशंस, मुंबई।
- ★ डिप्लोमा इन पब्लिक रिलेशंस, सोफिया पॉलिटेक्निक, ब्रीच कैंडी, मुंबई–400001
- ★ सेंटर फॉर इमेज मैनेजमेंट स्टडीज, बी–33, शिवालिक, मालवीय नगर, नई दिल्ली, फोन : 26286743
- ★ गुजरात विश्वविद्यालय, नवरंगपुरा, अहमदाबाद–300009 (गुजरात) फोन : 6440341–43
- ★ इंडियन इंस्टीट्यूट ऑफ जर्नलिज्म, बी–3/91, जनकपुरी, नई दिल्ली–110058, फोन : 5544454, 5544497, 5520402
- ★ इंडियन इंस्टीट्यूट ऑफ पब्लिक रिलेशंस, बी–9, शिवालिक, नई दिल्ली–110007, फोन : 26218549, फैक्स : 26218538
- ★ माखनलाल चतुर्वेदी राष्ट्रीय पत्रकारिता विश्वविद्यालय, ई–8/76, एरिया कॉलोनी, पी.ओ.बा., आर.एस.एन./60, भोपाल–460216 (मध्य प्रदेश)
- ★ अलीगढ़ मुसलिम विश्वविद्यालय, अलीगढ़ (उ.प्र.)
- ★ इंस्टीट्यूट ऑफ मार्केटिंग एंड मैनेजमेंट, सुजान सिंह पार्क, नई दिल्ली
- ★ अन्नामलाई विश्वविद्यालय, पत्राचार विभाग, अन्नामलाई नगर–608002 (तमिलनाडु)

□

3

लाइब्रेरी

किसी भी क्षेत्र में विधिवत् ज्ञान अर्जित करने हेतु पुस्तकालय का सान्निध्य अनिवार्य महत्त्व रखता है। मीडिया का क्षेत्र व्यावहारिक होने के साथ-साथ तकनीकी समझ की भी अपेक्षा रखता है, अतः अन्य विषयों के अनुरूप मीडिया संबंधी जानकारियों को संकलित करने का सर्वसुलभ उपाय पुस्तकालय एवं वाचनालय ही हैं। चूँकि मीडिया के क्षेत्र में शिक्षा की व्यवस्था अपने प्रारंभिक चरण में है, अतएव इस क्षेत्र में अध्ययन के लिए पुस्तकों की भूमिका अत्यंत कारगर है। पुस्तकों में वर्णित शब्दों की अँगुलियाँ थामकर आप भी प्रगति के नवीनतम व उच्चतम शिखरों तक पहुँच सकते हैं।

यों तो सभी विश्वविद्यालयों एवं महाविद्यालयों की अपनी एक लाइब्रेरी होती है, किंतु नई दिल्ली स्थित भारतीय जनसंचार संस्थान की लाइब्रेरी अपने आप में अनूठी है। वस्तुतः जनसंचार के विषय पर केंद्रित यह लाइब्रेरी देश की सबसे बड़ी लाइब्रेरी है। पत्रकारिता, जनसंचार एवं उनसे संबंधित पुस्तकों के लिए भारत ही नहीं अपितु अस्सी से अधिक विकासशील देशों में ख्याति प्राप्त इस पुस्तकालय की स्थापना सन् 1965 में फोर्ड फाउंडेशन/यूनेस्को के अंतरराष्ट्रीय ख्याति प्राप्त जनसंचार विशेषज्ञों की सलाह पर भारत सरकार ने की थी।

संस्थान परिसर की बिल्डिंग के प्रथम तल पर स्थित यह पुस्तकालय आधुनिक सुविधाओं से युक्त है। इस पुस्तकालय के नियमित सदस्यों में यहाँ पत्रकारिता एवं जनसंपर्क में डिप्लोमा पाठ्यक्रम कर रहे प्रशिक्षणार्थी, विकासशील देशों के प्रशिक्षु पत्रकार, भारतीय सूचना सेवा का परिचय पाठ्यक्रम कर रहे अधिकारीगण, संस्थान के शिक्षक एवं कर्मचारी हैं। साथ ही विभिन्न शोधार्थी, केंद्र और राज्य सरकार के सूचना एवं जनसंपर्क विभाग से संबंधित अधिकारी, जो यहाँ प्रशिक्षण प्राप्त करने आते हैं, वे भी इस पुस्तकालय का भरपूर लाभ उठाते हैं; किंतु जो लोग इन श्रेणियों में नहीं हैं वे हतोत्साहित न हों। उनके लिए इस लाइब्रेरी में यह सुविधा है कि वे अपनी संस्था या विश्वविद्यालय का परिचय-पत्र दिखाकर मात्र दस रुपए के दैनिक शुल्क पर इस लाइब्रेरी का उपयोग कर सकते हैं।

भारतीय जनसंचार संस्थान लाइब्रेरी मुख्यतः जनसंचार एवं उससे संबंधित विषयों की पुस्तकों के अनुपम संग्रहण के लिए जानी जाती है। यहाँ इन विषयों पर छब्बीस हजार से अधिक किताबें हैं। ये किताबें मुख्य रूप से प्रिंट मीडिया, प्रसारण, विज्ञापन, संचार, संचार शोध, जनसंपर्क, रेडियो एवं टेलीविजन, फिल्म तथा पारंपरिक मीडिया पर हैं। वस्तुतः मीडिया एवं संचार के इतने विस्तृत क्षेत्र को समेटकर एक स्थान पर किताबें उपलब्ध करानेवाली यह अपने आप में अकेली लाइब्रेरी है। साथ ही यह लाइब्रेरी जनसंचार से जुड़े अन्य क्षेत्रों, जैसे—राजनीति विज्ञान, अंतरराष्ट्रीय संबंध, सामाजिक विज्ञान, अर्थशास्त्र, मनोविज्ञान एवं अद्यतन जानकारी से संबंधित किताबें भी आपको उपलब्ध कराता है। पाठकों की सुविधा के लिए प्रायः सभी पुस्तकों को खुले रैक में रखा गया है, जिससे आप अपने काम की पुस्तकें आसानी से ढूँढ़ सकें। इसके अलावा संचार के क्षेत्र से संबंधित कुछ ऐसी दुर्लभ पुस्तकें यहाँ उपलब्ध हैं जो आपको कहीं नहीं मिलेंगी।

इस पुस्तकालय की विविधता का अंदाज इस बात से लगाया जा सकता है कि यहाँ देश-विदेश के अखबार एवं पत्रिकाओं में जनसंचार से संबंधित छपनेवाली लगभग दो सौ पत्रिकाएँ मँगाई जाती हैं। यहाँ के प्रलेखन सहायक सुभाष चंद्रा बताते हैं कि पुस्तकालय देश-विदेश के अखबार एवं पत्रिकाओं में जनसंचार से संबंधित छपनेवाले लेखों पर पैनी नजर रखता है। यही कारण है कि इस लाइब्रेरी में सन् 1970 के बाद से महत्त्वपूर्ण विषयों पर तीस हजार से भी ज्यादा प्रेस क्लिपिंग्स या बाउंड जर्नल्स उपलब्ध हैं। साथ ही जनसंचार पर

व्यावसायिक एवं शोध जर्नल्स, जैसे–कम्युनिकेशन, रिसर्च, जर्नल ऑफ पब्लिक रिलेशन, गजेट, जर्नल ऑफ ब्रॉडकास्टिंग आदि भी यहाँ मँगवाए जाते हैं। इसके अलावा कम्युनिकेटर विदुर इंक वर्ल्ड कल्चर आदि जनसंचार से संबंधित भारतीय जर्नल भी यहाँ उपलब्ध हैं।

भारतीय जनसंचार लाइब्रेरी अपने पाठकों को सिर्फ पठनीय सामग्री ही उपलब्ध नहीं कराती है बल्कि यह उन्हें संचार से संबंधित दृश्य-श्रव्य माध्यम की सुविधा भी प्रदान करती है। इसके लिए इस लाइब्रेरी में एक अलग कक्ष है, जहाँ वी.सी.आर. एवं टेलीविजन की व्यवस्था की गई है। लाइब्रेरी में विज्ञापन, जनसंपर्क प्रिंट मीडिया एवं संचार आदि से संबंधित करीब एक सौ पचास वीडियो कैसेट्स हैं। इसके अलावा प्रसारण पत्रकारिता से संबंधित विषय यथा फिल्मांकन तकनीक, संपादन, लाइटिंग, प्रोडक्शन आदि पर भी विश्व स्तरीय वीडियो कैसेट यहाँ मिल जाएँगे, जो विशेष रूप से प्रशिक्षण के लिए बनाए गए हैं।

सामान्य दिनों में यह लाइब्रेरी सोमवार से शनिवार तक खुली रहती है। पाठक लाइब्रेरी की सुविधाओं का उपयोग सुबह नौ बजे से लेकर शाम के सात बजे तक कर सकते हैं। अत्यंत मामूली शुल्क पर पुस्तकालय की कार्यावधि के दौरान यहाँ फोटो-कॉपी की सुविधा भी है। जनसंचार से संबंधित पुस्तकों के क्षेत्र में अपनी धाक जमाने के बाद भी पुस्तकालय का विकास निरंतर जारी है। यही कारण है कि हर साल इसकी पुस्तक संपदा में तीन सौ से चार सौ पुस्तकों की वृद्धि होती है। छात्रों एवं शोधार्थियों को उनके काम की पुस्तक उपलब्ध कराने के लिए यहाँ पर्याप्त अन्य प्रकार की सुविधाएँ भी दी जाती हैं।

अंतर पुस्तकालय ऋण सेवा के अंतर्गत यह पुस्तकालय अपने सदस्यों को वांछित पुस्तकें अन्य पुस्तकालयों से मँगवाकर देता है। साथ ही रेफेरल सर्विस नामक सेवा के द्वारा यह अपने सदस्यों को एक निश्चित अवधि तक विभिन्न पुस्तकालयों के उपयोग के लिए भी भेजती है, जिसके लिए उनसे कोई शुल्क नहीं लिया जाता। इतना ही नहीं, पुस्तकालय द्वारा संचार की पुस्तकों और लेखों पर सटिप्पण ग्रंथ सूची तैयार की गई है। यह संदर्भ सूची लेखक, पुस्तक का नाम और पुस्तक के विषय के आधार पर तीन प्रकार से अलग-अलग तैयार की गई है। अखबारों और पत्रिकाओं में छपे लेखों की सूची उनके विषय के आधार पर वर्णमाला के क्रम में तैयार की गई है। पुस्तकालय अपने पाठकों को अप-टू-डेट रखने के लिए हर महीने अद्यतन जानकारी सूची का प्रकाशन करता

है। इसमें जनसंचार से संबंधित उन पुस्तकों एवं लेखों का उल्लेख रहता है जो लाइब्रेरी में हर महीने शामिल किए जाते हैं। साथ ही संस्थान द्वारा प्रकाशित दो तिमाही पत्रिकाएँ जनसंचार एवं कम्युनिकेटर यहाँ उपलब्ध हैं। चूँकि संस्थान सूचना एवं प्रसारण मंत्रालय के अधीन हैं, अतः केंद्र और राज्य सरकारों की विभिन्न रिपोर्टें यहाँ आती हैं। इसके अलावा विभिन्न उद्योगों के इन-हाउस जर्नल्स, सी.बी.आई. और पुलिस जैसे संगठनों द्वारा प्रकाशित उनकी आंतरिक पत्रिकाएँ भी पुस्तकालय में मँगवाई जाती हैं। हाँ, इनमें कुछ गोपनीय सूचनाएँ होती हैं, जिसके कारण इनका उपयोग प्रामाणिक व्यक्ति ही कर सकते हैं। सूचना-क्रांति के मौजूदा दौर में पुस्तकालय अपने पाठकों को कंप्यूटर एवं इंटरनेट से संबंधित पुस्तकें भी उपलब्ध करवाती हैं। सच पूछा जाए तो मीडिया एवं जनसंचार के क्षेत्र से संबंधित यह लाइब्रेरी सिर्फ प्रोफेशनल्स के लिए ही नहीं बल्कि आम पाठकों के लिए भी लाभदायक है।

□□□